Dumphy
ⓦ

WORKBOOK/VIDEO MANUAL

ESPACES

Rendez-vous avec le monde francophone

D0217655

Mitschke • Tano • Thiers-Thiam

VISTA
HIGHER LEARNING

Boston, Massachusetts

Copyright © 2007 by Vista Higher Learning.

All rights reserved.

No part of this work may be reproduced or distributed in any for or by any means, electronic or mechanical, including photocopying and recording, or by any information storage or retrieval system without prior written permission from Vista Higher Learning, 31 St. James Avenue, Boston, MA 02116-4104.

ISBN-13: 978-1-59334-839-7
ISBN-10: 1-59334-839-8

4 5 6 7 8 9 M 11 10 09 08

Table of Contents

WORKBOOK

Introduction

The ESPACES Workbook/Video Manual

Completely coordinated with the ESPACES student textbook, the Workbook/Video Manual for ESPACES provides you with additional practice of the vocabulary, grammar, and language presented in each of the textbook's fifteen units. The Workbook/Video Manual will also help you continue to build your reading and writing skills in French. Icons and pages references in the **ressources** boxes of the ESPACES student textbook correlate the Workbook and Video Manual to your textbook, letting you know when activities are available for use. Answers to the Workbook and Video Manual activities are located in a separate Answer Key.

The Workbook

The Workbook contains materials for both lessons in each unit, as well as materials for the **Panorama** section of **Savoir-faire.** Each lesson's workbook activities focus on developing your reading and writing skills as they recycle the language of the corresponding textbook lesson and unit. Exercise formats include, but are not limited to: true/false, multiple choice, fill-in-the-blanks, sentence completions, fleshing out sentences based on key elements, and answering questions. You will also find activities based on maps, photographs, and illustrations.

Reflecting the overall organization of the unit structure, each workbook unit contains two lessons, each of which contains an **Espace contextes** and **Espace structures** section, followed by a **Panorama** section corresponding to the country/ies or region(s) presented in **Savoir-faire.**

The Video Manual
Roman-photo

The ESPACES Roman-photo video episodes offer approximately five minutes of dramatic footage for each textbook lesson, that is, two modules per unit. Each module tells the continuing story of four college students studying in Aix-en-Provence, a small city in southern France. They each have an apartment above the café **Le P'tit Bistrot,** where they frequently meet and interact with the owner, their landlady, and her teenage son. The video, shot in a variety of locations in and around Aix-en-Provence, tells their story.

The video modules contain two distinct elements. First, you will see a dramatic episode that brings the themes, vocabulary, grammar, and language functions of the corresponding textbook lesson alive. These vignettes are expanded versions of the ones featured in the **Espace roman-photo** sections of your textbook. Each dramatic episode then ends with a **Reprise** segment in which a narrator calls out key active language from the video episode, highlighting functional vocabulary and grammatical structures in the context of their use by the video characters.

The video activities will guide you through the video modules. **Avant de regarder** offers previewing activities to prepare you for successful video viewing experiences. **En regardant la vidéo** contains while-viewing activities that will track you through each module, focusing on key ideas and events in the dramatic episode and its **Reprise** segment. Lastly, **Après la vidéo** provides post-viewing activities that check your comprehension and ask you to apply these materials to your own life or to offer your own opinions.

Flash culture

Specially shot for **ESPACES**, the **Flash culture** footage is correlated to your textbook in the **Flash culture** box on the **Écriture** page of each unit's **Savoir-faire** section. Hosted by the **ESPACES** narrators, Csilla and Benjamin, these segments provide montages of scenes directly related to the cultural theme of each unit in your textbook. The footage was carefully shot for relevance and interest level, while the narrations and conversations, which gradually build into French, were written with attention to reusing the grammar and vocabulary covered in the text.

As you watch the video segments, you will experience a diversity of images and topics: parks, schools, outdoor markets, day-to-day activities, cities, monuments, traditions, festivals, geographic wonders, conversations and interviews with native French speakers, and more. You will be transported to France and get a taste of the French-speaking world, all while expanding your cultural perspectives with information directly related to the content of your textbook.

The video activities that accompany the **Flash culture** segments will prepare you for viewing and guide you through the modules using the same pre-, while-, and post-viewing activity structure as for **Roman-photo**.

We hope that you will find the **ESPACES** Workbook/Video Manual to be a useful language learning resource and that it will help you to increase your French language skills in a productive, enjoyable fashion.

The ESPACES authors and Vista Higher Learning editorial staff

Unité 1

ESPACE CONTEXTES

Leçon 1

1 **Salutations** For each statement or question, write an appropriate response from the box in each blank.

> Au revoir!   Il n'y a pas de quoi.   ~~Comme ci, comme ça.~~
> ~~Enchanté.~~   Je vais bien, merci.   ~~Je m'appelle Sylvie, et toi?~~
> À tout à l'heure.   ~~Monsieur Morel.~~

1. Comment t'appelles-tu? _Je m'appelle Sylvie, et toi?_
2. Merci. _Il n'y a pas de quoi_
3. Comment ça va? _Comme ci, comme ça_
4. Je vous présente Anne. _Enchanté_
5. Commentôt allez-vous? _Je vais bien, merci_
6. À plus tard. _à tout à l'heure_
7. Comment vous appelez-vous, monsieur? _Monsieur Morel_
8. Bonne journée! _Au revoir_

2 **Complétez** Complete these expressions with the missing words.

1. _commet_ ça va?
2. Au _revoir_ !
3. À plus _tard_ !
4. _Bonne_ journée!
5. Excusez-_moi_ .
6. Il n'y a pas de _quoi_ .
7. Comment _allez_ -tu?
8. Je vous _présente_ Martin.
9. _de_ rien.
10. Je _vais_ bien, merci.

3 **Officielle ou informelle?** Indicate whether these expressions are used in formal or informal situations. If an expression may be used in either situation, check both columns.

	Situations officielles	Situations informelles
1. Pardon, madame.	☒	○
2. Il n'y a pas de quoi.	○	☒
3. Ça va?	○	☒
4. Bonsoir!	○	☒
5. Je te présente…	☒	○
6. Comment vous appelez-vous?	☒	○
7. S'il te plaît.	☒	○
8. Je vous en prie.	☒	○
9. Et toi, comment vas-tu?	○	☒
10. Bonsoir, monsieur.	☒	○
11. Salut, Caroline!	○	☒
12. À bientôt!	○	☒

4 **Choisissez** Does each pair of expressions express a similar idea or an opposite idea?

	Similaire	Opposé
1. ici: là-bas	○	○
2. À tout à l'heure!: Au revoir!	○	○
3. Comment allez-vous?: Comment ça va?	⊗	○
4. Je vous en prie.: De rien.	⊗	○
5. S'il vous plaît.: Merci.	○	⊗
6. Je vais bien.: Je vais mal.	○	⊗
7. À bientôt!: À plus tard!	○	○
8. Salut!: Bonjour!	⊗	○
9. Madame: Monsieur	○	⊗
10. Comme ci, comme ça.: Pas mal.	○	⊗

5 **Conversation** Put the lines from this conversation in a logical order.

___6___ À demain, Anne.
___1___ Bonjour, madame. Je m'appelle Anne.
___5___ Moi aussi, je vais bien. Au revoir, madame.
___4___ Je vais très bien, merci. Et vous?
___2___ Enchantée. Je m'appelle Madame Prévot.
___3___ Comment allez-vous?

6 **Mini-dialogues** Write four brief conversations based on the illustration. Be sure to use appropriate forms of address.

1. **MME MONTREUIL** _____

   PATRICIA _____

2. **ANTOINE** _____

   IRÈNE _____

3. **PAULINE** _____

   MARIE _____

4. **XAVIER** _____

   JEAN-MARC _____

   FLORENT _____

ESPACE STRUCTURES

1.1 Nouns and articles

1 **Masculin ou féminin?** Write the correct definite article before each noun. Then write each article and noun under the appropriate heading.

1. __l'__ amie
2. __le__ littérature
3. __le__ différence
4. __le__ problème
5. __l'__ objet
6. __le__ café
7. __la__ télévision
8. __l'__ étudiant
9. __le__ bureau

Masculin

_____

_____

_____

_____

Féminin

_____

_____

_____

_____

2 **Le, la, l' ou les?** Write the correct definite article before each noun.

1. _____ bibliothèque
2. _____ chanteur
3. __l'__ amis
4. _____ sociologie

5. __l'__ examen
6. __les__ ordinateurs
7. __le__ chose
8. __le__ café

9. _____ bureaux
10. __le__ petit ami
11. _____ faculté
12. __les__ objets

3 **Singulier ou pluriel?** Give the plural form of each singular noun and article and the singular form of each plural noun and article. Use definite articles in the first column and indefinite articles in the second.

> **Modèle**
> un ordinateur: *des ordinateurs*

1. l'étudiant: __les etudiant__
2. les amies: __l'ami__
3. la librairie: __les librairies__
4. les cafés: __le café__
5. le bureau: __les bureaus__
6. les examens: __l'examen__

7. des étudiantes: __l'étudiant__
8. un lycée: __des lycées__
9. une chanteuse: __des chanteuse__
10. des choses: __de chose__
11. un animal: __des animals__
12. un instrument: __des instruments__

4 **Les articles** Change the definite articles to indefinite articles and vice-versa.

1. un ami: _le_ ami

2. des instruments: _les_ instruments

3. la table: _une_ table

4. un ordinateur: _le_ ordinateur

5. les étudiantes: _des_ étudiantes

6. l'examen: _de_ examen

7. une télévision: _la_ télévision

8. le café: _un_ café

9. des professeurs: _les_ professeurs

10. la personne: _une_ personne

5 **Transformez** Write the feminine forms of masculine nouns and articles and masculine forms of feminine nouns and articles.

> **Modèle**
>
> une chanteuse: un chanteur

1. l'acteur: _l'acteure_

2. un ami: _une amie_

3. une étudiante: _un étudiant_

4. une actrice: _un actric_

5. le chanteur: _la chanteure_

6. la petite amie: _le petite ami_

6 **Identifiez** For each illustration, write the noun and its corresponding definite and indefinite articles.

> **Modèle**
>
> la librairie: C'est une librairie.

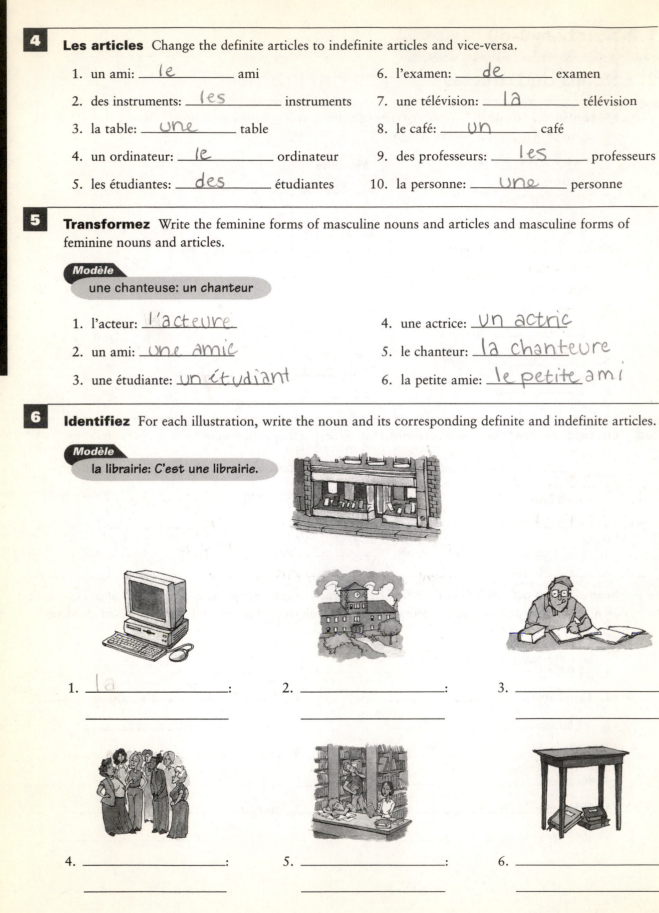

1. _la_ _____ :

_____

2. _____ :

_____

3. _____ :

_____

4. _____ :

_____

5. _____ :

_____

6. _____ :

_____

1.2 Numbers 0–60

1 **Les mots croisés** Solve the math problems to complete the crossword puzzle. Include hyphens as needed.

Across:

3. neuf + quinze =
   9 + 15
7. trois + dix =
9. quatre + douze =
   4 + 12
10. vingt-trois - neuf =
    23 - 9
11. treize + cinq =
    13 + 5

Down:

1. cinq + six =
2. trente - vingt-huit =
   30 - 28
3. douze + quinze =
   12 + 15
4. trente - vingt-neuf =
   30 - 29
5. six + six =
   6 + 6
6. huit + neuf =
   8 + 9
8. vingt et un - seize =
   21 - 16

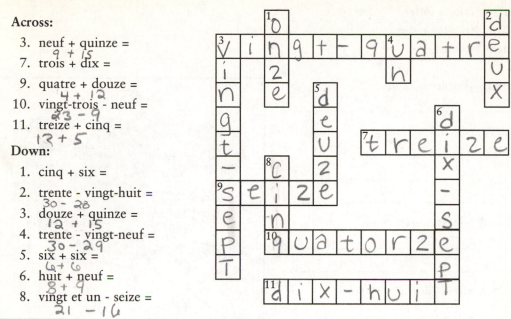

2 **Combien?** Write questions to ask how many items or people there are. Then write the answers. Be sure to write out the numbers.

> **Modèle**
> 2 étudiants
> Il y a combien d'étudiants? Il y a deux étudiants.

1. 3 bureaux Il y a combien bureaux? Il y a trios bureaux.

2. 21 examens Il y a combien examens? Il y a vingt-et un examuns.

3. 5 professeurs de littérature _____

4. 18 amis _____

5. 33 acteurs _____

6. 12 problèmes _____

7. 52 tableaux _____

8. 9 cafés _____

9. 60 choses _____

10. 44 tables _____

Workbook

Workbook

3 **Répondez** Ask and answer questions according to the illustration. Write out the words for the numbers. Ask and indicate . . .

> **Modèle**
> how many chairs (**chaises**) there are.
> Il y a combien de chaises?
> Il y a deux chaises.

1. how many people there are.

   _____ ?

   _____ .

2. how many computers there are.

   _____ ?

   _____ .

3. how many televisions there are.

   _____ ?

   _____ .

4. how many girls (**filles**) there are.

   _____ ?

   _____ .

4 **Comptez** Figure out the logic of each sequence. Then write out the missing numbers in each one.

1. un, trois, __cinq__, sept, neuf, __onze__

2. __deux__, quatre, huit, __seize__, trente-deux

3. soixante, __cinquante__, quarante, trente, vingt, dix, __zero__

4. vingt-deux, vingt-quatre, __vingt six__, vingt-huit, __trente__

5. onze, __vingt deux__, trente-trois, __quarante quatre__, cinquante-cinq

5 **Quel chiffre?** Write out the number you associate with these items.

1. seasons in a year __quatre__   4. number of pets you have __un__

2. days in a week __sept__   5. your age __vingt et un__

3. number of days in September __trente et un__   6. number of classes you are taking __trois__

6 **Dans la salle de classe** Answer these questions using complete sentences. Write out numbers.
Dans votre (*your*) salle de classe, il y a combien...

1. de tableaux? _____

2. d'étudiants? _____

3. d'étudiantes? _____

4. de bureaux? _____

5. d'ordinateurs? _____

6. de professeurs? _____

Unité 1

ESPACE CONTEXTES

Leçon 2

1 Cherchez Find the twelve school-related words listed in the grid, looking backwards, forward, vertically, horizontally, and diagonally.

calculatrice   dictionnaire
carte   livre
chaise   professeur
copine   porte
corbeille   stylo
crayon   tableau

```
E E R V I L P L S R O
C R O B I O D R T R O
I I U S E E R C A T E
R A I E E S E T R A C
T N F T S E T E C H A
A N O R L S N Y A I B
L O C O R B E I L L E
U I R P A E S F P O S
C T A B L E A U O O I
L C Y T U N E T F R C
A I O C I A R O A E P
C D N L A C L L C O L
```

2 Les associations Which of these words are most closely related?

_____ 1. un crayon   a. une fille
_____ 2. un homme   b. une feuille de papier
_____ 3. une femme   c. un étudiant
_____ 4. un cahier   d. un stylo
_____ 5. une montre   e. un livre
_____ 6. une porte   f. une fenêtre
_____ 7. un élève   g. une horloge
_____ 8. un dictionnaire   h. un garçon

3 Analogies Complete the analogies with words in the box. Some words will not be used. Do not repeat items.

un cahier   une femme   un palm
une corbeille à papier   une fille   un résultat
un garçon   des livres   un stylo

1. un garçon : une fille :: un homme : _____

2. un professeur : un étudiant :: un parent : _____

3. un homme : un garçon :: une femme : _____

4. un cahier : des feuilles de papier :: une bibliothèque : _____

5. une montre : une horloge :: un crayon : _____

Workbook

4 **En classe** Label these people and things. Include the indefinite articles for each noun.

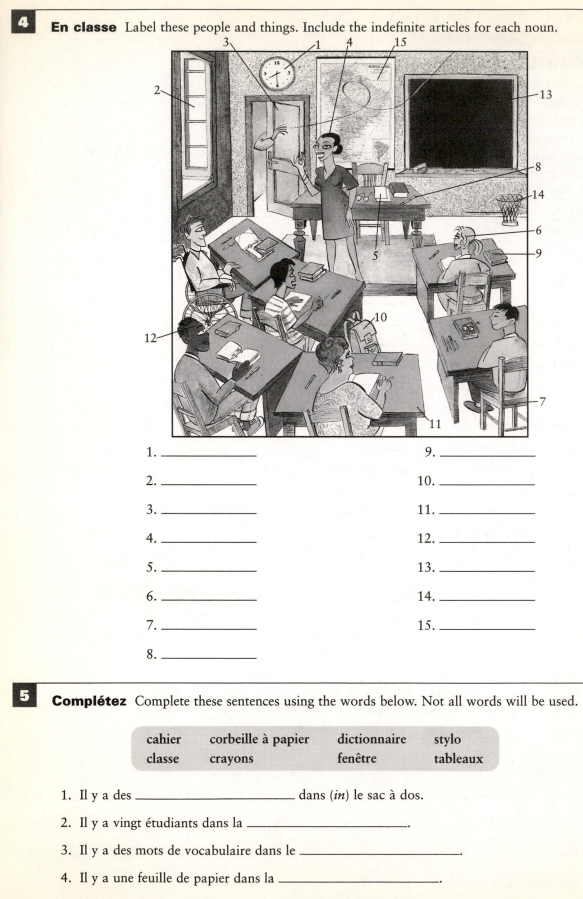

1. _____   9. _____

2. _____   10. _____

3. _____   11. _____

4. _____   12. _____

5. _____   13. _____

6. _____   14. _____

7. _____   15. _____

8. _____

5 **Complétez** Complete these sentences using the words below. Not all words will be used.

cahier	corbeille à papier	dictionnaire	stylo
classe	crayons	fenêtre	tableaux

1. Il y a des _____ dans (*in*) le sac à dos.

2. Il y a vingt étudiants dans la _____.

3. Il y a des mots de vocabulaire dans le _____.

4. Il y a une feuille de papier dans la _____.

5. Il y a une _____ dans la salle de classe.

Workbook

ESPACE STRUCTURES

2.1 The verb être

1   **Les pronoms** In the second column, write the subject pronouns you would use when addressing the people listed. In the third column, write the pronouns you would use when talking about them.

Personnes	Addressing them	Talking about them
1. Madame Martin		
2. Elsa et Caroline		
3. Julien (un ami)		
4. trois femmes et un homme		
5. un professeur		
6. une étudiante		
7. un acteur		
8. trois garçons		

2   **Complétez** Complete these sentences with the correct subject pronouns.

1. _____ est étudiante.

2. _____ sommes à l'université

3. _____ suis un ami.

4. _____ est professeur.

5. _____ sont copains.

6. _____ est acteur.

7. _____ êtes ici?

8. _____ sont chanteuses.

3   **Nous sommes...** Rewrite each sentence with the new subject. Change the form of the verb **être** as necessary.

> **Modèle**
>
> Il est professeur. Nous *sommes professeurs.*

1. Nous sommes étudiants. Vous _____.

2. Elle est à Paris. Tu _____.

3. Je suis actrice. Il _____.

4. Vous êtes copines. Ils _____.

5. Tu es à la librairie. Je _____.

Workbook

4 **Bienvenue à Aix-en-Provence!** David has just arrived in Aix-en-Provence. Complete his paragraph with the correct forms of **être**.

Bonjour! Je m'appelle David. Je (1) _____ étudiant ici, à Aix-en-Provence. Rachid, Sandrine,

Amina et Stéphane (2) _____ des amis. Sandrine, elle (3) _____ chanteuse. Rachid,

Amina et moi, nous (4) _____ étudiants à l'université. Stéphane (5) _____ élève au

lycée. Et toi, tu (6) _____ étudiant?

5 **Identifiez** Identify these people or things using **c'est** or **ce sont**.

1. _____

2. _____

3. _____

4. _____

5. _____

6. _____

7. _____

8. _____

6 **Répondez** Answer these questions using complete sentences.

1. La France, est-elle en Europe?

   Oui, _____

2. Johnny Depp, est-il acteur?

   Oui, _____

3. Céline Dion et Beyoncé, sont-elles chanteuses?

   Oui, _____

4. Tu es étudiant(e)?

   Oui, _____

5. Tes (*Your*) cours, sont-ils intéressants?

   Oui, _____

2.2 Adjective agreement

1   **Les contraires** Match the words in the first column with their opposites in the second. Use a
dictionary as necessary.

_____ 1. optimiste	a. désagréable
_____ 2. sociable	b. difficile
_____ 3. agréable	c. similaire
_____ 4. impatient	d. pessimiste
_____ 5. facile	e. dépendant
_____ 6. différent	f. impoli
_____ 7. indépendant	g. patient
_____ 8. poli	h. timide

2   **Chassez l'intrus** Indicate the adjective that does not belong with the others.

1. difficile, égoïste, agréable

2. poli, pessimiste, sociable

3. sympathique, italien, espagnol

4. intelligent, brillant, impatient

5. américain, sincère, canadien

6. québécois, sincère, sympathique

7. allemand, charmant, suisse

8. occupé, timide, réservé

3   **Nationalités** What nationalities are these people? Write sentences according to the model.

> **Modèle**
> Carole / France: *Carole est française.*

1. Bob et Jim / les États-Unis (*U.S.*): _____

2. Amani et Ahmed / le Sénégal: _____

3. Trevor / l'Angleterre (*England*): _____

4. Francine / le Québec: _____

5. Monika / l'Allemagne (*Germany*): _____

6. Maria-Luisa / l'Italie: _____

7. François et Jean-Philippe / la Suisse: _____

8. Gabriela / le Mexique: _____

9. Yoko et Keiko / le Japon (*Japan*): _____

10. Paul / le Canada: _____

Workbook

Workbook

4 **Les personnes célèbres** Finish these sentences using the correct form of **être** and the adjectives in parentheses.

1. Jim Carey (amusant) _____.

2. Catherine Zeta-Jones (élégant) _____.

3. Julia Roberts et Renée Zellewegger (sympathique) _____.

4. George Clooney et Kelly Ripa (charmant) _____.

5. Stephen Hawkings (brillant) _____.

6. Dr. Phil et Oprah Winfrey (sociable) _____.

7. Le prince Charles et la reine (*queen*) Élizabeth II (réservé) _____.

8. Donald Trump (intelligent) _____.

5 **Décrivez** Look at the illustration and describe each person using as many adjectives as possible. Use your imagination to describe their personalities and write complete sentences.

1. Charles _____

_____

2. Suzanne _____

_____

3. Charlotte _____

_____

4. Robert _____

_____

5. Thomas _____

_____

6. Fido _____

_____

Unité 1

PANORAMA

Savoir-faire

1 **Les villes capitales** Match the countries with their capital cities.

_____ 1. Suisse   a. Conakry

_____ 2. Algérie   b. Bamako

_____ 3. Guinée   c. Port-au-Prince

_____ 4. Mali   d. Alger

_____ 5. Cameroun   e. Paris

_____ 6. Haïti   f. Yaoundé

_____ 7. France   g. Victoria

_____ 8. Seychelles   h. Berne

2 **Francophones célèbres** Where do these people come from?

1. Marie-José Pérec _____

2. Marie Curie _____

3. René Magritte _____

4. Ousmane Sembène _____

5. Céline Dion _____

6. Jean Reno _____

3 **Les professions** Match these people with their professions.

_____ 1. Jean Reno   a. écrivain et cinéaste

_____ 2. René Magritte   b. chanteuse

_____ 3. Ousmane Sembène   c. coureuse olympique

_____ 4. Marie Curie   d. acteur

_____ 5. Marie-José Pérec   e. peintre

_____ 6. Céline Dion   f. scientifique

Workbook

4 **Vrai ou faux?** Indicate whether these statements are **vrai** or **faux**.

	Vrai	Faux
1. Le français est la langue officielle du Québec.	◯	◯
2. L'Algérie est une colonie française.	◯	◯
3. On a vendu la Louisiane pour 15 millions de dollars.	◯	◯
4. 350.000 personnes en Louisiane parlent français.	◯	◯
5. Le rôle de l'O.I.F est la promotion de la langue française.	◯	◯
6. Ousmane Sembène est un chanteur africain.	◯	◯
7. On parle français sur cinq continents.	◯	◯
8. Le français est la deuxième langue enseignée dans le monde.	◯	◯

5 **Où?** Indicate which places these statements describe.

1. Il y a une loi qui oblige l'affichage en français dans les lieux publics. _____

2. On y (*there*) mange du jambalaya. _____

3. On y parle arabe et français. _____

4. On y fête la Journée internationale de la Francophonie. _____

5. C'est une région francophone aux États-Unis. _____

6. Les employés du gouvernement sont bilingues. _____

6 **La francophonie** Identify these French-speaking countries or regions. Look at the maps at the end of your book as necessary.

1. _____

2. _____

3. _____

4. _____

5. _____

6. _____

Unité 2

ESPACE CONTEXTES

1   **Cherchez**   In the grid, find the fifteen words for courses listed. Look backwards, forwards, vertically, horizontally, and diagonally.

architecture	informatique
art	lettres
chimie	mathématiques
droit	philosophie
espagnol	physique
géographie	psychologie
gestion	sciences
histoire	

```
M  P  S  Y  C  H  O  L  O  G  I  E  H  Ô
S  E  C  N  E  I  C  S  P  S  U  P  G  H
P  G  H  H  D  Y  H  H  T  Q  T  S  A  P
G  É  O  G  R  A  P  H  I  E  O  R  Y  I
H  E  H  S  O  I  U  T  E  I  C  H  R  S
S  E  U  Q  I  T  A  M  É  H  T  A  M  H
H  S  R  I  T  M  I  V  I  P  Î  E  S  A
I  P  O  I  R  G  Q  T  P  O  T  R  E  T
S  A  T  O  A  E  E  Y  E  S  Q  T  R  T
T  G  F  O  S  C  G  S  F  O  S  M  T  C
O  N  G  L  T  E  O  F  T  L  U  S  T  U
I  O  I  U  E  P  H  Y  S  I  Q  U  E  H
R  L  R  M  E  T  A  R  R  H  O  R  L  P
E  E  I  M  I  H  C  N  P  P  T  N  É  N
```

2   **Chassez l'intrus**   Indicate the word that does not belong in each group.

1. le français, l'anglais, la biologie, l'espagnol

2. un cours, un gymnase, une bourse, un diplôme

3. une note, le droit, un examen, le devoir

4. la physique, la chimie, l'architecture, la biologie

5. les langues étrangères, l'économie, la gestion, le droit

6. l'architecture, l'art, l'informatique, le stylisme de mode

3   **En quel cours?**   In what class would you study these people or things?

1. Abraham Lincoln, Winston Churchill _____

2. Claude Monet, Léonard de Vinci _____

3. Sigmund Freud, Carl Jung _____

4. l'Afrique, l'océan Pacifique _____

5. la culture française, la grammaire _____

6. la mode, les styles modernes _____

7. Ernest Hemingway, William Shakespeare _____

8. les plantes, les animaux _____

9. Jean-Paul Sartre, Emmanuel Kant _____

10. Albert Einstein, Stephen Hawkings _____

4 **C'est pour quel cours?** In which class would you most likely use these objects?

_____ 1. les crayons de couleur	a. les mathématiques
_____ 2. un dictionnaire anglais-français	b. la géographie
_____ 3. une calculatrice	c. la biologie
_____ 4. un ordinateur	d. le français
_____ 5. un microscope	e. l'éducation physique
_____ 6. une carte topographique	f. l'informatique
_____ 7. un ballon (*ball*)	g. le droit
_____ 8. une explication de la constitution	h. l'art

5 **Associations** Choose the word most closely associated with these terms.

l'art	un gymnase	les mathématiques
les études supérieures	l'informatique	une note
la gestion	une langue étrangère	les sciences politiques

1. les sports _____   5. l'université _____

2. les ordinateurs _____   6. le gouvernement _____

3. un examen _____   7. un poster _____

4. l'algèbre _____   8. la littérature française _____

6 **À votre avis** Do you like these subjects? Give your opinion (**votre avis**) on these classes using the words listed below or other adjectives you know. Use a different adjective in each sentence.

> **Modèle**
>
> l'anglais
> *J'aime bien l'anglais. C'est facile.*

agréable	difficile	intéressant
amusant	facile	inutile
différent	important	utile

1. le stylisme de mode _____

2. l'éducation physique _____

3. le français _____

4. la gestion _____

5. la philosophie _____

6. la psychologie _____

7. l'histoire _____

8. les mathématiques _____

ESPACE STRUCTURES

3.1 Present tense of regular –er verbs

1 **Les verbes** Write the missing forms of each verb.

Le présent des verbes en -er					
je	tu	il/elle	nous	vous	ils/elles
1. travaille					
2.	oublies				
3.		mange			
4.			aimons		
5.				commencez	
6.					pensent

2 **Complétez** Complete these sentences using the correct form of the verb in parentheses.

1. Les étudiants _____ (manger) au resto U.

2. Hélène et moi, nous _____ (parler) français en classe.

3. Corinne _____ (étudier) les mathématiques.

4. Vous _____ (adorer) le chocolat.

5. Tu _____ (travailler) à la bibliothèque.

6. Je _____ (détester) les examens.

7. Florent et Michèle _____ (regarder) la télévision.

8. Tu _____ (aimer) mieux retrouver des amis à l'université.

3 **Phrases** Form sentences using the words provided. Remember to conjugate the verbs and add any necessary words.

1. Je / habiter / à New York

_____

2. Nous / manger / une pizza

_____

3. Olivier et Sylvain / aimer / cours de biologie

_____

4. Le professeur / donner / devoirs

_____

5. Les élèves / oublier / livres

_____

6. Tu / rencontrer / amis / à l'école

_____

4 **Une lettre** Complete this letter with the appropriate forms of the verbs in parentheses.

le 14 septembre

Salut Marie!

Ça va bien à l'université? Moi, j' (1) _____ (adorer) les cours. Ils sont très intéressants. Les profs sont sympas, mais ils (2) _____ (donner) beaucoup de devoirs. Mon camarade de chambre s'appelle Jean-Pierre. Il (3) _____ (étudier) les sciences politiques. Nous (4) _____ (partager) un appartement. Jean-Pierre est très sociable. Il (5) _____ (travailler), mais il (6) _____ (aimer) mieux le sport et il (7) _____ (parler) beaucoup au téléphone. Le week-end, nous (8) _____ (retrouver) des amis au café ou nous (9) _____ (regarder) des films à la télé. Et toi, tu (10) _____ (chercher) un petit ami? Les filles (11) _____ (adorer) Jean-Pierre. Elles (12) _____ (penser) qu'il est charmant.

Grosses bises,
Charles

5 **Et vous?** Write sentences giving your opinion of these activities. Use one of the verbs listed in each sentence.

adorer   aimer   aimer mieux   détester

1. partager mes vêtements (*my clothes*)

   _____

   _____

2. voyager

   _____

   _____

3. parler au téléphone

   _____

   _____

4. dessiner

   _____

   _____

5. manger des sushis

   _____

   _____

3.2 Forming questions and expressing negation

1   **Est-ce que...?** Make questions out of these statements using est-ce que.

1. Vous êtes canadien.

   _____

2. Tu regardes la télévision.

   _____

3. Ils cherchent un livre à la bibliothèque.

   _____

4. Nous arrivons à l'école.

   _____

5. Elle parle chinois.

   _____

2   **Les questions** Make questions out of these statements by inverting the word order.

1. Ils sont québécois.

   _____

2. Elles adorent voyager.

   _____

3. Tu parles espagnol.

   _____

4. Il y a vingt-cinq étudiants.

   _____

5. Le professeur donne des devoirs difficiles.

   _____

3   **Quelle est la question?** Write questions that would prompt these responses. Use the type of question indicated.

1. (est-ce que) _____?

   Non, les cours ne commencent pas demain.

2. (n'est-ce pas) _____?

   Oui, j'aime voyager.

3. (inversion) _____?

   Non, il n'y a pas de problème.

4. (est-ce que) _____?

   Oui, nous sommes étudiants.

5. (d'accord) _____?

   Mais non! Je n'aime pas manger au resto U.

Workbook

Workbook

4 **Mais Robert!** Robert is very negative and contradicts everything. Write his answers to these questions using complete sentences.

> **Modèle**
> —Tu partages le chocolat?
> —Non, je ne partage pas le chocolat.

1. —Étudies-tu les sciences politiques?

   —Non, _____

2. —Cherches-tu le stylo?

   —Non, _____

3. —Aimes-tu le chocolat?

   —Non, _____

4. —Est-ce que l'examen est facile?

   —Non, _____

5. —Est-ce que tu aimes parler avec des amis?

   —Non, _____

6. —Tu n'es pas sociable?

   —Si, _____

5 **Et vous?** Write your answers to these questions. Vary your responses by including the words and expressions listed below.

bien sûr	oui	peut-être
mais non	pas du tout	si

1. Vous n'aimez pas voyager?

   _____

2. Aimez-vous les examens?

   _____

3. La physique, c'est facile?

   _____

4. Vous êtes intelligent(e), n'est-ce pas?

   _____

5. Est-ce que vous cherchez un(e) petit(e) ami(e)?

   _____

Unité 2

ESPACE CONTEXTES

Leçon 4

Workbook

1 **Complétez** Complete each list with the next logical word in the series.

1. vendredi, samedi, _____
2. le matin, midi, _____
3. avant-hier, hier, _____
4. lundi, mercredi, _____
5. aujourd'hui, demain, _____
6. mardi, jeudi, _____

2 **Choisissez** Complete these sentences with a logical word from the list.

année	jours	samedi
dernier	jeudi	semaine
dimanche	lundi	mercredi

1. Il y a sept jours dans une _____.
2. Le jour avant mardi, c'est _____.
3. Il y a douze mois dans une _____.
4. Le mois de novembre a trente _____.
5. Dimanche, c'est le _____ jour du week-end.
6. Le jour avant jeudi, c'est _____.

3 **Le calendrier** Use this calendar to answer these questions.

Octobre

L	M	M	J	V	S	D
		1	2	3	4	5
6	7	8	9	10	11	12
13	14	15	16	17	18	19
20	21	22	23	24	25	26
27	28	29	30	31		

Novembre

L	M	M	J	V	S	D
					1	2
3	4	5	6	7	8	9
10	11	12	13	14	15	16
17	18	19	20	21	22	23
24	25	26	27	28	29	30

1. Quel jour de la semaine est le premier octobre? _____
2. Quel jour de la semaine est le 24 novembre? _____
3. Quel jour de la semaine est le 19 octobre? _____
4. Quel jour de la semaine est le 4 novembre? _____
5. Quel jour de la semaine est le 11 octobre? _____
6. Quel jour de la semaine est le 2 octobre? _____
7. Quel jour de la semaine est le 28 novembre? _____

4 **Décrivez** What are these people doing? Complete each sentence with the correct form of a verb from the list.

> **Modèle**
> Amina arrive chez Sandrine.

arriver	regarder
dîner	rentrer
écouter	téléphoner à
préparer	voyager

1. David _____ à la maison.

2. Sandrine _____ des amis.

3. Stéphane _____ l'examen de maths.

4. David _____ au café.

5. Amina _____ de la musique.

6. Stéphane _____ la télévision.

5 **Complétez** Complete the weekly calendar with activities you plan to do or might like to do next week. Choose from the words listed or include other activities. List at least eight different activities.

assister au cours de…	passer l'examen de…	regarder	trouver
dîner avec…	préparer l'examen de…	téléphoner à…	visiter
écouter		travailler	

la semaine prochaine							
	lundi	mardi	mercredi	jeudi	vendredi	samedi	dimanche
matin							
midi							
soir							

Workbook

ESPACE STRUCTURES

4.1 The verb **avoir**

1 **Assortissez-les** Choose the best completion for each phrase.

ans	des insectes
décembre	le matin
d'étudier	visiter la France

1. J'ai besoin _____.

2. Eugène a dix-neuf _____.

3. Tu as peur _____.

4. Nous avons envie de _____.

5. J'ai sommeil _____.

6. J'ai froid en _____.

2 **Choisissez** Choose the expression that most logically completes these sentences.

1. Tu _____ des examens.

   a. as chaud   b. as peur   c. as raison

2. J' _____ de téléphoner à mon cousin.

   a. ai envie   b. ai sommeil   c. ai quinze ans

3. Laure _____ le soir.

   a. a tort   b. a envie   c. a sommeil

4. Marie et Mireille sont jeunes. Elles _____.

   a. ont cinq ans   b. ont peur   c. ont l'air

3 **Les possessions** Use the correct form of the verb **avoir** to indicate what these people have or don't have.

1. Je / un ordinateur

   _____

2. Vous / trois cahiers

   _____

3. Nous / un professeur intéressant

   _____

4. Tu / ne… pas / un palm

   _____

5. Ils / des calculatrices

   _____

6. Jules et Odile / un examen demain

   _____

7. Yves / ne… pas / un problème

   _____

8. Je / ne… pas / les yeux (*eyes*) bleus

   _____

Workbook

Workbook

4 **Complétez** Complete these sentences with a logical expression from the list. Remember to conjugate **avoir**.

avoir besoin	avoir envie	avoir peur
avoir de la chance	avoir froid	avoir tort

1. Il y a un examen demain. Nous _____ d'étudier.

2. Vous écoutez de la musique. Vous _____ de danser.

3. Ils n'ont pas raison. Ils _____.

4. Tu trouves 100 euros. Tu _____.

5. La température est de 10 degrés. Elle _____.

6. Voilà un monstre! J' _____!

5 **Qu'est-ce qu'ils ont?** Look at the illustrations and describe them using an expression with **avoir**.

1. Elle _____

2. Elle _____

3. Ils _____

4. Ils _____

6 **Et vous?** Answer these questions using complete sentences.

1. Quel âge avez-vous?

_____

2. Est-ce que vous avez une bourse?

_____

3. Avez-vous un(e) camarade de chambre?

_____

4. De quoi (*what*) est-ce que vous avez peur?

_____

5. De quoi avez-vous besoin?

_____

6. Avez-vous un examen la semaine prochaine?

_____

7. Est-ce que vous pensez que vous avez de la chance? Pourquoi?

_____

4.2 Telling time

1 **L'heure** Give the time shown on each clock. Use complete sentences and write out the times.

1. _____

2. _____

3. _____

4. _____

5. _____

6. _____

2 **Quelle heure est-il?** Convert these times into digits using the 24-hour clock.

Modèle

Il est quatre heures de l'après-midi.
16h00

1. Il est quatre heures moins vingt de l'après-midi. _____

2. Il est six heures du matin. _____

3. Il est neuf heures et quart du soir. _____

4. Il est midi. _____

5. Il est une heure dix de l'après-midi. _____

6. Il est onze heures moins le quart du matin. _____

7. Il est cinq heures cinq du soir. _____

8. Il est minuit moins dix. _____

9. Il est une heure et demie du matin. _____

10. Il est dix heures du soir. _____

Workbook

3 **Transformez** Convert these times into conversational time. Write out the times.

> **Modèle**
> 13h00: une heure de l'après-midi

1. 12h30: _____

2. 13h10 _____

3. 7h45: _____

4. 22h50: _____

5. 9h15: _____

6. 18h40: _____

7. 3h05: _____

8. 15h30: _____

4 **Dans cinq minutes** Look at the clocks below and tell what time it will be in five minutes. Write out the times.

1. _____   2. _____   3. _____

4. _____   5. _____

5 **À vous!** Answer these questions using complete sentences. Write out the times.

1. À quelle heure est-ce que vous arrivez à l'université?

_____

2. Le cours de français commence à quelle heure?

_____

3. À quelle heure est-ce que vous rentrez à la maison?

_____

4. À quelle heure est-ce que vous dînez?

_____

5. À quelle heure est-ce que vous regardez la télévision?

_____

6. À quelle heure est-ce que vous étudiez?

_____

Workbook

Unité 2

PANORAMA

Savoir-faire

1 **Vrai ou faux?** Indicate whether these statements are **vrai** or **faux**.

	Vrai	Faux
1. La population de la France est de moins de (*less than*) 50.000.000 d'habitants.	○	○
2. Paris, Lille et Marseille sont des villes importantes.	○	○
3. L'énergie est une des industries principales en France.	○	○
4. Il y a plus de 12.000 musées en France.	○	○
5. La France a une superficie de moins de 550.000 kilomètres carrés.	○	○
6. Auguste Renoir est un écrivain français.	○	○
7. Claude Debussy est un compositeur et un musicien.	○	○
8. Les Académiciens défendent le bon usage du français.	○	○
9. La France n'est pas une puissance industrielle.	○	○
10. La France est un pays membre de l'Union européenne.	○	○

2 **Choisissez** Choose the correct completion for these sentences.

1. On appelle le cinéma le _____.
   a. 5e art
   b. 6e art
   c. 7e art

2. La France est en forme _____.
   a. d'hexagone
   b. de triangle
   c. de pentagone

3. Le TGV roule à plus de _____ kilomètres à l'heure.
   a. 200
   b. 300
   c. 400

4. François Truffaut et Luc Besson sont des _____ français.
   a. cinéastes
   b. acteurs
   c. peintres

5. Peugeot et Citroën sont des _____ françaises.
   a. films
   b. voitures
   c. trains

6. La Loire, la Garonne et le Rhône sont des _____ de France.
   a. châteaux
   b. fleuves
   c. forêts

3 **Complétez** Complete these statements with words from the list.

actrices	euro	industries
cinéma	femme sculpteur	maritimes
écrivain	héroïne	trains

1. Les produits de luxe et le tourisme sont des _____ principales.

2. La monnaie de la France s'appelle l'_____.

3. Jeanne d'Arc est une _____ française.

4. Camille Claudel est une _____ française.

5. Émile Zola est un _____ français.

6. La mer Méditerranée et la Manche sont des fronts _____.

7. La SNCF est le système des _____ français.

8. Catherine Deneuve et Audrey Tautou sont des _____ françaises.

4 **La France** Label the French cities numbered on the map.

1. _____   5. _____

2. _____   6. _____

3. _____   7. _____

4. _____   8. _____

Unité 3

ESPACE CONTEXTES

Leçon 5

1 **L'arbre généalogique** Use these clues to complete Amandine's family tree.

Amandine

1. Marcelle est la mère d'Amandine.
2. Raymond et Marcelle ont une fille et un fils.
3. Michel est le frère d'Amandine.
4. Aminata et Hassan ont un enfant.
5. Marcelle est la belle-sœur d'Hassan.
6. Aminata a une sœur.
7. Gustave est le petit-fils de Pierre.
8. Hassan est le beau-fils d'Aïcha.

2 **L'album de photos** Look at the pictures and read these descriptions. Then, decide which picture best corresponds to each description.

A   B   C   D   E   F

_____ 1. C'est mon cousin, Franck, et ma cousine, Séverine. Ils étudient à l'Université de Lyon.
_____ 2. Voici la mère de ma mère. Elle est veuve. Elle s'appelle Anne-Marie.
_____ 3. Voici mes grands-parents. Ils habitent à Aix-en-Provence.
_____ 4. Voici mon oncle, Stéphane, et sa femme, Véronique. Mon cousin, Guillaume, a un chat.
_____ 5. Voici ma sœur aînée. Elle a 15 ans. Elle est avec son petit ami, Frédéric.
_____ 6. Voici mon demi-frère. Il a 2 ans. Il est le cadet de la famille.

Workbook

3 **Cherchez** Find fifteen more family-related words in the grid. They may appear horizontally, vertically, or diagonally.

```
Q C L N N D Y L F É X T S D É
F Q É E I C X A A C E T Q I P
A U V L P S M R P N N G Y V O
X E E H I I I R A M D P O U
U I J V L B J O F I W X É R X
N I V L R O A N V F G R S C G
F F E M M E E T Q D A K L E V
N R I R T S Y D A P E S I R A
F K Z L T O R B É I G D F D E
J R F I L I K S M G R F Z J B
E Q T F J E I R P U P E H S Z
R E O S X O F Y P F H Y B S F
P G R A N D S P A R E N T S C
S T N E R A P I B X Z X V N W
J G A I I Q I F M X M X C L H
```

célibataire	grands-parents
divorcer	mari
époux	neveu
famille	parents
femme	petits-enfants
fiancé	séparé
fille	veuf
fils	voisin

4 **Complétez** Complete these analogies.

Modèle

demi-frère ´ demi-sœur = frère ´ **sœur**

1. cousine ´ cousin = sœur ´ _____

2. marié ´ séparé = épouser ´ _____

3. épouse ´ époux = femme ´ _____

4. neveu ´ oncle = nièce ´ _____

5. parents ´ grands-parents = enfants ´ _____

6. mère ´ fille = père ´ _____

5 **Écrivez** Read this e-mail from your French pen-pal. Then, describe your family to answer her e-mail.

Bonjour,

Ma mère s'appelle Sandrine et mon père s'appelle Vincent. J'ai un frère aîné, Raphaël, et une sœur cadette, Céline. Nous habitons à Paris. Ma tante Thérèse et mon oncle Hassan ont deux enfants. Mes cousins, Karim et Jacques, ont 7 et 12 ans. Ils habitent à Lyon. Ma grand-mère, Camille, est veuve. Elle habite avec nous à Paris. C'est la mère de mon père. Mes grands-parents, Yves et Mathilde, sont les parents de ma mère. Ils habitent à Nîmes. Comment est ta famille?

Bisous, Sylvie.

_____

_____

_____

_____

ESPACE STRUCTURES

5.1 Descriptive adjectives

1 **Les accords** Kim is describing her sister, Nathalie, and her cousin, Chan. Complete each sentence with the correct form of the adjective in parentheses.

1. Ma sœur est _____ (grand) et elle a les cheveux _____ (roux).

2. Mon cousin Chan a les cheveux _____ (brun) et _____ (court).

3. Nathalie est _____ (joli). Elle n'est pas _____ (laid).

4. Mon cousin est _____ (naïf). Il n'est pas _____ (vieux).

5. Ma sœur est _____ (fier). Son fils est _____ (beau).

6. Le _____ (nouveau) étudiant dans la classe de Chan est _____ (curieux).

7. Les étudiants de l'école de Chan sont _____ (brillant) et _____ (sérieux).

8. Moi, j'ai les yeux _____ (bleu). Je suis _____ (sociable).

2 **Complétez** Complete these descriptions. Remember to make any necessary agreements.

> **Modèle**
>
> ma/ grand/ sœur/ être/ de taille moyenne
> **Ma grande sœur est de taille moyenne.**

1. je / avoir / grand / famille _____

2. mon / nouveau / appartement / être / petit _____

3. grand / salle de classe / être / vieux _____

4. ma / jeune / voisine / être / français _____

5. joli / actrice / avoir / bon / rôle _____

6. gros / chat / avoir / yeux / vert _____

3 **Les contraires** Give an antonym of these adjectives. Make the new adjectives agree in gender and number with the ones provided.

> **Modèle**
>
> petites ≠ **grandes**

1. grand ≠ _____   5. jeune ≠ _____

2. courtes ≠ _____   6. bruns ≠ _____

3. laids ≠ _____   7. réservées ≠ _____

4. mauvaise ≠ _____   8. malheureux ≠ _____

Workbook

4 **Une lettre** Adam is writing his first letter to his pen-pal in Guadeloupe. Help him find the right adjective to complete his letter. There may be more than one possible answer. Don't forget to make the necessary agreements.

> **Modèle**
>
> Ma sœur est _____ (≠ petit) et _____ (intellectuel).
> Ma sœur est **grande** et **intellectuelle**.

Ma mère est de taille moyenne et (1) _____ (≠ laid). Elle a les cheveux

(2) _____ (= brun) et (3) _____ (raide). Elle a les yeux

(4) _____ (≠ noir). Mon père est (5) _____ (≠ petit). Il a les

cheveux (6) _____ (noir) et (7) _____ (court). Mes parents sont

(8) _____ (≠ malheureux). Nous habitons dans un (9) _____

(≠ nouveau) appartement à Paris. J'ai un (10) _____ (nouveau) petit chien. Il

s'appelle Médor. Il est (11) _____ (beau). Ma grand-mère habite avec nous. C'est

une (12) _____ (vieux) femme. Elle est (13) _____ (sympathique)

et (14) _____ (bon).

5 **Les mots croisés** Read these definitions and fill in the crossword puzzle. Use the illustration on pp. 74–75 of your textbook as a reference. Notice that one answer has already been provided.

Across:
3. L'examen de Virginie Garneau dure (*lasts*) cinq heures. Il est…
4. Marie et Juliette Laval n'ont pas les cheveux châtains. Elles sont…
6. C'est la couleur du tee-shirt d'Isabelle Garneau.
7. Avant un examen, Virginie Garneau est…
9. Matthieu Laval a deux ans. Il est…
11. Bambou pèse (*weighs*) 50 kilos. C'est un… chien.

Down:
1. Les cheveux de Sophie Garneau sont…
2. Mes cousins sont heureux. Ils ne sont pas…
4. La première bande (*stripe*) du drapeau (*flag*) français est…
5. Le livre de Jean Garneau a trente pages. Il est…
8. Luc Garneau, le grand-père, est…
10. Les cheveux d'Isabelle Garneau sont…

5.2 Possessive adjectives

1 **Choisissez** Mariam is introducing you to her family. Choose the correct possessive adjectives.

> **Modèle**
>
> Je cherche (mon), ma, mes) frère, Thomas.

1. Je vous présente (mon, ma, mes) amie, Catherine.
2. Elle adore (ton, leurs, vos) frère!
3. Catherine et moi parlons en français avec (notre, nos, ton) parents.
4. Voici (ma, mon, leurs) oncle, Amadou.
5. Amadou aime (sa, son, leurs) chat.
6. Amadou et son épouse aiment (son, ses, leurs) enfants.
7. Maintenant, nous cherchons (ma, notre, nos) ami Charles.
8. La petite amie de Charles est (mon, ma, leurs) cousine.

2 **Qui est-ce?** Here are some of the things that Georges and Elsa's family and friends said as they got to know each other at their wedding. Write the appropriate forms of the possessive adjectives.

1. _____ (*My*) grand-mère est française, mais _____ (*my*) grand-père est canadien.
2. _____ (*Their*) cousins habitent en France.
3. Comment s'appelle _____ (*your, formal*) époux?
4. _____ (*Your, informal*) parents sont jeunes.
5. _____ (*My*) amie adore _____ (*her*) frère.
6. _____ (*His*) oncle est espagnol.
7. _____ (*Our*) professeurs sont intéressants.
8. _____ (*My*) enfants sont jeunes. Ils adorent _____ (*their*) chat.

3 **Complétez** You have missed the latest French class. A classmate gives you his notes, but he forgot to write the possessive adjectives. Complete these sentences with the form of the possessive adjective that agrees with the subject.

> **Modèle**
>
> Vous avez _____vos_____ livres de français?

1. J'aime _____ université et _____ camarades de classe.
2. Ma grand-mère adore _____ petits-enfants et _____ nièces.
3. Tu parles souvent à _____ cousins et à _____ nouvelle camarade de chambre.
4. Nous aimons _____ cours et _____ professeur.
5. Ils cherchent _____ cahiers et _____ carte de restaurant universitaire.
6. Vous étudiez avec _____ ami pour _____ examens.
7. Annie a _____ sac à dos et _____ calculatrice.
8. Je ne trouve pas _____ montre. Je cherche aussi _____ feuilles de papier.

4 **Transformez** Transform these sentences, using possessive adjectives to express ownership, to find out a little bit more about Hassan's family.

> **Modèle**
>
> C'est le père d'Hassan. _____Son_____ père s'appelle Hamed.

1. Les frères d'Hassan s'appellent Hamid et Zinédine. _____ frères sont jeunes.

2. Ils parlent souvent avec des amis. _____ amis sont sympathiques.

3. Hassan a des parents brillants. Il adore _____ parents.

4. Hamid et Zinédine aiment la fac. _____ fac est grande.

5. Hassan est marié avec Sofiane. _____ femme est petite.

6. Zinédine et Hamid étudient l'économie. _____ études sont importantes.

7. Les voisins de ma sœur sont étrangers. _____ voisins sont vieux.

8. Je suis un(e) ami(e) d'Hassan. Hassan est _____ ami.

5 **Répondez** Answer these questions in complete sentences using possessive adjectives and the clues provided.

> **Modèle**
>
> Est-ce que vous aimez votre chien? (aimer beaucoup)
> Oui, nous aimons beaucoup notre chien.

1. Est-ce que tu aimes ton université? (adorer)

   _____

2. Stéphanie, comment est ton frère? (grand et brun)

   _____

3. Monsieur Lafarge, comment vont vos parents (*are your parents doing*)? (très bien)

   _____

4. La belle-sœur de Marc est de quelle origine? (italienne)

   _____

5. À quelle heure est-ce que vos cousines arrivent? (à sept heures du soir)

   _____

6. Est-ce que tes parents aiment les chats? (aimer beaucoup)

   _____

7. Est-ce que les amis de Daniel sont timides? (sociables)

   _____

8. Comment est mon neveu? (poli et sympa)

   _____

Workbook

Unité 3

ESPACE CONTEXTES

Leçon 6

Workbook

1 Chassez l'intrus Indicate the word or expression that does not belong.

1. actif, paresseux, sportif, rapide
2. doux, gentil, modeste, cruel
3. pénible, antipathique, ennuyeux, gentil
4. triste, ennuyeux, méchant, génial
5. architecte, étranger, avocat, médecin
6. faible, athlète, fort, sportif
7. fou, généreux, jaloux, antipathique
8. prêt, fatigué, inquiet, triste

2 Les professions Your classmates have told you what they like to study. Indicate what you think their professions will be.

1. Benjamin adore l'art et la sculpture. Il va être _____.

2. Tatiana est très rapide et elle aime le sport. Elle va être _____.

3. Olivier aime écrire (to write) et voyager. Il va être _____.

4. Barbara aime les mathématiques et la physique. Elle va être _____.

5. Julien étudie l'économie et la gestion. Il va être _____.

6. Chakir étudie le droit. Il va être _____.

7. Marie étudie la biologie. Elle va être _____.

8. Nathalie aime étudier les styles de maison. Elle va être _____.

3 Les accords Maxime is writing her thoughts about her new life as an exchange student in Montreal. Complete each sentence about the people she has met with the correct form of the adjective in parentheses.

1. Mélanie est avocate. Elle est toujours _____ (prêt) à travailler. Elle est très _____ (actif).

2. Son mari, Jeff, est ingénieur. Il est _____ (étranger); il est anglais. Son actrice française _____ (favori) est Catherine Deneuve.

3. Mes camarades de classe, Jean-Philippe et Sofiane, sont _____ (fou). C'est _____ (pénible).

4. La femme de Jean-Philippe est très _____ (jaloux). C'est _____ (triste).

5. Le propriétaire de mon restaurant préféré n'est pas _____ (paresseux). C'est un homme _____ (travailleur).

6. Les chiens du voisin sont _____ (méchant) et _____ (cruel).

7. Mon professeur de littérature est _____ (génial), mais ses examens sont _____ (pénible).

8. Ma coiffeuse est très _____ (gentil) et _____ (modeste).

4 Complétez Give a synonym or an antonym for these adjectives. The new adjectives should agree in gender and number with the ones provided.

> **Modèle**
> antipathique (*fem.*) = cruelle

1. forte ≠ _____
2. méchant = _____
3. paresseuse ≠ _____
4. rapides (*masc.*) ≠ _____
5. modeste (*fem.*) = _____
6. ennuyeux (*sing.*) ≠ _____

5 Comment sont-ils? You have completed a survey about different professions. Now, you need to write out the results. Use the correct form of the adjectives in parentheses to write full sentences.

> **Modèle**
> (pénible, cruel)
> L'ingénieur *L'ingénieur est pénible et cruel.*

(généreux, modeste)

1. Le dentiste et le médecin: _____
2. L'avocate: _____

(étranger, sympathique)

3. L'artiste (*fem.*): _____
4. L'architecte (*masc.*): _____

(ennuyeux, antipathique)

5. La journaliste et l'homme d'affaires: _____
6. L'avocat: _____

6 Les descriptions Complete these descriptions with the word or expression from **ESPACES CONTEXTES** that is illustrated. Don't forget to make the necessary agreements.

1. Ma sœur est très (a) _____. Elle est (b) _____.

Son mari est (c) _____. Il est (d) _____

pour sa femme. 2. Je ne suis pas (e) _____ mais mon (f)

_____ est (g) _____ et (h) _____.

Workbook

ESPACE STRUCTURES

6.1 Numbers 61–100

1   **Complétez**   You are babysitting a little girl from the French-American school. She needs help with her math. Help her by filling in the blanks with the missing numbers. Spell out the numbers.

> **Modèle**
>
> Cent moins (*minus*) trente-deux font (*makes*) soixante-huit.

1. Quatre-vingt-dix-neuf moins _____ font vingt-cinq.
2. Trente-trois plus quarante-cinq font _____.
3. Cinquante-sept plus quarante et un font _____.
4. Quatre-vingt-neuf moins _____ font vingt-huit.
5. Soixante-seize plus vingt-quatre font _____.
6. Quatorze plus _____ font quatre-vingt-dix-neuf.
7. Vingt-six plus cinquante-sept font _____.
8. Trente-deux plus soixante font _____.

2   **Quel est le prix?**   Write out the prices of these items.

> **Modèle**
>
> des feuilles de papier   *douze euros soixante-cinq*

1. un cahier _____
2. une chaise _____
3. des crayons _____
4. un sac à dos _____
5. une horloge _____
6. des stylos _____

61,83 €
12,65 €
8,89 €
87,70 €
9,90 €
4,90 €
4,98 €

3   **Les itinéraires**   You are looking at a map and considering several day trips you want to take. Write complete sentences to express how far each city is from Paris.

> **Modèle**
>
> Gisors (74 km)   *Gisors est à soixante-quatorze kilomètres de Paris.*

1. Provins (91 km): _____
2. Fontainebleau (66 km): _____
3. Beauvais (78 km): _____
4. Évreux (96 km): _____
5. Épieds (84 km): _____
6. Pithiviers (94 km): _____
7. Chartres (88 km): _____
8. Soissons (100 km): _____

Workbook

Workbook

4 **Les coordonnées** Write down these addresses in complete sentences. Spell out the numbers.

> **Modèle**
> (Jean) 75, rue Victor Hugo
> _Jean habite au soixante-quinze rue Victor Hugo._

1. (Malika) 97, rue Bois des cars

   _____

2. (Amadou) 66, avenue du Général Leclerc

   _____

3. (Martine) 73, rue Vaugelas

   _____

4. (Jérôme) 81, rue Lamartine

   _____

5. (Guillaume) 100, rue Rivoli

   _____

6. (Nordine) 91, rue Molière

   _____

7. (Géraldine) 67, avenue Voltaire

   _____

8. (Paul) 78, rue de l'Espérance

   _____

5 **Les mots croisés** Complete this crossword puzzle. Run the words together without hyphens or spaces.

Across:
4. 50 + 41
6. 61 + 21
7. 49 + 14
8. 67 + 22
9. 37 + 39

Down:
1. 52 + 36
2. 19 + 51
3. 61 + 38
5. 60 + 40
6. 50 + 40

6.2 Prepositions of location

1   **Complétez**   Henri works at the bookstore on campus. Complete these sentences with the appropriate preposition of location to help the customers find out where things and places are located. Make all the necessary changes.

1. Les sacs à dos sont _____ (*next to*) des stylos.

2. Les cahiers sont _____ (*behind*) les livres.

3. Les cartes sont _____ (*to the right of*) l'ordinateur.

4. La bibliothèque est _____ (*close to*) du restaurant universitaire.

5. La librairie est _____ (*across from*) l'université.

6. Les calculatrices sont _____ (*on*) la table.

7. Les palms sont _____ (*in*) le bureau.

8. Les sacs à dos sont _____ (*under*) la fenêtre.

2   **C'est où?**   Choose the prepositions that logically complete this letter from a student in Dakar, Senegal.

chez	en	juste à côté	près
dans	entre	loin de	sur

(1) _____ moi, c'est tout petit. Nous habitons (2) _____ un appartement

(3) _____ du Café de la Place. Nous sommes heureux ici. Ma grande sœur, Adama, habite

(4) _____; nous nous voyons (*we see each other*) tous les jours. (5) _____ Adama

et moi, il y a dix ans de différence. La vie (6) _____ Afrique est formidable! J'adore la fac de

Dakar. Elle est (7) _____ la côte (*coast*) atlantique. C'est (8) _____

la Guadeloupe!

3   **Choisissez**   Barbara has sent a few pictures to her sister, Régine, of her life on campus. She has written a short description on the back of the pictures. Complete these sentences by choosing the correct preposition.

1. Mon chien est _____ (sur, sous, devant, à côté) la maison.

2. Mon dictionnaire est _____ (dans, entre, en, par) le bureau.

3. Mon ordinateur est _____ (loin, sur, par, en) le bureau.

4. La corbeille à papier est _____ (devant, entre, à côté, près de) du bureau.

5. La bibliothèque est _____ (par, en, sur, près de) l'université.

6. Le lycée est _____ (loin de, près, entre, en face) l'université.

7. La télévision est _____ (à côté, entre, loin, près) la fenêtre et le bureau.

8. Le stylo est _____ (en face, à côté, dans, en) mon sac à dos.

4 **Le plan** Write the name of each place on the map below, according to the clues provided. Each clue is from the reader's point of view. The first item has been done for you.

le café

1. Le café est dans la librairie.
2. Le lycée est derrière la librairie.
3. La bibliothèque est à droite du lycée.
4. L'université est en face de la bibliothèque.
5. Chez moi, c'est en face du café, à gauche de l'université.

6. J'habite entre l'université et le restaurant « Chez Léon ».
7. Le restaurant universitaire est loin de l'université, mais près du lycée.
8. Le dentiste est près du restaurant.

5 **Les prépositions** Give a synonym or an antonym of these prepositions of location.

1. sur ≠ _____
2. devant ≠ _____
3. à droite de ≠ _____
4. près de ≠ _____
5. en = _____
6. juste à côté = _____

6 **Où est le livre?** Look at these images and indicate where the book is located.

1.   2.   3.   4.

5.   6.   7.   8.

Le livre est...

1. _____.
2. _____.
3. _____.
4. _____.
5. _____.
6. _____.
7. _____.
8. _____.

Workbook

Unité 3

PANORAMA

1   **Vrai ou faux?** Indicate whether these statements are **vrai** or **faux**. Correct the false statements.

1. La ville de Paris est très grande et très étendue (*spread out*).

    _____

2. Paris est divisée en vingt arrondissements.

    _____

3. Il y a cent cinq musées à Paris.

    _____

4. Charles Baudelaire est un célèbre chanteur français.

    _____

5. Les catacombes sont sous les rues de Paris.

    _____

6. La tour Eiffel a été construite en 1889 pour l'Exposition universelle.

    _____

7. Paris-Plage consiste en trois kilomètres de sable et d'herbe installés sous la tour Eiffel.

    _____

8. L'architecte américain I. M. Pei a créé le musée du Louvre.

    _____

9. Des entrées du métro sont construites dans le style rococo.

    _____

10. Le métro est un système de transport très efficace.

    _____

2   **Qu'est-ce que c'est?** Label each image shown below.

1. _____   3. _____   5. _____

2. _____   4. _____   6. _____

3 **Complétez** Complete these sentences with the correct information from **Panorama** about Paris.

Paris est la (1) _____ de la France. Sa population est de plus de (2)

_____ d'habitants. Paris est divisée en vingt (3) _____.

Le Louvre, un des plus grands musées du monde, est un ancien palais royal. L'œuvre la plus célèbre de

sa collection est (4) _____.

Avec plus de six millions de visiteurs par an, (5) _____ est un autre monument

célèbre. Elle attire le plus grand nombre de visiteurs en France.

(6) _____ les rues de Paris, dans (7) _____, il y a environ

(8) _____ de squelettes provenant d' (9) _____ de Paris et de ses environs.

Pour visiter Paris, le métro est un système de transport efficace. Les premières entrées du métro de style

Art Nouveau datent de (10) _____. Elles sont l'œuvre de l'architecte Hector Guimard.

4 **Déchiffrez** Find the terms that correspond to these definitions. Note that a number has been given to each letter of the alphabet and that not all the letters of the alphabet are being used. Then, use your answers to find out three of France's main industries.

A	B	C	D	E	F	G	H	I	J	K	L	M	N	O	P	Q	R	S	T	U	V	W	X	Y	Z
					10									1											

1. C'est le nom d'un écrivain célèbre.

   __ __ __ __ __ __   __ __ __ __
   15 8 24 13 1 12   25 23 20 1

2. Chaque arrondissement en a un (*has one*).

   __ __   __ __ __ __ __
   23 11   17 14 8 12 7

3. C'est le nom d'un fameux sculpteur.

   __ __ __ __ __
   12 1 3 8 11

4. Dans les catacombes, il y a...

   __ __ __   __ __ __ __ __ __ __ __ __ __
   3 7 2   2 26 23 7 16 7 13 13 7 2

5. La tour Eiffel a été construite (*was built*) pour cette (*this*) occasion.

   __ __ __ __ __ __ __ __ __ __ __   __ __ __ __ __ __ __ __ __ __
   16 7 22 5 1 2 8 13 8 1 11   23 11 8 15 7 12 2 7 16 16 7

6. C'est le nom du style de certaines (*some*) entrées du métro.

   __ __ __   __ __ __ __ __ __ __
   14 12 13   11 1 23 15 7 14 23

7. Voici trois industries principales de la France:

   __ __ __   __ __ __ __ __ __ __ __
   16 7 2   10 8 11 14 11 24 7 2

   __ __   __ __ __ __ __ __ __ __ __ __
   16 14   13 7 24 25 11 1 16 1 20 8 7

   __ __   __ __ __ __ __ __ __ __ __
   16 7   13 1 23 12 8 2 17 7

Unité 4

ESPACE CONTEXTES

Leçon 7

1 **Cherchez** In the grid, find the twelve words or phrases listed, looking backward, forward, vertically, horizontally, and diagonally. One of them has been done for you.

bavarder
bureau
centre-ville
déjeuner
endroit
épicerie
fréquenter
grand magasin
gymnase
inviter
piscine
terrasse de café

```
F R É Q U E N T E R E Y O É N
E T M C B U D I J N T K T P I
S S N K B A S W I A U F I I S
L M A J J N V C Q V A E O C A
F Y K N N M S A E X L H R E G
P D D C M I I D R L J P D R A
Q P L Q P Y É S I D N K N I M
Y B N D H J G V E G E S E E D
É F A C E D E S S A R R E T N
C D H U M R E T I V N I V J A
K D N I T O V X C H W P A Z R
W E P N D B U R E A U K K W G
R Z E E K C U P U D G T D U G
V C U S H P Z P O M O P U J N
D B C F V X Y N P O I E Y Z M
```

2 **Associez** Match the activities in the left column with the locations in the right. Then, write a complete sentence for each one to describe Marie's habits and preferences.

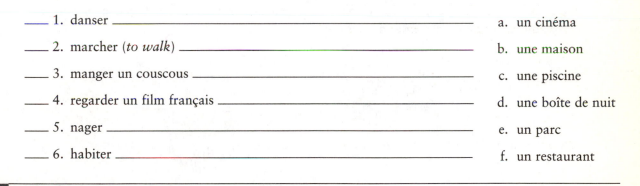

Modèle

travailler / un bureau   *Elle travaille dans un bureau.*

____ 1. danser _____

____ 2. marcher (*to walk*) _____

____ 3. manger un couscous _____

____ 4. regarder un film français _____

____ 5. nager _____

____ 6. habiter _____

a. un cinéma

b. une maison

c. une piscine

d. une boîte de nuit

e. un parc

f. un restaurant

3 **Chassez l'intrus** Indicate the word or expression that does not belong in each group.

1. une épicerie, un marché, un magasin, un musée
2. un parc, une piscine, un cinéma, un gymnase
3. un hôpital, un restaurant, une terrasse de café, déjeuner
4. un gymnase, un parc, un kiosque, une piscine
5. un bureau, un magasin, un centre commercial, un grand magasin
6. un restaurant, un café, une église, une épicerie
7. un marché, une épicerie, un cinéma, un restaurant
8. une ville, une banlieue, un centre-ville, une montagne

4 **L'après-midi** Marc is thinking about the errands he needs to run this afternoon. Look at the vocabulary on pages 110–111 of your textbook to complete these sentences with the most logical word or expression.

1. Il y a _____ sur la place. C'est parfait, j'ai besoin d'un magazine.

2. Après, j'ai besoin d'aller à l' _____ à côté du café, sur la place.

3. Je me demande (*wonder*) quels films il y a au _____ en ce moment.

4. La _____ de Fatima est à côté. Pourquoi ne pas _____ elle?

5. J' _____ Fatima au restaurant.

6. Avant, j'ai besoin de passer au _____ pour trouver quels sports sont proposés (*offered*).

7. J'aime bien _____, mais est-ce qu'il y a une grande piscine?

8. Ma voisine est sur la place. Pourquoi ne pas _____ un petit peu avec elle?

5 **Complétez** To find out more about a typical day for a student in Angers, complete these sentences with the word illustrated. Be sure to make all the necessary agreements.

Le matin, je vais au (1) _____ pour faire (*do*) du sport ou à la

(2) _____ pour nager pendant (*for*) une heure. Après, je rentre à la

(3) _____ . J'étudie l'économie et le droit pendant quatre

heures. À midi, j'aime bien manger au (4) _____ sur la place,

mais je n'aime pas (5) _____ . L'après-midi, je travaille au

(6) _____ David d'Angers. Le week-end, j'aime aller au (7) _____

ou bien (8) _____ en boîte avec des amis.

ESPACE STRUCTURES

7.1 The verb **aller**

1   **Conjuguez** Complete this conversation with the correct forms of the verb **aller** to find out these students' plans for the weekend.

FATIMA Qu'est-ce que tu (1) _____ faire dimanche?

ÉRIC Je (2) _____ étudier à la bibliothèque. Mon camarade de chambre (3) _____ passer chez ses parents.

FABIEN ET THUY Nous (4) _____ explorer le parc national de la Vanoise.

FATIMA Vous (5) _____ quitter la maison à quelle heure?

FABIEN Je (6) _____ passer chez Thuy à 7h00. Pourquoi?

FATIMA J'aime la montagne, et mon frère aussi. Je (7) _____ parler avec lui. Peut-être que nous (8) _____ aller avec vous.

THUY Bonne idée!

2   **Choisissez** New students are attending orientation this week. Complete their schedule by choosing the correct preposition.

1. Vous allez rencontrer vos professeurs _____ (sur, au, en, à la) terrasse du café.

2. Votre professeur va vous demander d'aller _____ (à la, au, en, à) ville.

3. Vous allez déjeuner _____ (à la, au, sur) restaurant avec d'autres étudiants.

4. Le soir, vous pouvez (*can*) aller _____ (au, à la, en) cinéma ou _____ (à la, à l', au) piscine.

5. Lundi, vous allez _____ (au, en, à la) kiosque.

3   **Où vont-ils?** Indicate where the students are going and an activity they might do there, using the illustrations as a guide.

> **Modèle**
> Serge et Martin   Ils vont à la librairie. Ils vont chercher des livres.

1. Nous _____

2. Véronique _____

3. Hélène et Marc _____

4. Annie et Sarah _____

4   **Complétez** Complete these sentences with **à**, **en**, **dans**, or **sur** and make all necessary agreements to know what your Senegalese pen pal, Kaba, is planning. You may need to include an article or make a contraction.

Je pense étudier (1) _____ l'Université du Sénégal, (2) _____ Dakar. L'université est (3) _____ centre-ville. Je pense aussi habiter (4) _____ la maison de ma sœur. Dakar, c'est loin (_far away_) de mon village. C'est une grande ville. J'aime étudier (5) _____ la bibliothèque pour préparer mes examens.

J'aime bien passer (6) _____ musée de Dakar. Il est intéressant. Le samedi, je vais (7) _____ la piscine municipale et je déjeune (8) _____ la terrasse d'un restaurant avec des amis. Je préfère le restaurant (9) _____ la place Kermel.

5   **L'emploi du temps** Here is your schedule (**emploi du temps**) for next week. Write complete sentences to indicate what you are going to do.

	lundi	mardi	mercredi	jeudi	vendredi	samedi	dimanche
matin		chercher des oranges/marché		parler/prof de français	rencontrer Théo/café	aller/ centre-ville	
après-midi	étudier/ bibliothèque		aller/cinéma			téléphoner/ mes parents	commencer/ étudier

Modèle

Lundi, je vais nager à la piscine.

1. Lundi, _____.

2. Mardi, _____.

3. Mercredi, _____.

4. Jeudi, _____.

5. Vendredi, _____.

6. Samedi, _____.

7. Samedi, _____.

8. Dimanche, _____.

Workbook

7.2 Interrogative words

1 **Déchiffrez** Pascal just received an e-mail from a classmate in his French class. Unfortunately, his classmate is not very good at French, and the questions are all jumbled. Re-write each question correctly.

1. vous / appelez / est-ce que / vous / comment / ?

   _____

2. est-ce que / où / habitez / vous / ?

   _____

3. ? / favori / votre / est / cours / quel

   _____

4. commencent / ? / à / est-ce que / quelle heure / les cours

   _____

5. votre restaurant / préféré / ? / chinois / quel / est

   _____

6. est-ce que / allez / marché / ? / vous / quand / au

   _____

7. vous / au / ? / le mardi / est-ce que / allez / pourquoi / soir / gymnase

   _____

8. heure / - / il / ? / est / quelle

   _____

2 **L'entrevue** Fill in the correct interrogative words or expressions to reconstruct this interview with Hassan, a student at a French university.

À quelle heure	Comment	Quand	Qu'est-ce que
Avec qui	Où	Que	Quoi
Combien	Pourquoi	Quels	Qui

JÉRÔME (1) _____ vous appelez-vous?

HASSAN Je m'appelle Hassan.

JÉRÔME (2) _____ habitez-vous?

HASSAN J'habite en ville.

JÉRÔME (3) _____ vous étudiez?

HASSAN J'étudie l'économie.

JÉRÔME (4) _____ étudiez-vous l'économie?

JÉRÔME Je veux (*want*) être homme d'affaires.

JÉRÔME (5) _____ cours aimez-vous?

HASSAN J'aime le cours de français.

JÉRÔME (6) _____ d'étudiants y a-t-il dans la classe?

HASSAN Il y a seize étudiants dans la classe.

Workbook

3 Choisissez Complete these questions with the correct form of **quel**.

1. _____ musée fréquentez-vous?

2. À _____ heure les cours commencent-ils?

3. _____ est le nom de la bibliothèque?

4. _____ sont tes restaurants favoris?

5. _____ étudiantes ont les yeux marron?

6. _____ cinéma fréquentez-vous?

7. _____ magasins sont ouverts (*open*) le dimanche?

8. _____ montagnes explorez-vous le week-end?

4 Complétez Fill in this dialogue with complete questions.

JASMINE Bonjour Nathalie. (1) _____

NATHALIE Bien. Et toi?

JASMINE Bien, merci. (2) _____

NATHALIE Les cours commencent le 24 septembre.

JASMINE (3) _____

NATHALIE J'ai physique, chimie et biologie.

JASMINE (4) _____

NATHALIE Mon professeur de chimie est Madame Lessieur.

JASMINE Ah, oui! Et tu as déménagé (*you moved*), n'est-ce pas? (5) _____

NATHALIE J'habite en ville, à côté du café, sur la place. Dis, (6) _____

JASMINE Il est 11h30. On va bavarder au café demain, n'est-ce pas?

NATHALIE Parfait. Au revoir.

5 Les questions Write two questions for each of these statements. Your questions should prompt the statement provided as an answer.

1. Laëtitia va au marché dimanche.

_____

_____

2. Il y a trois étudiants à la terrasse du café.

_____

_____

3. Mes amis vont manger au restaurant avec les nouveaux étudiants.

_____

_____

4. Tu vas en boîte samedi soir.

_____

_____

Unité 4

ESPACE CONTEXTES

1 **Classez** Classify these foods in the appropriate category.

baguette	eau minérale	limonade
beurre	éclair	pain de campagne
boisson gazeuse	fromage	sandwich
café	jambon	soupe
chocolat	jus d'orange	sucre
croissant	lait	thé

Boissons

_____
_____
_____
_____
_____
_____

Pains/desserts

_____
_____
_____
_____

Produits laitiers (*dairy*)

_____
_____
_____

Autres

_____
_____
_____
_____

2 **Complétez** Complete these sentences with the most logical option.

1. J'aime boire (*drink*) de l'eau _____.
   a. éclair   b. minérale   c. sucre

2. Avant de partir (*before leaving*), nous _____ un pourboire.
   a. apportons   b. coûtons   c. laissons

3. Ma sœur est végétarienne. Elle ne mange pas de _____.
   a. jambon   b. sandwich   c. frites

4. Je mets (*put*) toujours du _____ dans mon café.
   a. beurre   b. fromage   c. sucre

5. Je vais demander _____ à la serveuse.
   a. un pourboire   b. l'addition   c. apporter

6. J'ai _____. Je vais manger un sandwich et une soupe.
   a. faim   b. soif   c. quelque chose

7. J'aime les produits laitiers (*dairy*). Je vais manger un sandwich au _____.
   a. jambon   b. fromage   c. beurre

8. Je me demande (*wonder*) quel est le _____ du jus de pomme.
   a. addition   b. coûter   c. prix

3 **Qu'est-ce que c'est?** Write the name of each item depicted.

1. _____

2. _____

3. _____

4. _____

5. _____

6. _____

4 **C'est quoi?** Indicate the item that each statement describes.

1. Il est fait (*made*) avec des pommes (*apple*) ou des oranges. C'est _____.

2. Il rend (*makes*) le thé ou le café plus doux. C'est _____.

3. Le serveur/La serveuse l'apporte à la fin du dîner. C'est _____.

4. Il est au jambon ou au fromage. C'est _____.

5. On mange ça avec du ketchup. Ce sont _____.

6. C'est le pain avec lequel (*with which*) on fait (*makes*) les sandwichs. C'est _____.

7. C'est un homme qui travaille dans un restaurant. C'est _____.

8. C'est l'argent qu'on laisse pour le serveur/la serveuse. C'est _____.

5 **Choisissez** Complete this dialogue with the best word or phrase from the list. Make any necessary changes and do not repeat expressions.

une bouteille de	pas assez de	plusieurs	tous les
un morceau de	un peu de	une tasse de	un verre de

MAI J'ai très soif. Je vais boire (*drink*) (1) _____ eau minérale.

PAUL Vraiment? C'est trop! Tu ne veux pas (2) _____ limonade ou (3) _____ thé?

MAI D'accord, j'adore la limonade.

PAUL Moi, j'ai faim. Il y a (4) _____ types de soupe.

MAI Moi, je vais prendre (*take*) (5) _____ soupe à la tomate et (6) _____ pain.

PAUL Bonne idée, moi aussi. J'aime le thé, mais il n'y a (7) _____ sucre.

MAI Tu ne vas pas prendre (8) _____ morceaux de sucre!

PAUL Et pourquoi pas?

ESPACE STRUCTURES

8.1 The verbs prendre and boire

1 **Le dimanche matin** Complete this paragraph with the correct forms of the verbs in parentheses.

Le dimanche matin, nous allons au café. Pour aller au café, je (1) _____ (prendre) toujours

la ligne A du métro. Mes parents aiment mieux (2) _____ (prendre) leur voiture. Ma sœur et

moi, nous (3) _____ (prendre) une baguette et du beurre. Mes parents (4) _____

(boire) du café mais nous, nous ne (5) _____ (boire) pas de café. Moi, je (6) _____

(boire) un thé et ma sœur (7) _____ (boire) un chocolat. Mes parents (8) _____

(prendre) des croissants. Et vous, qu'est-ce que vous (9) _____ (prendre) et qu'est-ce que vous

(10) _____ (boire) le matin?

2 **En phrases complètes** Write complete sentences using the elements given.

1. Je / comprendre / le français et l'espagnol

   _____

2. Fatima et Mourad / apprendre / le français

   _____

3. Jacques / boire / un café / le matin

   _____

4. Abdel et Amandine / boire / du thé / le soir

   _____

5. Vous / apprendre / l'italien

   _____

6. Tu / comprendre / le professeur de français

   _____

3 **Au café** Complete these sentences with the correct form of **prendre** or **boire**.

1. Nous _____ du café le matin.

2. Ils _____ un sandwich au fromage à midi.

3. Je _____ une soupe.

4. Je ne _____ pas de boissons gazeuses.

5. Mes parents _____ une baguette.

6. Tu _____ des frites avec ton sandwich.

7. Elle ne _____ pas assez d'eau.

8. Vous _____ un éclair.

4 **Qu'est-ce que vous prenez?** Look at this illustration and write a sentence describing what each person is having.

1. je

_____

2. vous

_____

3. elles

_____

4. tu

_____

5. nous

_____

6. il

_____

5 **Répondez** Answer these questions in complete sentences using the cues given.

1. Qu'est-ce que vous prenez pour aller à l'université? (ma voiture)

_____

2. Qu'est-ce que vous prenez au restaurant universitaire? (un sandwich et une boisson gazeuse)

_____

3. Qu'est-ce que vos amis boivent au restaurant universitaire? (un café ou un thé)

_____

4. Qui boit une limonade? (Vincent et Élise)

_____

5. Est-ce que vous apprenez le français? (oui)

_____

6. Qui comprend le français? (mes parents)

_____

7. Est-ce que vous comprenez le russe (*Russian*)? (non)

_____

8. Combien de cours prenez-vous? (quatre)

_____

Workbook

8.2 Partitives

1 **Un peu** You want to try the items below, but you only want some of each. Write the appropriate partitive.

Modèle

une soupe → *de la soupe*

1. un fromage → _____ fromage

2. le beurre → _____ beurre

3. le jambon → _____ jambon

4. le sucre → _____ sucre

5. un thé → _____ thé

6. une limonade → _____ limonade

7. une eau minérale → _____ eau minérale

8. le lait → _____ lait

2 **Et pour vous?** Reconstruct these conversations that you might hear in a café.

Modèle

Boire / café? (non)
Est-ce que vous buvez du café? Non, je ne bois pas de café.

1. boire / thé? (oui)

   _____

2. prendre / croissants? (non)

   _____

3. prendre / soupe? (oui)

   _____

4. boire / eau? (oui)

   _____

5. prendre / sandwich? (non)

   _____

6. prendre / frites? (oui)

   _____

7. boire / chocolat chaud? (non)

   _____

8. boire / jus d'orange? (oui)

   _____

Workbook

Workbook

3 **Complétez** Complete this conversation with the appropriate articles.

SOPHIE Tu as (1) _____ lait?

MARINA Désolée, non je n'ai pas (2) _____ lait mais j'ai (3) _____ eau minérale

et (4) _____ jus d'orange. Tu prends (5) _____ croissants avec

(6) _____ beurre ou bien (7) _____ éclair?

SOPHIE Je vais simplement prendre (8) _____ jus d'orange avec un morceau

(9) _____ pain.

MARINA Pas de problème. Tu es sûre? Tu ne prends pas un peu (10) _____ fromage aussi?

SOPHIE Non, merci. Je n'aime pas (11) _____ fromage. Tu as (12) _____ pain de

campagne?

MARINA Oui, voilà.

SOPHIE Merci.

4 **Vos préférences** You are reading a letter from the host family you will be staying with during your exchange program. Read it and write a reply.

Voici ce que nous mangeons à la maison. Le matin, nous prenons du pain avec du beurre. Nous buvons du café avec du lait. Le week-end, nous prenons des croissants. À midi, au café, nous prenons un sandwich avec des frites. Nous aimons les sandwichs au jambon et les sandwichs au fromage. Nous n'aimons pas beaucoup le pain de campagne. Nous ne buvons pas de boisson gazeuse. Le soir, nous prenons souvent de la soupe avec beaucoup de fromage. Et vous, quelles sont vos préférences?

Chère famille,

_____

_____

_____

_____

_____

_____

_____

_____

_____

Unité 4

PANORAMA

Savoir-faire

1 **Où ça?** Complete these sentences with the correct information.

1. L'église du _____ est un centre de pèlerinage depuis 1.000 ans.

2. À _____, en Bretagne, il y a 3.000 menhirs et dolmens.

3. La maison de Claude Monet est à _____, en Normandie.

4. Les crêpes sont une spécialité culinaire de _____.

5. Le camembert est une spécialité culinaire de _____.

6. _____ est une station balnéaire de luxe.

2 **Qu'est-ce que c'est?** Label each image correctly.

1. _____

2. _____

3. _____

4. _____

3 **Vrai ou faux?** Indicate whether each statement is **vrai** or **faux**. Correct the false statements.

1. C'est au Mont-Saint-Michel qu'il y a les plus grandes marées du monde.

_____

2. Le Mont-Saint-Michel est une presqu'île.

_____

3. Le Mont-Saint-Michel est un centre de pèlerinage.

_____

4. Le camembert est vendu dans une boîte ovale en papier.

_____

5. Claude Monet est un maître du mouvement impressionniste.

_____

6. Claude Monet est le peintre des «Nymphéas» et du «Pont chinois».

_____

7. Il y a 300 menhirs et dolmens à Carnac.

_____

8. Les plus anciens menhirs datent de 4.500 ans avant J.-C.

_____

4 **Répondez** Answer these questions in complete sentences.

1. Où est Carnac?

_____

2. Comment sont disposés (*positioned*) les menhirs?

_____

3. Quelle est la fonction des menhirs? Et des dolmens?

_____

4. À quoi est associée la fonction des menhirs?

_____

5. À quoi est associée la fonction des dolmens?

_____

6. Pourquoi Deauville est-elle célèbre?

_____

5 **Les mots croisés** Use the clues below to complete this crossword puzzle.

1. À Deauville, il y a un festival du…
2. C'est le nom d'un fromage.
3. On peut manger des crêpes dans une…
4. C'est le nom d'un lieu où il y a des falaises.
5. C'est la région qui a la plus grande population.
6. C'est le nom d'une célèbre femme écrivain.
7. Deauville est une station…
8. C'est un type d'énergie produite en Normandie.

Unité 5

ESPACE CONTEXTES

1 **Cherchez** In the grid, find the twelve words listed. Look backward, forward, vertically, horizontally, and diagonally.

bande dessinée	
échecs	
équipe	
joueuse	
loisir	
match	
passe-temps	
pratiquer	
skier	
spectacle	
sport	
temps libre	

```
L O B F E C K Ô D S V T Z F U
P O B A A L V V E A E C P Q V
A L I K N V C M W M D B G A M
S V U S D D B A P P B S K M W
S B F R I T E S T É C H E C S
E M C P J R L D Q C V I P W S
T H J È I I Z A E E E L H E C
E H K U B W J G M S E P P K S
M R H R T H B A F D S I S A K
P R E U Q I T A R P U I L P I
S L W Y Z C V P M Q E L N J E
F A X B H F F F É W U W F É R
S I Y T R O P S S Z O E Q K E
Y G N K B W F E U B J S M L M
P X F D W I J W Q S T M L É R
```

2 **Le sport** Look at this list of sports activities and indicate whether people generally practice them à l'extérieur (*outside*), à l'intérieur (*inside*), or both.

aller à la pêche	le basket	le football	marcher	le tennis
le baseball	les échecs	le golf	skier	le volley-ball

à l'extérieur   à l'intérieur

_____   _____

_____   _____

_____   à l'intérieur et à l'extérieur

_____   _____

_____   _____

_____

3 **Chassez l'intrus** Indicate the word that does not belong in each group.

1. pratiquer, le baseball, le tennis, la bande dessinée
2. indiquer, un loisir, un passe-temps, le temps libre
3. une fois, rarement, souvent, presque jamais
4. encore, souvent, parfois, jamais
5. un jeu, les cartes, skier, les échecs
6. gagner, le cinéma, un jeu, un match
7. bricoler, skier, le tennis, le volley-ball
8. jouer, gagner, aller à la pêche, pratiquer
9. rarement, maintenant, parfois, jamais
10. chanter, gagner, aider, longtemps

4 **Quoi?** Complete this paragraph according to the illustrations to find out what Dalil and his friends are planning to do this weekend. Don't forget to use a preposition or an article when necessary.

Ce week-end, je vais jouer (1) 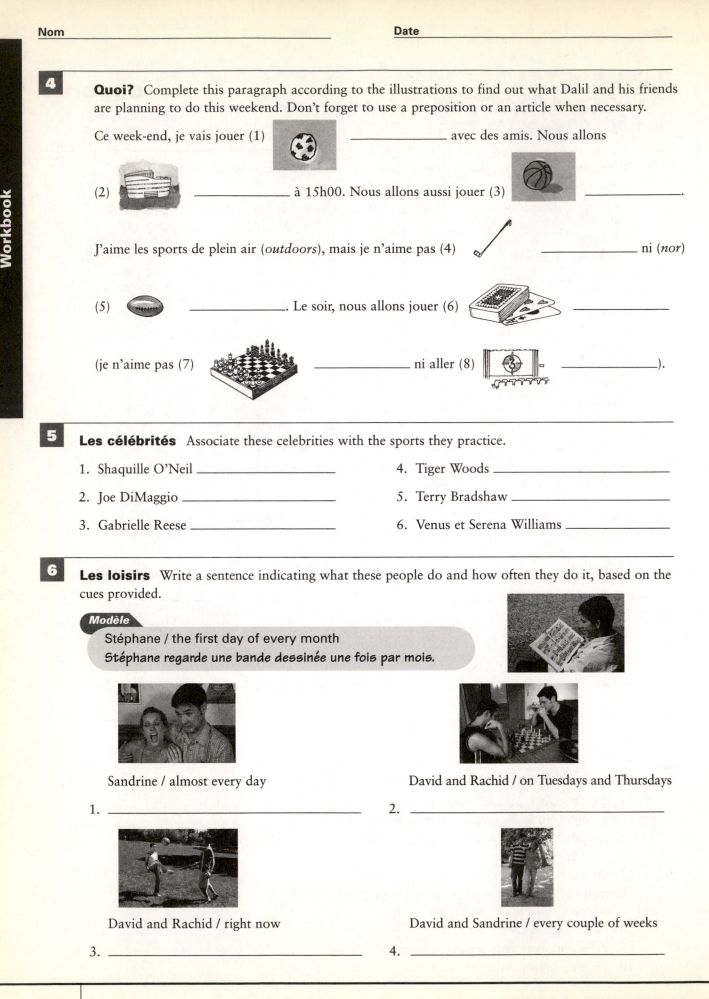 _____ avec des amis. Nous allons

(2) _____ à 15h00. Nous allons aussi jouer (3) _____.

J'aime les sports de plein air (*outdoors*), mais je n'aime pas (4) _____ ni (*nor*)

(5) _____. Le soir, nous allons jouer (6) _____

(je n'aime pas (7) _____ ni aller (8) _____).

5 **Les célébrités** Associate these celebrities with the sports they practice.

1. Shaquille O'Neil _____
2. Joe DiMaggio _____
3. Gabrielle Reese _____

4. Tiger Woods _____
5. Terry Bradshaw _____
6. Venus et Serena Williams _____

6 **Les loisirs** Write a sentence indicating what these people do and how often they do it, based on the cues provided.

Modèle
Stéphane / the first day of every month
Stéphane regarde une bande dessinée une fois par mois.

Sandrine / almost every day

David and Rachid / on Tuesdays and Thursdays

1. _____

2. _____

David and Rachid / right now

David and Sandrine / every couple of weeks

3. _____

4. _____

ESPACE STRUCTURES

9.1 The verb faire

1 **La famille de Karine** Complete this paragraph with the correct form of the verb **faire** to find out about Karine's family.

Ma famille est très active. Moi, je (1) _____ de l'aérobic le week-end. La semaine, ma sœur

et moi, nous (2) _____ du jogging dans le parc. Mon frère n'aime pas (3) _____

de la gym, mais il (4) _____ la cuisine. Mes parents (5) _____ aussi attention à

leur santé (*health*). Ils (6) _____ souvent du vélo. Et dans ta famille, qu'est-ce que vous

(7) _____? Est-ce que tu (8) _____ du sport?

2 **Choisissez** Complete this conversation among friends with the correct preposition or article.

SOPHIE Quels sont vos passe-temps préférés?

KHALED Je fais (1) _____ aérobic tous les week-ends. Et toi, Luc?

LUC Je fais (2) _____ cheval ou (3) _____ planche à voile.

SOPHIE Moi, je ne fais pas beaucoup (4) _____ sport, mais j'aime bien faire (5) _____

camping. Maintenant, je vais faire (6) _____ promenade dans le parc. Qui veut venir (*wants to*

come)?

KHALED Moi, pourquoi pas! Il faut bien faire (7) _____ sport.

SOPHIE Parfait. Tu vas faire (8) _____ connaissance de ma sœur, Frédérique.

LUC Ma sœur et moi, nous y allons aussi. On va faire un pique-nique!

3 **Le mot juste** Your roommate has given you an old brochure. Fill in the blanks with the correct form of **jouer** or **faire** and the appropriate articles or prepositions.

> De nombreux sports sont proposés à nos étudiants. Dans notre nouveau gymnase, vous pouvez (*can*)
>
> (1) _____ aérobic ou (2) _____ basket ou (3) _____ volley.
>
> Dans notre stade, vous pouvez (4) _____ jogging, (5) _____ vélo ou
>
> (6) _____ baseball.
>
> Il y a également des clubs qui organisent des activités en dehors de (*outside of*) l'université. Vous pouvez
>
> (7) _____ ski ou (8) _____ randonnée selon (*according to*) la saison. Vous pouvez
>
> également (9) _____ échecs, (10) _____ planche à voile ou (11) _____
>
> football.
>
> Avec toutes les activités proposées, vous allez (12) _____ connaissance de beaucoup de personnes!

Workbook

4 **Que font-ils?** Look at these pictures and say what people are doing using the verb **faire**.

Modèle

Il fait un tour en voiture.

1. _____   2. _____

3. _____   4. _____

5. _____   6. _____

5 **Qu'est-ce qu'il faut faire?** Give these people advice about activities they might enjoy.

Modèle

J'aime les animaux.   Il faut faire du cheval.

1. J'aime la montagne et marcher.

_____

2. Je suis nouvelle à l'université.

_____

3. J'aime courir (*run*).

_____

4. J'adore Lance Armstrong et la nature.

_____

5. Je déteste marcher et l'université est très grande.

_____

9.2 Irregular -ir verbs

1 **Les vacances** Complete this paragraph with the correct form of the verbs in parentheses to find out what Miriam does when she is on vacation.

Pendant les vacances (*vacation*), si je ne voyage pas, je (1) _____ (dormir) toujours tard le

matin, mais mes parents (2) _____ (sortir) tôt pour aller marcher dans le parc. En général,

je (3) _____ (sortir) de la maison à 11h00 et je vais (4) _____ (courir) un peu

avec des amis. Ils (5) _____ (courir) très vite. Le parc (6) _____ (sentir) bon

avec toutes les fleurs (*flowers*).

Pour les vacances d'hiver (*winter*), je vais (7) _____ (partir) en Algérie. Nous

(8) _____ (partir) la semaine prochaine. Je (9) _____ (sentir) que le voyage va

être intéressant. J'adore un petit restaurant à Alger où on (10) _____ (servir) un excellent

couscous.

2 **Décrivez** Describe what the people in these pictures are doing. Use complete sentences and a dictionary as necessary.

1.

2.

3.

4.

5.

6.

1. _____

2. _____

3. _____

4. _____

5. _____

6. _____

3 **Que font-ils?** For each sentence, choose the correct verb from those in parentheses. Then, complete the sentence by writing the verb in the present.

1. Les professeurs _____ (sortir, dormir, sentir) de l'université à 6h00 du soir.

2. Les étudiants _____ (servir, partir, sentir) à la bibliothèque pour étudier pour l'examen de fin de semestre.

3. Maintenant, le département de français _____ (dormir, sentir, servir) du café et du thé après les conférences.

4. Les athlètes _____ (servir, courir, partir) dans le stade tous les matins.

5. Ton camarade de chambre ne _____ (dormir, servir, sentir) pas assez parce qu'il étudie beaucoup.

6. Je _____ (servir, sentir, partir) que mon examen de physique va être facile.

7. Je ne _____ (servir, sentir, sortir) plus avec Hélène.

8. Caroline _____ (servir, partir, courir) en France pour un semestre.

4 **Répondez** Answer these questions in complete sentences.

1. Partez-vous pour un lieu intéressant cette année? Où allez-vous?

_____

2. Combien d'heures votre camarade de chambre dort-il? Et vous?

_____

3. Sortez-vous souvent des livres de la bibliothèque?

_____

4. Que servez-vous à vos amis?

_____

5. Qui sort avec vous en boîte, le week-end?

_____

6. Courez-vous dans le parc? Avec qui?

_____

Workbook

Unité 5

ESPACE CONTEXTES

Leçon 10

1   **Les saisons** Name the season that matches these descriptions.

1. Nous allons à la plage. _____

2. Il neige et nous faisons du ski. _____

3. Il fait très chaud. _____

4. Il pleut souvent. _____

5. Il fait frais et il fait du vent. _____

6. C'est la fin des cours à l'université. _____

7. Il faut utiliser un imperméable et un parapluie. _____

8. Les cours commencent à l'université. _____

9. C'est la fin de l'année. _____

10. Nous célébrons la fête (*holiday*) nationale en France et aux États-Unis. _____

2   **Le temps** Here is a weather forecast. Say what the weather is like and what the highest and lowest temperatures are.

> **Modèle**
>
> Il fait froid et le temps est nuageux à New York.
> La température minimum est de 1 degré.
> La température maximum est de 15 degrés.

New York
1°C / 15°C

Chambéry   Abidjan   Papeete   Marseille

1.   2°C / 5°C   2.   22°C / 25°C   3.   27°C / 31°C   4.   12°C / 20°C

1. _____

_____

2. _____

_____

3. _____

_____

4. _____

3 **Les vacances** Farida and Thomas are going to visit Paris. Complete their conversation with the most logical word or expression.

anniversaire	beau	degrés	imperméable	soleil
avril	date	frais	printemps	temps

FARIDA Quel (1) _____ fait-il à Paris demain?

THOMAS Il fait beau. Il fait 17 (2) _____.

FARIDA J'ai besoin d'un (3) _____?

THOMAS Non, il ne va pas pleuvoir. Il va faire (4) _____ tout le temps.

FARIDA Parfait. C'est vrai que c'est le (5) _____.

THOMAS N'oublie pas que le matin, il fait (6) _____. Nous sommes en (7) _____.

FARIDA Quelle est la (8) _____ de l' (9) _____ de ton oncle?

THOMAS C'est le 5.

FARIDA J'espère (_hope_) qu'il va faire (10) _____.

THOMAS Oui, moi aussi.

4 **Vrai ou faux?** Read these statements and say whether they are **vrai** or **faux**. Correct the false statements.

1. Quand il pleut, j'utilise un imperméable.

_____

2. Il fait un temps épouvantable en été.

_____

3. Quand le temps est nuageux, il fait soleil.

_____

4. En hiver, il fait froid et il neige.

_____

5. La Saint-Valentin est en février.

_____

6. Avril, c'est en hiver.

_____

7. Quand il fait 30 degrés, il fait froid.

_____

8. Mars est ma saison préférée.

_____

ESPACE STRUCTURES

10.1 Numbers 101 and higher

1 **Les prix** You are working in a shop in Belgium for the summer. You need to be able to read the price tags. To make it easier for yourself, write out the prices in words.

1. 127€   2. 199€   3. 235€   4. 451€

5. 300€   6. 202€   7. 480€   8. 373€

1. _____   5. _____

2. _____   6. _____

3. _____   7. _____

4. _____   8. _____

2 **Québec** Read these sentences about the French-speaking province of Quebec, in Canada. Write out the digits for the numbers in each sentence.

1. Jacques Cartier arrive à Gaspé en mille cinq cent trente-quatre. _____

2. La province du Québec est établie en mille sept cent quatre-vingt-onze. _____

3. La population francophone du Québec est de cinq millions huit cent mille personnes. _____

4. La population anglophone du Québec est de cinq cent quatre-vingt-onze mille personnes. _____

5. La superficie de la province du Québec est de un million cinq cent cinquante-trois mille six cent trente-sept kilomètres carrés. _____

6. La population totale du Québec est de sept millions cinq cent soixante-huit mille six cent quarante habitants. _____

7. Le Québec produit (*makes*) quatre-vingt-six millions quatre cent seize mille cinquante-sept livres (*pounds*) de sirop d'érable (*maple syrup*). _____

8. Il y a quarante et un mille cinq cent sept étudiants à l'Université du Québec, à Montréal. _____

Workbook

Workbook

3 **Résolvez** Solve these math problems. Use **plus** to add, and **moins** to substract.

> **Modèle**
>
> 200 + 350   deux cent plus trois cent cinquante font cinq cent cinquante.

1. 199 + 801

   _____

2. 28.000 – 13.000

   _____

3. 1.248.391 + 1609

   _____

4. 576 + 424

   _____

4 **L'inventaire** You are working in the bookstore on campus. To make sure the inventory is accurate, you have been asked to write out the numbers in letters.

> **Modèle**
>
> Il y a cent trente-sept livres de Jules Verne.

Articles	Nombre d'articles
Livres de Jules Verne	137
Livres d'Ampâté Bâ	101
Dictionnaires français-anglais	299
Crayons	2.435
Cahiers	3.123
Stylos	6.782

1. _____
2. _____
3. _____
4. _____
5. _____

5 **La loterie** Imagine that you have won a million euros at the lottery. Write a list of what you would like to buy and how much each item costs. Write out their prices in letters.

_____

_____

_____

_____

_____

_____

10.2 Spelling change -er verbs

1 **À la fac** Jean is writing an e-mail home to let his family know how life on campus is. For each sentence, choose the correct verb from those in parentheses. Then, complete the sentence by writing the correct form of the verb.

Salut!

Ça va? Moi, je vais bien, mais il y a beaucoup de choses à faire cette semaine. Je/J' (1) _____ (espérer, nettoyer, acheter) beaucoup de livres pour mes cours. Bien sûr, mes professeurs (2) _____ (envoyer, répéter, préférer) les étudiants qui travaillent beaucoup, alors je suis toujours à la bibliothèque. Les étudiants (3) _____ (employer, payer, célébrer) beaucoup leur ordinateur pour étudier.

Matthieu, mon camarade de chambre ne/n' (4) _____ (acheter, emmener, nettoyer) jamais la chambre. C'est pénible! Mais il (5) _____ (amener, espérer, protéger) avoir une bonne note en français, alors nous étudions ensemble. Je/J' (6) _____ (envoyer, célébrer, employer) mon anniversaire la semaine prochaine avec le club de français, et je vais inviter Matthieu.

Comment allez-vous? Est-ce que vous (7) _____ (envoyer, payer, acheter) mes CD préférés? Est-ce que vous (8) _____ (répéter, posséder, essayer) de venir ici bientôt?

Merci et à bientôt!
Jean

2 **Que font-ils?** Write sentences to describe what the people in the photos are doing using a word from the list.

| acheter | essayer | payer |
| envoyer | nettoyer | répéter |

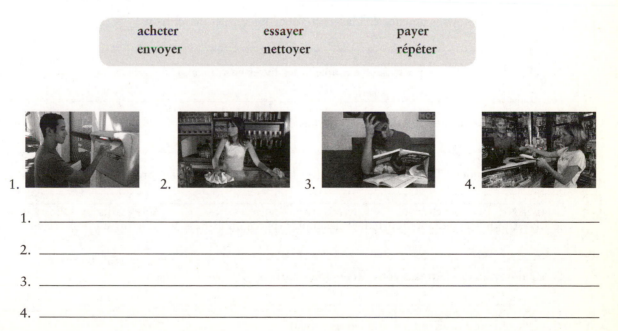

1.   2.   3.   4.

1. _____

2. _____

3. _____

4. _____

3   **La lettre**   A classmate from your French class asks you to help with the letter he or she is planning on sending to a pen pal. Help by filling in the blanks with the appropriate verb in the present tense.

acheter	considérer	espérer	payer	protéger
célébrer	envoyer	essayer	préférer	répéter

Bonjour!

J'étudie le français à l'université. J' (1) _____ que tu vas comprendre la lettre que j' (2) _____. Ici, les autres étudiants (3) _____ utiliser leur e-mail, mais je pense qu'une lettre est plus personnelle.

    Moi, j'aime la musique. J'adore chanter. Mes amis et moi, nous (4) _____ dans une salle de la résidence universitaire. Nous (5) _____ de préparer un concert pour la fin de l'année. Mes parents (6) _____ que ce n'est pas important, mais je ne suis pas d'accord. En plus, l'université va (7) _____ pour le concert!

    J'aime aussi la nature. Est-ce que tu (8) _____ la nature aussi? Ici, nous (9) _____ la journée de l'environnement.

    Et toi, quand est-ce que tu (10) _____ ton billet d'avion pour venir me rendre visite?

Bon, au revoir!

4   **Répondez**   Answer these questions using the cues provided.

1. À qui est-ce que vous envoyez des e-mails? (à mes amis et à mes professeurs)

   _____

2. Qu'est-ce que vous amenez en classe? (mon ordinateur et des crayons)

   _____

3. Qu'est-ce que votre professeur emploie? (des livres en français)

   _____

4. Qui préfère étudier à la bibliothèque? (les étudiants sérieux)

   _____

5. Qui achète des CD de musique française? (mon camarade de chambre et moi)

   _____

6. Pourquoi les étudiants répètent-ils les mots? (parce qu'ils / essayer d'avoir un bon accent)

   _____

7. Qui envoie des lettres à votre frère? (mes parents)

   _____

8. Qui célèbre la Révolution française? (nous)

   _____

Unité 5

PANORAMA

1   **Les photos**   Label each photo.

1. _____   2. _____   3. _____   4. _____

2   **Les Pays de la Loire**   Answer these questions in complete sentences.

1. Quand le château de Chambord est-il construit (*is built*)?

    _____

2. Combien de pièces le château de Chambord possède-t-il?

    _____

3. Quelle est la caractéristique des deux escaliers du logis central?

    _____

4. Quel est l'autre nom de la vallée de la Loire?

    _____

5. Qui inaugure le siècle des «rois voyageurs»?

    _____

6. Quel est le nom des trois châteaux les plus visités (*the most visited*)?

    _____

3   **Les attractions**   Complete the sentences with the correct words.

1. Le Printemps de _____ est un festival de musique.

2. À ce festival de musique, il y a des _____ de spectacles et des _____
   de spectateurs.

3. Les 24 heures du _____ est une course d'_____.

4. Cette course existe depuis _____.

5. La vigne est cultivée dans la vallée de la Loire depuis l'an _____.

6. Les vignerons produisent _____ de bouteilles par an.

Workbook

4 **Vrai ou faux?** Indicate whether these statements are **vrai** or **faux**. Correct the false statements.

1. La viticulture est une des principales industries du Centre.

    _____

2. La ville des Sables-d'Olonne est située dans un département des Pays de la Loire.

    _____

3. George Sand est un homme. C'est un inventeur.

    _____

4. Louis XIV influence l'architecture du château de Chambord.

    _____

5. François Ier va de château en château avec sa famille.

    _____

6. Au Printemps de Bourges, tous les styles de musique sont représentés.

    _____

7. Yves Montand est un écrivain.

    _____

8. 75% des vins français sont produits dans la vallée de la Loire.

    _____

5 **Le mot mystère** Complete these definitions and fill in the corresponding spaces in the grid to find out the mystery word.

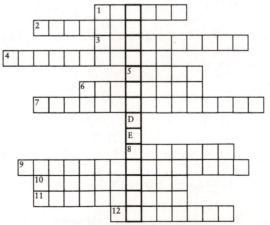

1. C'est le nom d'une dynastie de rois.
2. C'est une célèbre marque de voiture; ce n'est pas Ferrari.
3. C'est une femme écrivain du XIXe siècle.
4. C'est le style de nombreux châteaux de la vallée de la Loire.
5. C'est le mois du Printemps de Bourges.
6. C'est l'industrie principale du Centre.
7. C'est un acteur célèbre.
8. C'est une ville dans la région du Centre.
9. C'est le nom d'un chanteur du Printemps de Bourges.
10. C'est une sorte de vin.
11. C'est le nom d'un château de la Loire.
12. C'est le nom de la personne qui fait le vin.

Mot mystère: C'est le nom d'un célèbre peintre du XVIe siècle. Il a travaillé (*worked*) pour François Ier.

Unité 6

ESPACE CONTEXTES

Leçon 11

1 **Trouvez des paires** Find pairs of words that are associated according to their meaning. Do not repeat the items from the model.

la bière	un gâteau	la mort
un biscuit	un hôte	la vie
célibataire	des invités	la vieillesse
le divorce	le mariage	le vin
l'enfance	marié(e)	

Modèle
le mariage, le divorce

1. _____   4. _____

2. _____   5. _____

3. _____   6. _____

2 **Logique ou illogique?** Indicate whether each one of these sentences is **logique** or **illogique**.

	Logique	Illogique
1. Noémie va faire une surprise à sa sœur pour son anniversaire.	○	○
2. Gilles est amoureux d'une feuille de papier.	○	○
3. Abdel et Nora ne sont plus ensemble, ils sont divorcés.	○	○
4. M. Lominé va prendre rendez-vous avec sa copine pour aller au cinéma.	○	○
5. On prend sa retraite à l'âge de 13 ans.	○	○
6. Quel est votre état civil: célibataire, marié(e), veuf/veuve ou divorcé(e)?	○	○
7. Y a-t-il des glaçons pour le punch?	○	○
8. Le fiancé de la chatte est un oiseau.	○	○

3 **Les étapes de la vie** Label each of these images with the appropriate stage of life.

1. _____   2. _____   3. _____

4. _____   5. _____   6. _____

4 **Une invitation** Laurent is organizing a celebration for his birthday. Complete the e-mail he wrote to his friend Marguerite, making any necessary changes.

bière	cadeau	fêter	gâteau
bonheur	férié	fiancé	organiser

Marguerite,

Vendredi est un jour (1) _____ et donc, c'est l'occasion de (2) _____ mon anniversaire. C'est moi qui (3) _____, alors, est-ce que tu peux apporter des cannettes (*cans*) de Coca et des bouteilles de (4) _____? Eh, pas besoin d'apporter un (5) _____ ou un (6) _____, d'accord?

Merci d'avance et à bientôt,

Laurent

tél. 01.87.95.23.41

5 **Proverbes et citations** Choose an appropriate expression to complete these sayings.

____ 1. L'argent ne fait pas le _____.

____ 2. L'amour est le poison de la vie. L' _____ est son remède.

____ 3. L' _____ est aveugle (*blind*).

____ 4. Le mariage est un dîner (*dinner*) qui commence par le _____.

____ 5. La _____ semble bien moins (*seems a lot less*) terrible quand on est fatigué.

____ 6. La _____ est courte. C'est la vie qui est longue.

____ 7. C'est facile comme de prendre un _____ à un bébé.

a. jeunesse

b. amitié

c. amour

d. bonheur

e. mort

f. bonbon

g. dessert

6 **Des questions** Answer these questions in complete sentences.

1. Est-ce que vous faites souvent la fête en semaine (*on weekdays*)?

_____

2. Est-ce que vous organisez des fêtes pour vos copains?

_____

3. Comment fêtez-vous votre anniversaire?

_____

4. Buvez-vous du champagne? Quand?

_____

5. Est-ce que vous avez parfois des invités chez vous? Quand?

_____

6. Avez-vous déjà fait une surprise à quelqu'un? À qui?

_____

Workbook

Workbook

ESPACE STRUCTURES

11.1 Demonstrative adjectives

1 **Vive la retraite!** Complete Annick and Pascal's conversation about an upcoming retirement party for their grandfather by selecting **ce, cet, cette,** or **ces.**

ANNICK Et si on fêtait la retraite de pépé avec ses amis?

PASCAL C'est génial comme idée! Il faut aussi inviter maman et papa à (1) _____ (ce/cette) fête.

ANNICK Ah, oui, bien sûr. Alors, quand? (2) _____ (Ce/Cette) week-end?

PASCAL Bon, d'accord. On va faire une surprise! Samedi après-midi, à quatre heures?

ANNICK À (3) _____ (cet/cette) heure-là, on n'a pas faim. Pourquoi pas à six heures du soir?

PASCAL Bonne idée. Si on invitait (*If we invited*) son ami du bureau?

ANNICK (4) _____ (Cet/Ce) ami, il s'appelle Laurent Tallieu, non? Je vais téléphoner au bureau.

PASCAL Tous les invités peuvent lui donner (*can give him*) des cadeaux.

ANNICK Ah, non, tous (5) _____ (ce/ces) cadeaux! C'est trop! Tout le groupe va acheter un cadeau collectif.

PASCAL D'accord. Mais c'est toi qui va faire la collecte auprès de (*collect from*) tous (6) _____ (ces/cet) invités!

2 **Impressions sur la fête** Complete what people are saying at a party with an expression using a form of **ce** and a noun. Refer to the photos for clues about which nouns to use.

> **Modèle**
> *Cette fête* est super! Il y a plein de monde (*lots of people*) ici.

1. Et _____-ci, c'est pour Apolline?

2. Beurk! _____ n'est pas bonne!

3. _____-ci a l'air très bonne!

4. _____ sont des caramels.

5. _____ sont gazeuses.

6. _____ est vraiment extraordinaire.

3 **Ci et là** Indicate whether -ci or -là is appropriate for each sentence.

1. Cette année-_____, on va fêter l'anniversaire de Nino au Café Cézanne.

2. Vous payez le loyer (*rent*) de ce mois- _____ ou du mois prochain?

3. Sandra, quel gâteau est-ce que tu préfères: ce gâteau-ci ou ce gâteau- _____?

4. Nous achetons cette glace-_____, au chocolat; non, cette glace-là, à la vanille.

5. Ce champagne-ci est bon, mais ce champagne-_____ est mauvais.

4 **Faites des phrases** Use the expressions in the columns to write complete sentences. Use each entry at least once.

ce	après-midi	on va fêter l'anniversaire d'Hervé
cet	cadeau	vont sur la table
cette	choses	est petit mais il est sympa
ces	glace	est parfumée (*flavored*) au chocolat
	glaçons	sont pour les boissons

1. _____

2. _____

3. _____

4. _____

5. _____

5 **À vous!** Respond to the questions with information about yourself in complete sentences.

1. Est-ce que vous allez fêter votre anniversaire cette année-ci?

_____

2. Est-ce que vous allez sortir avec des copains ce week-end?

_____

3. Est-ce que vous allez assister à une fête cette semaine?

_____

4. Est-ce que vous allez inviter des copains chez vous ce soir?

_____

5. Est-ce que vous allez suivre (*take*) des cours, travailler ou faire la fête cet été?

_____

Workbook

11.2 The **passé composé** with **avoir**

1 **À la fête de Julie** Decide whether each sentence describes something that could have happened at Julie's party or if it is more likely to have happened elsewhere.

C'est arrivé	à la fête de Julie	ailleurs
1. Sylvain et Cristelle ont dansé toute la nuit.	○	○
2. Julie a adoré ses cadeaux d'anniversaire.	○	○
3. Julie a passé un examen.	○	○
4. David a joué de la guitare et moi, j'ai chanté.	○	○
5. Tu as nettoyé toutes les fenêtres de la maison.	○	○
6. Nous avons fait du ski.	○	○
7. Vous avez rencontré tous les amis de Julie.	○	○
8. J'ai laissé un pourboire à Julie.	○	○
9. Augustin a pris des photos de tout le monde.	○	○
10. Quelle surprise! Julie n'a pas compris tout de suite que c'était (*it was*) une fête pour elle.	○	○

2 **À votre tour** Now tell what happened at Julie's party yourself, using the images as clues.

> **Modèle**
>
> Rémy et Dylan n'ont pas 🥂 *bu de champagne.*

1. Nous avons 🎁 _____ à Julie.

2. Tu n'as pas 🎂 _____ .

3. Marguerite a 😴 _____ dans la chambre de Julie pendant que nous dansions (*while the rest of us danced*).

4. Il a 🌧 _____ toute la nuit. On n'a pas pu (*couldn't*) sortir dans le jardin.

5. Vous avez 📷 _____ de Martine et d'Angèle.

6. Théo et Jean-Paul ont trop 🎈 _____ .

3 **La sortie catastrophique** Complete each of the sentences about your night out with friends last Saturday with an appropriate past participle from the list.

cherché	été	organisé	payé
couru	fait	oublié	pris

J'ai (1) _____ une sortie (*outing*) pour mes copains, samedi dernier. Pour commencer, Fred a

(2) _____ jusqu'au restaurant parce qu'il était en retard (*was late*). On a tous

(3) _____ des pizzas. Josiane et Simon n'ont pas aimé. Nous avons (4) _____

une surprise à Fred avec un gâteau au chocolat pour son anniversaire. Et bien, il paraît (*it appears*)

qu'il est allergique au chocolat. C'est moi qui ai (5) _____ ce gâteau et ces pizzas. Après

(*Afterwards*), Chloé a (6) _____ son sac au restaurant et nous avons (7) _____

ce sac pendant (*for*) une heure! Marlène n'a pas (8) _____ très sympa avec Chloé, et puis

(*then*) tout le monde est rentré (*returned*) en colère (*angry*) à la maison.

4 **Des questions** Write out a question that could elicit each answer.

> **Modèle**
>
> **Vous n'avez pas aimé la fête de l'année dernière?**
> **Mais si! J'ai beaucoup aimé cette fête.**

1. _____

   J'ai apporté une bouteille de champagne et des glaçons pour le refroidir (*to chill it*).

2. _____

   On a dîné dans un resto, et puis (*then*) on a regardé un film au ciné.

3. _____

   Ah, non, malheureusement. Et j'ai eu une mauvaise note!

4. _____

   Oui, il a fallu nettoyer toute la maison.

5. _____

   Non, j'ai pris une part (*piece*) de gâteau.

6. _____

   Oui, mais il a plu cet après-midi.

Workbook

Unité 6

ESPACE CONTEXTES

Leçon 12

1   **Chassez l'intrus** In each set, two of the articles usually touch each other when they're being worn. Circle the item in each set that doesn't normally touch the others.

    1. des baskets, un sac à main, des chaussettes

    2. une ceinture, un pantalon, des lunettes de soleil

    3. une casquette, un jean, un tee-shirt

    4. une jupe, un chemisier, une chaussure

    5. un chapeau, un sous-vêtement, une robe

    6. des gants, un manteau, des chaussettes

2   **En quelle saison?** Name five articles of clothing that you would typically wear in the summer and five that you would typically wear in the winter.

En été, on porte...   **En hiver, on porte...**

    1. _____   1. _____

    2. _____   2. _____

    3. _____   3. _____

    4. _____   4. _____

    5. _____   5. _____

3   **Qu'est-ce que vous portez?** Tell what items of clothing you would wear at these places. List as many articles as you can.

> **Modèle**
>
> sur le campus: un short, un tee-shirt, des chaussettes, des baskets, une montre et un sac à dos

    1. au bureau: _____

       _____

    2. à l'église: _____

       _____

    3. à la piscine: _____

       _____

    4. sur les pistes (_slopes_) de ski: _____

       _____

    5. à une fête: _____

       _____

    6. au gymnase: _____

       _____

    7. dans un avion (_airplane_): _____

       _____

    8. au parc: _____

       _____

4 **Une personne raisonnable** Indicate whether a reasonable person likes or doesn't like these things.

	Elle aime...	Elle n'aime pas...	
1.	○	○	les soldes.
2.	○	○	les vêtements bon marché.
3.	○	○	les vêtements trop chers.
4.	○	○	porter un pull large avec un blouson serré.
5.	○	○	les vendeurs polis.
6.	○	○	porter des vêtements à sa taille.

5 **De quelle couleur?** Complete each sentence logically.

1. Les ballons de basket sont _____.

2. Le chocolat est _____.

3. Les ordinateurs sont souvent _____.

4. Les canaris sont souvent _____.

5. Le lait est _____.

6. Les fruits sont souvent _____.

7. Le ciel (*sky*) est _____.

8. Les fleurs sont parfois _____.

6 **Les goûts des autres** Describe what Mme Blay and M. Morande are wearing at the park today. Do you think they have good taste (**bon goût**) or bad taste (**mauvais goût**)? Justify your opinions. Write at least six complete sentences, using the expressions from the list.

aller avec   trop   court(e)   large

_____

_____

_____

_____

_____

_____

_____

ESPACE STRUCTURES

12.1 Indirect object pronouns

1 **Des devinettes** Solve these riddles (**devinettes**). Answers can be used more than once.

_____ 1. Vous leur envoyez des e-mails.

_____ 2. On lui pose des questions.

_____ 3. Ils vous donnent des cadeaux d'anniversaire.

_____ 4. Vous leur demandez d'apporter des vêtements.

_____ 5. Elle vous a donné le jour (*brought you into the world*).

_____ 6. Il vous donne des notes.

_____ 7. Ils vous prêtent de l'argent parfois.

_____ 8. Vous leur donnez de l'argent pour payer vos vêtements.

a. vos amis

b. des vendeurs

c. votre mère

d. le prof de français

2 **Des objets indirects** Indicate the indirect objects in these sentences. If a sentence has an indirect object (not all of them do), rewrite it using the appropriate indirect object pronoun.

1. Chaque hiver, j'envoie un pull à ma sœur par la poste (*mail*).

_____

2. Isabelle et moi essayons parfois des robes de mariées, à la Boutique Blanche.

_____

3. Nous posons des questions aux vendeurs.

_____

4. Il faut payer les vêtements à la caisse (*at the register*).

_____

5. Tu vas montrer ton nouveau pantalon à ta mère?

_____

6. Je vais donner cette montre à mon père pour son anniversaire.

_____

3 **Des extraits de conversations** Complete these conversations that were recently overheard in a department store with appropriate indirect object pronouns.

1. **LE PÈRE** Ah, non, il n'est pas beau, ce pantalon!

   KEVIN Et bien, je ne _____ ai pas demandé ton avis (*opinion*).

2. **VIRGINIE** Non, c'est non. Je ne vais pas te prêter de l'argent pour acheter ça!

   RODRIGUE Mais tu _____ as prêté de l'argent hier, pourquoi pas aujourd'hui?

3. **LA MÈRE** Alors, tu lui demandes de _____ apporter une taille plus grande (*larger*).

   KEVIN Mais, non, maman! Je ne vais pas lui demander de faire ça.

4. **MÉLANIE** Mais, maman! papa! Vous n'achetez pas la jupe? Pourquoi?

   LA MÈRE Tu _____ a parlé hier d'une jupe, non d'une micro-jupe!

5. **LA VENDEUSE** Madame, est-ce que je _____ ai montré la robe en taille 40?

   MME NOIRET Oui. Je vais essayer cette robe-là.

6. **LE VENDEUR** Vous _____ avez posé une question, monsieur?

   M. PINEAU Ah, oui. Je voulais savoir si (*I wanted to know if*) vous avez ça en 48?

4 **Méli-mélo** Unscramble each of these sentences. Rewrite them with the indirect object pronouns in the correct place.

1. téléphones / ne / souvent / pas / tu / très / me

   _____

2. va / expliquer / il / le / nous / problème

   _____

3. tu / parles / lui / ne / pourquoi / pas

   _____

4. Rodrigue / n' / prêter / de / aime / l' / pas / argent / leur

   _____

5. ne / laissé / pourboire / Mireille / a / pas /de / lui

   _____

6. quelque chose / je / montrer / te / vais

   _____

5 **Vos habitudes** Answer these questions about your personal habits with complete sentences. In each of your answers, use the expression depicted by the illustration, and replace the indirect object with an indirect object pronoun.

1. Est-ce que vous [phone] souvent à vos parents?

   _____

2. Est-ce que vous [letter] à votre meilleur(e) (*best*) ami(e)?

   _____

3. Est-ce que vous [money] à vos amis?

   _____

4. Est-ce que vous [?] au prof de français quand vous êtes en classe?

   _____

6 **Victimes de la mode?** Carine and Lolo are talking about how they and their friends like to dress. Complete their conversation with appropriate disjunctive pronouns.

1. Tu kiffes (*like*) les blousons en jean? _____ aussi, je kiffe!

2. Sylvain, il est vachement (*terribly*) beau dans son pantalon en cuir! Tu ne trouves pas, _____?

3. Marie-Line? C'est bien _____ qui porte cette jupe hyper sexy?

4. Mais leurs tee-shirts sont débiles (*lame*)! Ils n'ont aucun goût (*no taste*), _____!

5. Sylvain a plein de trucs (*lots of things*) sympas! Il a bon goût, _____.

6. Ouais (*Yeah*), Stéphanie et Christine ont des fringues (*gear*) géniales, _____.

12.2 Regular and irregular -re verbs

1   **À l'arrêt de bus**   Guillaume is talking to Mme Lominé at the bus stop about taking the bus today. Decide whether these sentences could be part of their conversation (**oui**) or not (**non**).

		Oui	Non
1.	Ça fait 45 minutes qu'on attend ici!	○	○
2.	Ils ne répondent pas au téléphone avant 10h00 du matin.	○	○
3.	Vous vendez des boissons, madame?	○	○
4.	Mais il n'arrive pas! Nous perdons notre temps ici.	○	○
5.	On m'a dit qu'il est souvent en retard.	○	○
6.	Je rends souvent visite à mon grand-père qui habite au Canada.	○	○

2   **Le samedi d'Adama**   The illustrations show what Adama did last Saturday. Complete the description for each illustration by providing the past participle of a verb.

1.   2.   3.   4.

1. Il a _____ un blouson avant de sortir.

2. Il a _____ l'horaire (*schedule*) des bus devant sa maison.

3. Il a _____ le bus pendant une heure mais il n'est pas venu (*didn't come*).

4. Il a _____ jusqu'à la maison de sa tante.

3   **Qu'est-ce qu'on met?**   Complete each one of these sentences by providing an appropriate form of **mettre** and an article of clothing.

> **Modèle**
> Quand il neige, je *mets un manteau.*

1. Quand il fait du soleil, Nadège _____.

2. Quand il pleut, Farid et moi _____.

3. Quand vous sortez avec des copains, vous _____.

4. Quand il fait du vent, les filles _____.

5. Quand tu as une mauvaise coupe de cheveux (*haircut*), tu _____.

6. Quand je vais à la piscine, je _____.

Workbook

4 **C'est fou!** Find a verb from the list for each sentence about crazy things people do. Then, give an appropriate form of the verb to complete the sentence. Each verb can be used more than once.

conduire	détruire	réduire
construire	produire	traduire

1. Ma grand-mère ne met pas ses lunettes quand elle _____.

2. Nous _____ une voiture en legos dans notre garage.

3. Vous _____ un dictionnaire pour apprendre le français?

4. Ce n'est pas le mois des soldes, mais le grand magasin _____ ses prix.

5. Ils _____ leur maison dans un arbre (*tree*)?

6. Tu _____ ta maison pour construire un parking?

7. Marlène permet à ses enfants de _____ sa voiture.

8. Nous _____ 50 piñatas par jour dans notre maison.

5 **Qu'est-ce qui vous fait sourire?** Complete each statement about what makes people smile by filling in the appropriate form of **sourire**.

1. Nous _____ quand nous jouons avec notre chat, Minou.

2. Les étudiants _____ quand ils ont de bonnes notes.

3. Le bébé _____ quand ses parents lui sourient.

4. Vous _____ quand il fait beau le samedi.

5. Je _____ quand je regarde des sit-coms à la télé.

6 **Forum questions-réponses** Answer these questions about yourself in complete sentences.

1. Est-ce que vous vendez vos affaires (*possessions*) sur eBay?

_____

2. Est-ce que vous conduisez une voiture?

_____

3. Est-ce que vous répondez souvent aux questions du prof de français?

_____

4. Est-ce que vous riez parfois quand vous ne devez pas (*shouldn't*) rire?

_____

5. Est-ce que vous prenez le bus?

_____

6. Est-ce que vous rendez visite à vos amis qui habitent dans d'autres villes (*that live in other towns*)?

_____

Unité 6

PANORAMA

Savoir-faire

1   **Des mots associés** Match each entry on the left with the one that is associated with it on the right.

_____ 1. des spectacles de gladiateurs   a. une reine (*queen*) de France

_____ 2. Montpellier et Nîmes   b. le Languedoc-Roussillon

_____ 3. «Los cats fan pas de chins.»   c. les arènes de Nîmes

_____ 4. Aliénor d'Aquitaine   d. Midi-Pyrénées

_____ 5. Toulouse   e. l'occitan

2   **Cherchez** Find the expressions described by the clues below in the grid, looking backward, forward, vertically, horizontally, and diagonally. Circle them in the puzzle, and write the words in the blanks.

```
L  D  S  R  W  N  O  I  Q  L  J  B  E  I  M
J  A  L  É  F  T  R  I  H  C  O  J  U  J  D
T  A  N  Y  Y  D  T  F  E  R  N  M  Q  N  Y
N  X  C  G  X  G  C  G  D  G  Y  A  S  O  N
V  G  A  M  U  U  D  E  G  S  D  G  A  T  Y
R  C  S  A  U  E  A  M  A  M  B  V  B  S  V
W  U  S  M  S  U  D  C  Z  K  V  A  E  A  M
E  P  O  X  X  K  C  O  S  C  V  M  N  J  V
H  L  U  X  P  D  R  A  C  A  Î  Y  A  J  A
R  Z  L  O  W  K  H  F  F  N  L  R  U  B  T
A  C  E  I  Q  N  H  U  H  M  V  F  L  J  Q
S  H  T  S  A  D  I  R  R  O  C  Y  P  V  É
X  D  K  F  K  Z  D  K  B  P  W  V  F  G  R
D  I  Z  U  M  R  D  Y  Î  E  Û  C  V  L  A
Z  I  L  Q  N  D  C  V  W  M  C  Q  C  Y  O
```

1. C'est une grande ville d'Aquitaine.

_____

2. On appelle cette grotte «la chapelle Sixtine préhistorique».

_____

3. Les arènes de cette ville ressemblent au Colisée de Rome.

_____

4. La langue d'Oc a donné son nom à cette région.

_____

5. Le Pays _____ est la région qui est à la frontière

entre la France et l'Espagne.

6. Ce plat populaire ressemble un peu au «*pork and beans*» américain.

_____

7. Ces spectacles ont lieu (*take place*) aujourd'hui dans les arènes de Nîmes.

_____

3 **Qu'est-ce que c'est?** Identify the thing shown in each photograph by writing its name in French.

1. _____

2. _____

3. _____

4. _____

4 **Complétez les phrases** Supply the expression that is missing in each sentence about southwestern France.

1. _____, c'est le nom d'un artiste connu (*famous*) de la région Midi-Pyrénées.

2. Les fresques de la grotte de Lascaux ont pour sujet des _____.

3. On trouve le plus grand _____ de l'ère romaine en France, à Nîmes.

4. Périgueux est une ville de la région _____.

5. _____ est le nom d'un homme politique de la région Midi-Pyrénées.

6. Le sud-ouest de la France se situe entre l'océan Atlantique et la mer _____.

5 **Des fautes!** Your Canadian friend Norbert isn't good with details. Find five mistakes in the e-mail that he wrote to you from France and correct the sentences by rewriting them on the lines that follow.

Ouaou! Je t'écris de Perpignan, une ville de la région qu'on appelle Midi-Pyrénées. Cette semaine, on va visiter des sites touristiques du sud-ouest (*southwest*) de la France. Pour commencer, jeudi, on va visiter la fameuse grotte de Lascaux, où l'on va apprécier des fresques mystérieuses qui sont vieilles de plus de 70 ans. Des adolescents ont découvert la grotte en 1940. Vendredi, on va assister à un match de rugby. (C'est un sport originaire de la région qu'on joue avec une balle en cuir et une raquette.) Samedi, on va faire un tour sur le canal du Midi et goûter (*taste*) des spécialités de la région, le pâté de luxe et le cassoulet. Et puis dimanche, on va assister à un spectacle musical aux arènes de Carcassonne. J'espère que tu vas bien.

À bientôt,
Norbert

1. _____

2. _____

3. _____

4. _____

5. _____

ESPACE STRUCTURES

13.1 The passé composé with être

1 **Avoir ou être?** Decide whether to use **avoir** or **être** as an auxiliary for each of the verbs in Gisèle's e-mail about her spring break.

Je (1) ___suis___ (suis / ai) allée à Marseille, avec Micheline, pour les vacances de printemps. Samedi matin, on (2) ___est___ (est / a) passé au moins trois heures dans de beaux embouteillages (*traffic jams*) sur l'autoroute! Tout le monde (3) ___a___ (est / a) quitté Paris pour la province. On (4) ___est___ (est / a) arrivé chez mon cousin Régis, samedi soir. Il habite au centre-ville de Marseille, donc on en a profité (*took advantage of it*) pour visiter le Vieux Port et la basilique Notre-Dame de la Garde. Le système de transports publics à Marseille est très développé et donc, on (5) ___a___ (a / est) pris le métro tous les jours. On (6) ___a___ (est / a) fait plusieurs sorties (*outings*) dans la région, pendant la deuxième semaine des vacances. On (7) ___a___ (est / a) visité les gorges du Verdon et Saint-Paul de Vence, par exemple. On (8) ___a___ (est / a) rentré dimanche soir et nous voilà de retour.

2 **Ah, les belles vacances!** Complete each sentence with an appropriate auxiliary verb. Then indicate whether each statement would describe something that probably happened during vacation (**lors des vacances**) or another time (**à un autre moment**).

	lors des vacances	à un autre moment
1. Nous _____ parties pour la plage samedi matin.	○	○
2. L'auteur _____ né à Marseille le 22 mai 1986.	○	○
3. Karine et Christine _____ retournées au parc Disneyland.	○	○
4. Nico _____ resté chez lui mais il a passé la semaine à dormir et à bronzer dans son jardin (*yard*).	○	○
5. Vous _____ resté à l'hôtel Caron de Beaumarchais pour être près du bureau?	○	○
6. Je _____ allée à Venise, où j'ai passé trois superbes journées en gondole.	○	○

Workbook

3 **Les rumeurs qui courent** Surya is not the type to gossip, but her friends sure are! For each piece of gossip, give a response for Surya that negates it.

> **Modèle**
>
> J'ai entendu dire qu'Ahmed est allé en Tunisie pour rendre visite à sa copine!
>
> *Sa copine habite à Montpellier. Ahmed n'est pas allé en Tunisie pour lui rendre visite.*

1. Le président est mort hier soir!

   Le président n'est pas mor hier soir! es

2. Josette est partie pour l'Espagne ce matin. Elle a quitté son mari.

   Josette est partie pour l'espagne ce matin pour travailler.

3. Jean-Marie est tombé dans un trou (*hole*) la semaine dernière. Il est à l'hôpital maintenant.

   Jean-Marie

4. Et tu sais (*And you know*), Vincent est le premier d'une famille de dix enfants!

   Vincent es lc pre

5. L'année dernière, Samuel est sorti avec la copine de Luc.

   _____

6. Émilie n'est pas rentrée hier soir.

   _____

4 **Méli-mélo** Unscramble each of the sentences, taking care to put the adverb in the correct place.

1. nous / sont / chez / Olivier / pas / encore / passés / ne / et / Joëlle

   _____

2. tes / tu / fait / devoirs / bien / as

   _____

3. rentrés / vacances / sont / de / élèves / les / déjà

   _____

4. sortie / Mathilde / est / pas / de / école / n' / encore / l'

   _____

5. Samia / vite / appris / a / leçon / la

   _____

5 **Que de questions!** Answer these questions in complete sentences.

1. À quelle heure êtes-vous sorti(e) de la maison aujourd'hui?

   _____

2. À quelle heure êtes-vous arrivé(e) à la fac?

   _____

3. Êtes-vous passé(e) par un café sur le chemin (*on the way*)?

   _____

4. Si oui, combien de minutes avez-vous passées là?

   _____

5. Êtes-vous entré(e) dans un magasin aujourd'hui?

   _____

6. À quelle heure êtes-vous rentré(e) chez vous?

   _____

13.2 Direct object pronouns

1 **Des échanges** Complete these exchanges with appropriate direct object pronouns.

1. **AMÉLIE** Nous avons faim, papa.

   LE PÈRE Je _____ invite à partager une pizza, les filles!

2. **CAROLINE** Serge, est-ce que tu _____ aimes?

   SERGE Je ne t'aime pas, je t'adore!

3. **LA MÈRE** Marie-Louise, je te parle!

   MARIE-LOUISE Je _____ entends, maman.

4. **M. NOTHOMBE** Je _____ ai rencontrée quelque part (*somewhere*), madame?

   MME HAN Ah, non, monsieur. Je ne pense pas.

5. **NATHALIE** Je _____ ai attendu pendant deux heures au café, Alex.

   ALEX Désolé, j'ai oublié notre rendez-vous.

6. **M. LESAGE** C'est vous qui adorez la photographie, M. Descombes?

   M. DESCOMBES Ah oui, je _____ adore.

2 **Des énigmes** These sentences have direct object pronouns in them that are indicated with an underscore. Suggest an antecedent (the noun that the pronoun refers to) for each sentence. There are no set answers, so be creative.

> **Modèle**
> Sébastien, tu <u>la</u> regardes trop!   la *télévision*

1. C'est Cédric qui me <u>le</u> donne, pour mon anniversaire! _____

2. Est-ce que vous <u>les</u> faites tous les jours (*every day*)? _____

3. Vous <u>les</u> rendez aujourd'hui? Mais la bibliothèque est fermée. _____

4. Tu ne <u>la</u> mets pas? Mais il fait froid dehors (*outside*)! _____

5. Où est-ce qu'il <u>les</u> achète? _____

6. Régine <u>la</u> nettoie une fois par semaine. _____

3 **Transformez** Rewrite these sentences with direct object pronouns in place of the direct objects.

1. Nous préférons faire les valises mercredi matin.

   Nous préférons les faire.

2. On ne va pas visiter le musée Matisse quand on est à Nice?

   On ne va pas le visiter quand on est à Nice?

3. Au Café Grenoblois, on va essayer la fameuse fondue au chocolat.

   Au Café Grenoblois, on va la essayer.

4. Il faut regarder le film de Truffaut pour notre cours de français.

   Il faut le regarder pour notre cours de français.

5. Vous aimez fréquenter ce café, mademoiselle?

   Vous aimez ce fréquenter.

Workbook

4 Des énigmes (suite) Match each statement to the image it refers. Use each answer only once.

a.   b.   c.   d.

e.   f.   g.   h.

_____ 1. On l'a visitée l'année dernière.

_____ 2. Tu l'as déjà regardé?

_____ 3. On les a tous mangés!

_____ 4. On les a faites avant de partir.

_____ 5. Je l'ai perdue à l'école.

_____ 6. Nous l'avons pris pour aller au musée.

_____ 7. Hélène les a invités.

_____ 8. C'est Hector qui les a bues.

5 Faites l'accord Two twins, Robert and Richard, are about to leave on a trip together. Complete their conversation by writing the appropriate endings for the past participles. If the masculine singular ending is sufficient, leave a blank line.

ROBERT Où sont les billets?

RICHARD Je les ai (1) oublié _____ dans mon bureau.

ROBERT Ah, non! Bon, on va passer par ton bureau sur le chemin de l'aéroport.

RICHARD Tu as fait les valises, au moins (*at least*)?

ROBERT C'est toi qui a promis de les faire.

RICHARD Mais non. C'est toi qui as promis. Ah non, tu ne les as pas (2) fait _____!

ROBERT Bon, moi, je vais mettre quelques trucs (*things*) pour nous deux dans une valise, et puis on part!

RICHARD Je vais mettre mon écharpe noire pour le voyage.

ROBERT C'est mon écharpe à moi, ça! Mais tu l'as (3) mis _____, toi? Bon, je te la donne. On part!

RICHARD Heureusement que tu as promis d'apporter le plan.

ROBERT Quel plan? Je n'ai pas de plan, moi.

RICHARD Tu ne l'as pas (4) pris _____? D'accord, on va trouver un plan là-bas.

ROBERT Je n'ai pas eu le temps de regarder la météo (*weather report*) avant de partir. Tu ne l'as pas (5) regardé _____ non plus?

RICHARD Mais non. Tu sais (*You know*) que je n'aime pas la télé.

ROBERT Tu n'as pas oublié ton passeport, j'espère?

RICHARD Euh...

ROBERT Mais bien sûr que tu l'as (6) oublié _____.

RICHARD Ce n'est pas possible.

ROBERT Mais je rêve! (*I must be dreaming!*)

Unité 7

ESPACE CONTEXTES

1   **À l'hôtel**   Label this illustration of a hotel lobby with appropriate French expressions.

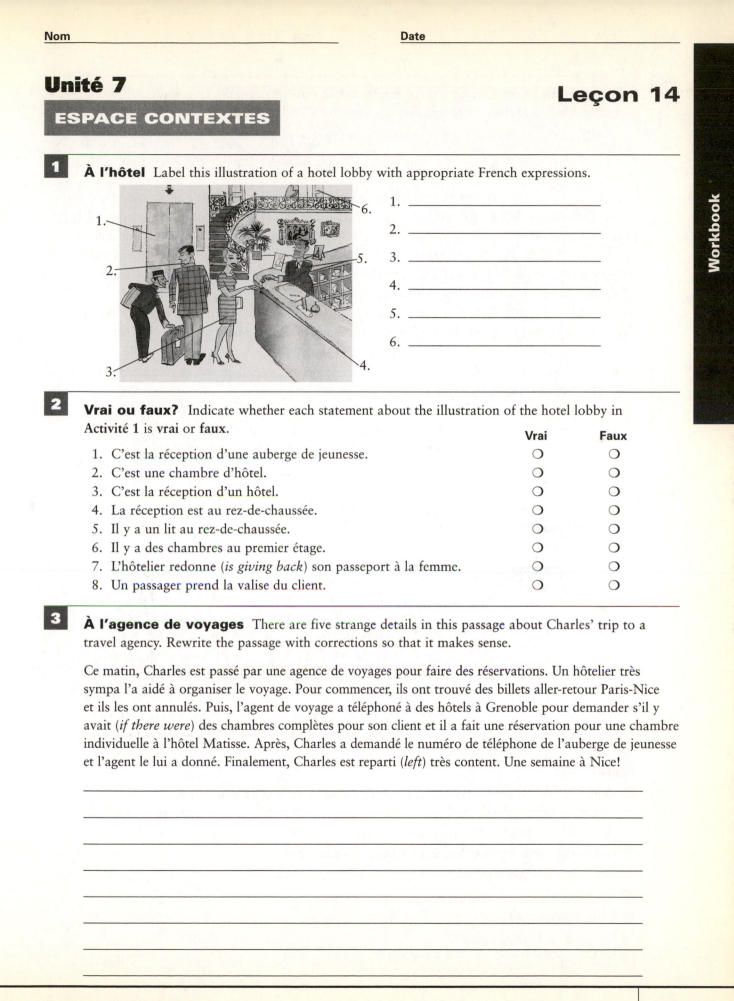

1. _____

2. _____

3. _____

4. _____

5. _____

6. _____

2   **Vrai ou faux?**   Indicate whether each statement about the illustration of the hotel lobby in Activité 1 is **vrai** or **faux**.

	Vrai	Faux
1. C'est la réception d'une auberge de jeunesse.	○	○
2. C'est une chambre d'hôtel.	○	○
3. C'est la réception d'un hôtel.	○	○
4. La réception est au rez-de-chaussée.	○	○
5. Il y a un lit au rez-de-chaussée.	○	○
6. Il y a des chambres au premier étage.	○	○
7. L'hôtelier redonne (_is giving back_) son passeport à la femme.	○	○
8. Un passager prend la valise du client.	○	○

3   **À l'agence de voyages**   There are five strange details in this passage about Charles' trip to a travel agency. Rewrite the passage with corrections so that it makes sense.

Ce matin, Charles est passé par une agence de voyages pour faire des réservations. Un hôtelier très sympa l'a aidé à organiser le voyage. Pour commencer, ils ont trouvé des billets aller-retour Paris-Nice et ils les ont annulés. Puis, l'agent de voyage a téléphoné à des hôtels à Grenoble pour demander s'il y avait (_if there were_) des chambres complètes pour son client et il a fait une réservation pour une chambre individuelle à l'hôtel Matisse. Après, Charles a demandé le numéro de téléphone de l'auberge de jeunesse et l'agent le lui a donné. Finalement, Charles est reparti (_left_) très content. Une semaine à Nice!

_____

_____

_____

_____

_____

_____

_____

4 **Une petite histoire** Complete the sentences below with appropriate expressions. The words in the list can be used more than once. Some do not have to be used at all.

| alors | avant | donc | ensuite | pendant | tout à coup |
| après | d'abord | enfin | finalement | puis | tout de suite |

(1) _____ d'aller chez sa grand-mère, le Petit Chaperon Rouge (*Little Red Riding Hood*) fait une promenade dans le bois (*woods*). (2) _____ qu'elle regarde de belles fleurs, un grand méchant loup (*wolf*) arrive. (3) _____, le loup commence à lui parler. Elle trouve le loup beau et charmant. Il lui fait des compliments (il adore sa cape rouge!), et il l'invite à partir avec lui. Elle lui explique qu'elle est désolée, mais qu'elle va rendre visite à sa grand-mère cet après-midi. Le loup trouve ça intéressant et demande où habite la grand-mère. Elle lui donne l'adresse de sa grand-mère, (4) _____ elle reprend sa route (*continues walking*). (5) _____ sa rencontre avec le grand loup, le Petit Chaperon Rouge commence à avoir des doutes. Mais elle oublie ces sentiments (*feelings*) bizarres quand elle voit (*sees*) la maison de sa grand-mère. Elle ouvre la porte et elle laisse son panier plein de (*basket full of*) fleurs à côté du lit. Elle se met au (*gets in*) lit avec sa grand-mère qui n'a pas l'air d'aller très bien aujourd'hui. (6) _____, elle ne remarque pas (*doesn't notice*) que la grand-mère ressemble fort à un grand méchant loup. Elle lui parle de sa journée quand (7) _____, elle s'aperçoit (*perceives*) qu'elle est au lit avec un loup déguisé en grand-mère! (8) _____, le grand méchant loup la mange et met son petit chaperon (*hooded cape*) rouge pour faire une balade au bois.

5 **À quel étage?** Use the building directory as a reference to tell which floor each business is on. Write out each ordinal number in letters.

0	EUROPOSTE	19	CADORAMA	38	EUROENTREPRISE
1	ALLÔPORTABLE	20	AFSA LIMITÉE	39	CÉDÉROM.COM
2	CRÉDI-BANQUE	21	B.B. INTERNATIONAL	40	CÉDÉROM.COM
3	COGITO ERGO COM	22	NICE MULTISERVICES	41	AMNÉSIE.FR
4	LOLO ET CIE	23	AGENCE EUROVOYAGES	42	SOCIÉTÉ FRANÇAISE
5	ACTISPORT	24	COMPTOIRS DE NICE	43	ENFANTILLAGES
6	NUTRITEL	25	NOSTALGIE ET CIE	44	FONDATION NATHAN
7	BARBU ET ASSOCIÉS	26	ÉDITIONS DU NORD	45	MÉDICO-TAXI
8	GROUPE ALITEL	27	SUPER-LOTO	46	GIRAUD PÈRE ET FILS
9	GALERIES DUFAYEL	28	BANQUE GÉNÉRALE	47	SERVEUR INTERNET
10	CRÉMAUX ET FILS	29	NOUVEAU MILLÉNAIRE	48	SERVEUR INTERNET

1. Crémaux et Fils est au _____ étage.

2. Europoste est au _____.

3. Le serveur Internet est au _____ et au _____ étages.

4. B.B. International est au _____ étage.

5. Éditions du Nord est au _____ étage.

6. Nostalgie et Compagnie est au _____ étage.

7. Cadorama est au _____ étage.

8. Allôportable est au _____ étage.

9. Comptoirs de Nice est au _____ étage.

10. Enfantillages est au _____ étage.

Workbook

Workbook

ESPACE STRUCTURES

14.1 Regular -ir verbs

1 **Les résolutions du Nouvel An** Decide whether each New Year's resolution is a good one (une bonne résolution) or a bad one (une mauvaise résolution).

	une bonne résolution	une mauvaise résolution
1. Cette année-ci, je vais étudier pour réussir le bac.	○	○
2. Je suis déjà un peu gros et j'ai le sentiment que je vais encore grossir.	○	○
3. Je vais finir mes études en droit pour avoir mon diplôme.	○	○
4. Je vais réfléchir avant de parler quand je suis énervée (_angry_).	○	○
5. J'ai trop maigri cette année. Cette année, je vais manger un peu plus pour grossir.	○	○
6. Cette année, je vais faire la fête! Je ne vais pas finir mes devoirs avant de sortir avec mes copains.	○	○
7. Mes amis du lycée n'ont pas été très sympas avec moi. Je vais bien choisir mes amis à la fac.	○	○
8. Tous mes pantalons sont trop petits! Je vais maigrir un peu cette année.	○	○

2 **Le bon mot** Choose the appropriate present tense forms of **choisir** to tell what everyone is about to order at the restaurant today.

1. Samira et moi _____ le sandwich au fromage. On va partager.

2. Pour mon dessert, je _____ l'éclair au chocolat.

3. Les Ricci ont très soif! Ils _____ des boissons: une limonade et deux cocas.

4. Léna, tu _____ quoi, déjà, comme dessert? Le gâteau aux noisettes?

5. Vous _____ votre plat habituel (_usual dish_), M. Théveneau?

6. Jamel a superfroid! Il _____ le chocolat chaud parfumé à la cannelle (_cinnamon_).

3 **Choisissez** Choose the appropriate verb form for each sentence.

choisissons	finit	grossit	maigrissent	réfléchissez	réussis
finissent	grossissez	maigris	réfléchir	réussir	réussissons

1. On _____ quand on mange trop.

2. Est-ce que les bons _____ derniers?

3. Je _____ quand je fais beaucoup d'exercice.

4. On n'a pas besoin de gagner beaucoup d'argent pour _____ dans la vie.

5. Vous _____ à quoi, madame?

6. Nous _____ la glace au chocolat pour notre dessert!

7. Tu _____ à travailler quand ta camarade de chambre met sa musique très fort?

8. Il faut _____ avant de choisir.

Workbook

4 **Qu'est-ce qu'ils ont fait?** Complete the caption for each illustration by providing the past participle of an **-ir** verb.

1. Thierry, tu as _____.

2. Nathalie n'a pas _____
une voiture pratique (*practical*).

3. Maman, j'ai _____
mon dîner!

4. Mais Jean-Yves, tu n'as pas
_____ cette nuit!

5. Thierry, tu as _____.

6. Mais où est Christine? Elle est
_____!

5 **Réponse-question** Provide a logical question including an **-ir** verb that would prompt each response.

1. _____

Ah, oui. Je ne mange pas beaucoup en ce moment. C'est le stress!

2. _____

Finalement, j'ai opté (*opted*) pour les chaussures rouges.

3. _____

Ah, non, nous n'avons pas encore complété le document.

4. _____

Oui, vers trois heures du matin, j'ai réussi à les trouver.

5. _____

Non, je ne dors pas assez. J'étudie souvent très tard dans la nuit.

6. _____

Je ne grossis pas, ce sont mes vêtements qui rétrécissent (*shrink*)!

14.2 The **impératif**

1   **Des suggestions** Complete these exchanges by providing the appropriate command forms of the verbs in the list. Make sure to pay attention to the person or people (**tu, vous,** or **nous**) for each verb. There may be more than one correct answer.

acheter	avoir	être	finir	mettre
aller	donner	faire	marcher	prendre

1. **FRÉDÉRIQUE** Je vais sortir maintenant, maman.

   LA MÈRE Frédérique, _____ ton manteau et ton écharpe.

2. **ÉRIC** Je n'ai pas de cadeau pour Mathieu.

   LE PÈRE _____ ce stylo à ton frère.

3. **MARIANNE** Francine, on va être en retard.

   FRANCINE _____ plus vite (*faster*) alors!

4. **SOPHIE** Il y a une piscine à l'hôtel!

   LE PÈRE _____ vos maillots de bain, les filles.

5. **SAMIR** On fait quelque chose cet après-midi?

   ABDEL _____ au cinéma.

6. **APOLLINE** Papy a été très désagréable ce soir.

   LE PÈRE _____ sympa avec lui. Il ne va pas bien en ce moment.

2   **Des conseils** Give a piece of advice using a command form of the verb given for each image.

Modèle

faire Faisons de la gym!

acheter

1. _____

   _____

(ne pas) manger

2. _____

   _____

aller

3. _____

   _____

prendre

4. _____

   _____

(ne pas) arriver

5. _____

   _____

commander

6. _____

   _____

Workbook

Workbook

3 **Toujours des conseils** Sophie is about to go on a trip. Rewrite each piece of advice that her friends give her so that it has a direct or indirect object pronoun in it.

1. Fais tes valises la veille (*day before*) de ton départ.

   _____

2. Ne parle pas à des gens bizarres.

   _____

3. N'oublie pas tes billets.

   _____

4. Téléphone à tes parents une fois par semaine.

   _____

5. Prends ton sac quand tu quittes ta chambre.

   _____

6. Demande à l'hôtelier s'il y a (*if there is*) un ascenseur à l'hôtel.

   _____

4 **Lire ou dire?** Complete these sentences with the appropriate verbs.

1. Tu _____ des journaux en ligne (*online*) parfois?
   a. lisons   b. lis   c. disons   d. dis

2. Mes fils ne _____ pas beaucoup, malheureusement. Ils préfèrent la télé aux livres.
   a. lisent   b. lit   c. disent   d. dit

3. Mais, qu'est-ce qu'il _____? Il ne parle pas assez fort.
   a. lit   b. lisent   c. dit   d. disent

4. Je _____ au lit quand il pleut.
   a. dis   b. dit   c. lis   d. lit

5. Nous _____ souvent que l'argent ne fait pas le bonheur.
   a. disons   b. disent   c. lisons   d. lisent

6. Je t' _____ que je suis allergique au chocolat, et tu m'as fait un gâteau au chocolat?
   a. avons lu   b. ai lu   c. avons dit   d. ai dit

5 **Écrire ou décrire?** Provide the correct forms of **écrire** and **décrire** to complete these sentences. Pay close attention to whether the verbs should be in the present or **passé composé** tense.

1. La semaine dernière, Sam m' _____ une lettre.

2. Je/J' _____ des e-mails à mes copains plusieurs fois par semaine.

3. S'il vous plaît, _____ le suspect que vous avez vu (*saw*) dans le train, M. Jouvet.

4. Le passage _____ la vie des Français sous l'Occupation.

5. Vous _____ des guides de voyages?

6. Je te/t' _____ la voiture que je vais acheter, non?

Unité 7

PANORAMA

1 **Des gens célèbres** Match each description to the name of a famous person.

_____ 1. Cet écrivain à l'imagination extraordinaire a écrit *Le Petit Prince*.

_____ 2. Cet écrivain et cinéaste de Marseille a écrit *La gloire de mon père*.

_____ 3. Cette championne du patinage artistique (*figure skating*) est née à Nice.

_____ 4. Cet homme est surtout connu pour ses travaux d'astrologie.

_____ 5. Cette poétesse de la Renaissance a écrit des sonnets.

_____ 6. Cet écrivain a écrit *Le rouge et le noir*.

a. Nostradamus

b. Surya Bonaly

c. Louise Labé

d. Antoine de Saint-Exupéry

e. Stendhal

f. Marcel Pagnol

2 **Des diapos** Write a one-sentence caption in French to accompany each of these slides (**diapos**) that will be part of a presentation you are doing on southeastern France.

1. _____

2. _____

3. _____

4. _____

5. _____

6. _____

3 **Vrai ou faux?** Indicate whether each of these statements is **vrai** or **faux**.

	Vrai	Faux
1. Grenoble se situe dans les Pyrénées.	○	○
2. La raclette et la fondue sont des spécialités à base de fromage fondu.	○	○
3. Le synchrotron est un club à Grenoble.	○	○
4. La ville de Grasse donne accès à plusieurs stations de ski.	○	○
5. Le Festival International du Film a lieu (*takes place*) chaque année, en mai.	○	○
6. Des pommes de terre accompagnent le fromage de la raclette.	○	○
7. Chaque année, il y a vingt films en compétition au Festival International du Film.	○	○
8. Des vedettes (*movie stars*) assistent au Festival du Film à Grasse.	○	○

Workbook

4 **Des couleurs et des arômes** Complete each of these statements about the cultivation of flowers in the South of France.

1. _____ est l'une des industries principales du sud-est de la France.

2. On cultive des fleurs à Grasse depuis le _____.

3. Parmi les fleurs cultivées à Grasse, on compte la _____, la

   _____ et la _____.

4. _____ est un des grands fabricants (*makers*) de parfum du sud de la France.

5 **Les villes de la région** Write in the names of the towns described by the clues.

1. C'est la ville où l'on trouve le palais des Papes. ___ V ___ ___ N ___ N

2. Cette très grande ville de la côte (*coast*) se situe entre la Camargue et Toulon.

   M ___ ___ ___ E ___ L ___ ___

3. Cette ville est la capitale mondiale de la parfumerie. G ___ ___ S ___ ___

4. Cette ville est un grand centre de recherche scientifique. ___ R E ___ ___ B ___ ___

5. De riches vacanciers anglais ont donné leur nom à la célèbre promenade de cette ville. ___ I C ___

6. Cette ville organise le festival du film le plus connu (*most famous*) du monde. ___ ___ N N ___ S

6 **Des mots cachés camarguais** First, use the clues to identify some expressions related to the Camargue. Then find the words in the puzzle.

```
F  A  R  E  B  C  D  U  Î  G  A  E  J  G  F
X  L  B  K  T  L  F  Y  M  P  J  S  Z  A  W
Z  P  A  I  F  F  H  L  M  U  W  O  C  R  J
S  N  C  M  B  Â  Y  J  G  Q  J  R  N  D  B
G  Z  W  N  A  E  N  F  J  Q  I  P  A  I  X
A  R  N  X  S  N  C  P  T  S  É  A  L  A  A
T  Y  O  A  A  H  T  A  L  M  U  O  B  N  U
R  V  T  Q  H  Z  U  R  L  B  K  U  C  S  L
O  C  H  B  O  R  S  Q  O  M  E  N  P  Z  V
H  J  M  E  E  C  T  C  B  S  J  F  S  R  X
Q  Z  J  A  N  C  D  U  U  E  Q  P  Q  B
J  H  U  K  C  X  A  I  Z  H  U  L  Y  X  O
I  X  W  É  T  A  N  G  S  V  E  R  Z  A  Q
S  U  Y  A  X  G  Y  G  A  W  H  W  M  O  C
C  D  X  I  O  I  W  D  O  S  I  A  R  A  M
```

1. On appelle les _____ les cow-boys camarguais.

2. C'est l'un des oiseaux exotiques qu'on trouve en Camargue: le _____.

3. En Camargue, on voit (*sees*) ces grands _____ noirs.

4. Le meilleur (*best*) ami du cow-boy camarguais est un cheval _____.

Unité 8
ESPACE CONTEXTES
Leçon 15

1 **La maison** Label the rooms and items indicated.

1. _____
2. _____
3. _____
4. _____
5. _____

6. _____
7. _____
8. _____
9. _____
10. _____

2 **Les règles** Complete this set of rules (**règles**) for the French language house on your campus with the most appropriate option.

RÈGLES DE LA MAISON

- Les étudiants (1) _____ (emménagent, déménagent, louent) dans la résidence au début du mois de septembre.

- Leur (2) _____ (chambre, loyer, studio) est payé le premier de chaque mois.

- Le week-end, tous les étudiants se réunissent dans (3) _____ (le balcon, le garage, le salon) pour parler français.

- Chaque étudiant partage (4) _____ (sa commode, sa chambre, sa pièce) avec un autre étudiant.

- Il y a (5) _____ (une salle de bains, une salle de séjour, une salle à manger) pour deux étudiants.

- Les étudiants peuvent (*can*) utiliser la piscine dans (6) _____ (le garage, le jardin, le sous-sol), derrière la maison, de 8h00 à 18h00.

- Il est interdit (*forbidden*) de laisser les vélos dans le jardin. Si vous avez un vélo, il y a (7) _____ (un quartier, un escalier, un garage) pour tous les étudiants.

- Si vous avez d'autres questions, il y a du papier et un crayon dans (8) _____ (le fauteuil, le tiroir, le rideau), sur votre droite.

---

3 **La résidence** Complete this conversation with the most appropriate word or expression.

DJAMILA Quand vas-tu (1) _____ dans la résidence?

FRÉDÉRIC La semaine prochaine, mais j'ai déjà la clé.

DJAMILA Et quand (2) _____-tu de la maison de tes parents?

FRÉDÉRIC Demain.

DJAMILA Parfait. Je vais t'aider. On va voir (see) ta (3) _____ maintenant?

FRÉDÉRIC Oui. Voilà.

DJAMILA Oh! Elle est grande. Cette (4) _____ est idéale pour tous tes livres.

FRÉDÉRIC Oui, mais l' (5) _____ pour mes vêtements est un peu petite. J'aime bien la douche dans la (6) _____.

DJAMILA Où est-ce que tu vas préparer tes repas (meals)?

FRÉDÉRIC La (7) _____ est au rez-de-chaussée.

DJAMILA Et pour ta voiture. Qu'est-ce que tu vas faire?

FRÉDÉRIC Je (8) _____ un garage pas très loin d'ici.

4 **Où ça?** Read these statements and say in which part of the house the action is most likely taking place.

> **Modèle**
>
> Je prends une douche.
> *Je suis dans la salle de bains.*

1. Sarah prépare le dîner.

   _____

2. Farid dort.

   _____

3. Catherine et Jacques lisent des romans et étudient.

   _____

4. Jean-Philippe sort de sa voiture.

   _____

5. Amadou cherche une bouteille de vin.

   _____

6. Le petit Cédric joue dans la baignoire.

   _____

7. Vous célébrez l'anniversaire de votre ami.

   _____

8. Nous nageons dans la piscine.

   _____

ESPACE STRUCTURES

15.1 Adverbs

1 **Associez** Match the items given with their equivalent or opposite as indicated by choosing a word from the list.

activement	discrètement	intelligemment	méchamment
dernièrement	généreusement	mal	vite

1. bien ≠ _____

2. brillamment = _____

3. égoïstement ≠ _____

4. modestement = _____

5. paresseusement ≠ _____

6. poliment ≠ _____

7. premièrement ≠ _____

8. rapidement = _____

2 **Ma nouvelle vie** Complete this e-mail by choosing the correct adverb.

Chère Nathalie,

La vie à l'université, c'est génial. Pour te parler (1) _____ (absolument, franchement, évidemment), j'adore ma nouvelle vie ici. Dans la classe de français, nous parlons (2) _____ (agréablement, gentiment, constamment) en français. J'espère parler (3) _____ (fortement, couramment, activement) à la fin de l'année.

Ma chambre est (4) _____ (joliment, indépendamment, heureusement) décorée. La vue (*view*) est (5) _____ (faiblement, absolument, seulement) magnifique. Mes voisins sont sympas; je parle (6) _____ (discrètement, fortement, souvent) avec eux. Ma voisine Annette m'a invité au club de randonnée, et maintenant, je participe (7) _____ (absolument, facilement, activement) au club.

Et toi, est-ce que tu penses venir ici (8) _____ (heureusement, bien, rapidement)?

Bon, @+!*
Louis

@+! *À plus tard*!

3 **Déchiffrez** Unscramble these questions and answer them with the cues provided.

1. vous / fréquemment / est-ce que / parlez / ? / français (tous les jours)

_____

_____

2. ? / avec / - / étudiez / vos amis / vous / à la bibliothèque (de temps en temps)

_____

_____

3. étudiez / pour / sérieusement / est-ce que / l'examen / vous / ? (très)

_____

_____

4. trouvé / un appartement / avez / facilement / - / vous / ? (vite)

_____

_____

5. vous / la fête / fréquemment / faites / vos voisins / - / avec / ? (rarement)

_____

_____

6. votre petit-déjeuner / - / dans la cuisine / rapidement / prenez / ? / vous (quelquefois)

_____

_____

4 **La résidence universitaire** Complete the sentences by changing the adjective in the first sentence into an adverb in the second.

> **Modèle**
>
> Olivier est très lent. Il travaille *lentement*.

1. Les étudiants sont nerveux. Ils attendent _____ leur professeur dans le couloir.

2. C'est vrai que le tapis est beau. Le tapis est _____ beau.

3. Elles étudient de manière indépendante. Elles étudient _____.

4. La lampe est de mauvaise qualité. Elle éclaire (*lights*) _____.

5. C'est un bon quartier. Il est _____ situé.

6. L'emménagement des étudiants est rapide. Ils emménagent _____.

5 **Mon studio** Complete the sentences with the adverbs from the word bank. Note that not all the adverbs will be used.

activement	difficilement	malheureusement	rapidement	récemment*
bien	fortement	modestement	rarement	sérieusement

J'ai (1) _____ emménagé dans un studio. (2) _____, le loyer a (3) _____ augmenté et je peux (*can*) (4) _____ le payer maintenant. Je vais (5) _____ chercher un autre endroit, parce que mes parents me donnent (6) _____ de l'argent. Je vais vivre plus (7) _____. J'espère (8) _____ trouver un autre appartement.

*recently

Workbook

Unité 8

ESPACE CONTEXTES

Leçon 16

1 **Chassez l'intrus** Indicate the item that does not belong in each group.

1. balayer, passer l'aspirateur, un balai, salir
2. débarrasser la table, enlever la poussière, faire la vaisselle, faire la cuisine
3. faire la lessive, repasser le linge, faire le ménage, un lave-linge
4. un oreiller, une couverture, les draps, un frigo
5. un appareil électrique, une cafetière, un oreiller, un grille-pain
6. un congélateur, un frigo, une cuisinière, une tâche ménagère
7. un balai, un évier, faire la vaisselle, laver
8. une cafetière, un grille-pain, un four à micro-ondes, un sèche-linge

2 **Que font-ils?** Write a sentence describing the domestic activity in each drawing.

1. _____ 2. _____

3. _____ 4. _____

3 **Les tâches ménagères** Find out who does what in Farid's household by completing the items below.

1. Après le dîner, ma sœur _____.
   a. fait la poussière   b. met la table   c. fait la vaisselle
2. Pour faire la cuisine, ma mère n'utilise jamais de _____.
   a. frigo   b. four à micro-ondes   c. congélateur
3. Je _____ ma chambre une fois par semaine.
   a. salis   b. range   c. repasse
4. Après la lessive, mon frère _____.
   a. lave   b. repasse   c. balaie
5. Ma sœur change _____ toutes les semaines.
   a. la couverture   b. l'oreiller   c. les draps
6. Mon père _____ avant le dîner.
   a. met la table   b. sort la poubelle   c. passe l'aspirateur
7. Pour faire la vaisselle, j'utilise toujours _____.
   a. le lave-linge   b. le balai   c. le lave-vaisselle
8. Quand la poubelle est pleine, mon père la _____.
   a. range   b. sort   c. débarrasse

Workbook

4 **Mots croisés** Complete the crossword puzzle. Some of the words will have accents missing; write out those words with their accents in place in the spaces provided.

1. C'est l'action de nettoyer quand on n'utilise pas de balai.

2. On met sa tête dessus pour dormir.

3. Quand votre chambre est en désordre, il faut la…

4. Utiliser un balai, c'est…

5. On le fait au moins une fois par semaine quand il y a beaucoup d'ordures (*garbage*).

6. Après la lessive, on l'utilise. _____

7. C'est le contraire de sale.

8. On l'utilise pour conserver (*keep*) longtemps la nourriture. _____

9. On l'utilise pour faire du café. _____

10. C'est le contraire de mettre la table. _____

11. Quand vous avez fait la vaisselle, il faut l'…

12. Si vous n'aimez pas avoir de plis (*folds*) sur vos vêtements, vous l'utilisez. _____

5 **Racontez** You are getting a new roommate. Write a letter explaining how you are going to divide up the house work. Explain who should do each chore and how frequently.

_____

_____

_____

_____

_____

_____

_____

ESPACE STRUCTURES

16.1 The **passé composé** vs. the **imparfait**

1   **Comme d'habitude?**   There have been some changes in the organization of the chores in your dorm. Complete each pair of sentences by using the **imparfait** or the **passé composé** forms of the verb in parentheses.

1. D'habitude, je _____ le couloir.   (balayer)

2. Hier, Serge _____ le couloir avant moi.

3. Je _____ de temps en temps.   (faire le ménage)

4. Mardi, Hassan _____.

5. Deux étudiantes _____ tous les jours.   (mettre la table)

6. La nouvelle étudiante _____ deux fois.

7. Je _____ ma chambre avant de partir pour   (ranger)
   l'université.

8. Ce matin, mon camarade de chambre _____
   la chambre.

9. Autrefois, mon camarade de chambre _____.   (sortir la poubelle)

10. Ils _____ ce matin, à 6h00.

2   **Que faisaient-ils?**   Complete these descriptions of what the people in the photos were doing yesterday afternoon and where each activity took place.

1. _____
2. _____
3. _____
4. _____
5. _____
6. _____

1. Hier, avant de venir me voir (*to see*), ils _____
   _____.

2. Comme tous les après-midi, ils _____
   _____.

3. Quand je l'ai appelé, il _____
   _____.

4. Il _____ pour la première fois dans la piscine.

5. Quand je l'ai vu, il _____

6. Comme elle fêtait l'anniversaire de ses parents, elle _____

Workbook

3 **Quoi de neuf?** Marc is writing to his parents to let them know how life in college is. Complete this paragraph by selecting the appropriate form of the verb in parentheses.

La semaine dernière, quand je (1) _____ (rentrais / suis rentré) à la résidence universitaire, il (2) _____ (faisait / a fait) très froid. Il (3) _____ (neigeait / a neigé). Ma chambre (4) _____ (était / a été) sale et en désordre, et mon camarade de chambre (5) _____ (passait / a passé) l'aspirateur. Je lui (6) _____ (demandais / ai demandé) ce qui s'était passé (*had happened*). Il me/m' (7) _____ (disait / a dit) que nos voisins avaient fait la fête dans notre chambre. J' (8) _____ (étais / ai été) très inquiet car (*because*) il (9) _____ (fallait / a fallu) tout ranger rapidement avant la nuit. Les voisins nous (10) _____ (aidaient / ont aidés) quand même un peu. Quelle histoire!

4 **Racontez** There was a burglary in your dorm and the police have asked you what people where doing when it happened. Write questions and answers with the cues provided. Ask where these people were or what they were doing that night.

> **Modèle**
>
> Tao   Jules / téléphoner // dans sa chambre / faire le ménage
> Que faisait Tao quand Jules (lui) a téléphoné?
> *Elle était dans sa chambre. Elle faisait le ménage.*

1. Karim   Éric / sortir la poubelle à 9h00 // dans la cuisine / nettoyer l'évier

   _____

2. vous   Tao / sortir avec ses amis // dans le salon / repasser le linge

   _____

3. Xavier   Amadou / aller au cinéma // dans la bibliothèque / lire

   _____

4. Françoise   Stéphanie / partir pour le gymnase // dans sa chambre / faire la poussière

   _____

5. Maïté   Anne / balayer le garage pour la première fois // dans le salon / ranger les magazines

   _____

6. Béatrice   Malika / essuyer rapidement la table // dans le garage / faire la lessive

   _____

7. Jacques   Tristan / rentrer // dans la cuisine / balayer

   _____

8. Hassan   Véronique / quitter la résidence // dans la salle de bains / laver la baignoire

   _____

5 **Une aventure** Here is the account of what happened to Cédric during his stay in Yamoussoukro in Côte d'Ivoire. Complete his story by conjugating the verbs in parentheses in the **imparfait** or the **passé composé**.

L'été dernier, je/j' (1) _____ (être) en Côte d'Ivoire. Je/J' (2) _____ (rendre) visite à mon ami Amadou. Le jour de mon arrivé, je/j' (3) _____ (passer) sept heures dans l'avion. Comme il (4) _____ (faire) très chaud à Yamoussoukro, nous (5) _____ (décider) de visiter la basilique. C'est la plus grande du monde! Ça/C'(6) _____ (être) formidable. Malheureusement, nous (7) _____ (ne pas tout visiter) parce que nous (8) _____ (ne pas avoir) assez de temps. Ensuite, nous (9) _____ (aller) au café, et puis nous (10) _____ (rentrer) à la maison.

16.2 The verbs **savoir** and **connaître**

Workbook

1 **Savoir ou connaître?** Look at these photos and describe what these people know using the verbs savoir and connaître.

1. Il _____.

2. Il _____.

3. Il _____.

4. Rachid _____.

5. Elle _____.

6. Ils _____.

2 **Choisissez** Complete these sentences using **savoir** or **connaître** in the present indicative.

1. Ma camarade de chambre _____ où sont les draps.

2. Hassan _____ quand il faut sortir la poubelle.

3. Je _____ le fonctionnement du congélateur.

4. Vous _____ les étudiants des autres chambres.

5. Ils _____ comment repasser le linge.

6. Elle _____ conduire.

7. Tu _____ le propriétaire de la maison.

8. Nous _____ bien le quartier et le supermarché.

3 **Écrivez** You are trying to remember how you first met your friend Tûan. Write full sentences with the cues provided and the verbs **savoir** or **connaître**. Make all the necessary changes.

1. Chuyên / mon camarade de chambre, Marc

_____

2. mon camarade de chambre / conduire

_____

3. je / le garage où il gare (*parks*) sa voiture

_____

4. Marc / le propriétaire du garage

_____

5. le propriétaire du garage / parler français et vietnamien

_____

6. Chuyên / le centre franco-vietnamien

_____

7. je / Tûan habite près du centre

_____

8. nous / Tûan

_____

4 **Mon correspondant** You are thinking about your stay in France last summer. Complete this paragraph by selecting the appropriate verb in parentheses.

Quand je suis arrivé(e) en France, je (1) _____ (savais, connaissais) un peu Paris,

mais je ne (2) _____ (savais, connaissais) pas bien parler français et je ne

(3) _____ (savais, connaissais) pas non plus mon correspondant. Je

(4) _____ (savais, connaissais) seulement qu'il était grand et brun et que nous

avions le même âge. Les premiers jours, j'ai visité les grands monuments. Mon correspondant

(5) _____ (savait, connaissait) où aller. Je (6) _____ (savais,

connaissais) déjà les monuments, mais je ne (7) _____ (savais, connaissais) pas

qu'il y aurait (*would be*) des centaines de touristes là-bas. Heureusement que mon correspondant était

avec moi parce que je ne (8) _____ (savais, connaissais) pas le quartier et je ne

(9) _____ (savais, connaissais) pas qu'il était difficile de trouver certains endroits.

Maintenant, je (10) _____ (sais, connais) bien Paris et mon correspondant.

5 **Un accident** Séverine and Malika run into their friend, Bénédicte. Complete their conversation with the correct form of the verb **savoir**, **connaître**, or **reconnaître** in the present, the **imparfait**, or the **passé composé**.

BÉNÉDICTE Est-ce que vous (1) _____ ce qui s'est passé?

SÉVERINE Non, raconte.

BÉNÉDICTE Eh bien, vous (2) _____ Yannick, n'est-ce pas?

SÉVERINE Oui, je le/l' (3) _____ en cours de français l'année dernière. Et toi,

Malika, tu le/l' (4) _____?

MALIKA Non, je ne pense pas.

BÉNÉDICTE Il a eu un accident et il ne (5) _____ plus personne. Il a perdu la

mémoire!

MALIKA Je ne/n' (6) _____ pas que ça arrivait comme ça.

SÉVERINE Tu (7) _____ dans quel hôpital il est?

BÉNÉDICTE Oui, mais je ne/n' (8) _____ pas les heures de visite.

SÉVERINE et MALIKA Appelons l'hôpital.

Unité 8
PANORAMA

Savoir-faire

Workbook

1 **Photos d'Alsace-Lorraine** Label each photo.

1. _____

3. _____

2. _____

4. _____

2 **Dates importantes** Complete these sentences with information from **Panorama**. Each answer should involve numbers.

1. Jeanne d'Arc est née en _____ et a été exécutée en _____.

2. L'Église catholique a canonisé Jeanne d'Arc en _____.

3. Jeanne d'Arc est partie au combat pour libérer la France en _____.

4. Strasbourg est le siège du Conseil de l'Europe depuis _____.

5. Strasbourg est le siège du Parlement européen depuis _____.

6. L'Alsace et le département de la Moselle ont été français pour la première fois

   en _____.

7. Albert Schweitzer a reçu le prix Nobel de la paix en _____.

8. Les Alsaciens bénéficient des lois sociales allemandes depuis _____.

3 **Un peu d'histoire** Complete these sentences by conjugating the verbs in parentheses in the **imparfait** or the **passé composé**.

En 1429, alors qu'elle (1) _____ (avoir) 17 ans, Jeanne d'Arc

(2) _____ (décider) de libérer son pays. Elle (3) _____

(prendre) la tête d'une armée et elle (4) _____ (libérer) Orléans des Anglais.

Plus tard, ses ennemis (5) _____ (vendre) Jeanne d'Arc aux Anglais. Quand

elle (6) _____ (être) leur prisonnière, ils la/l' (7) _____

(condamner) à mort pour hérésie.

L'Alsace et la Lorraine (8) _____ (être) françaises depuis 1678. Elles

sont devenues (*became*) allemandes en 1871. Le traité de Versailles (9) _____

(rendre) les deux régions à la France.

Workbook

4 Répondez Answer these questions in complete sentences.

1. Quelle(s) boisson(s) l'Alsace produit-elle?

_____

2. Quel est le nom du sculpteur de la statue de la Liberté? De quelle région est-il originaire?

_____

3. Quel est le nom de la grande place pittoresque de Nancy?

_____

4. Quelle est la particularité de l'Alsace et du département de la Moselle?

_____

5. Quel est le nom d'un plat typiquement alsacien? De quel mot vient-il?

_____

6. Pourquoi ce plat typiquement alsacien se conserve-t-il longtemps?

_____

7. D'où vient la langue alsacienne?

_____

8. À quoi contribue le Parlement européen?

_____

5 Vrai ou faux? Indicate whether these statements are **vrai** or **faux**. Correct the false statements.

1. L'Alsace et la Lorraine sont situées dans le nord-est de la France.

_____

2. Georges de La Tour est un dessinateur du dix-huitième siècle.

_____

3. Patricia Kaas est une chanteuse originaire d'Alsace.

_____

4. L'Alsace et la Lorraine ont été influencées par la culture allemande.

_____

5. La choucroute est cuite avec du gros sel et des baies de genièvre.

_____

6. On mange la choucroute avec de la charcuterie et des pommes de terre.

_____

7. Les membres du Parlement européen sont élus dans chaque pays de l'Union européenne.

_____

8. La langue alsacienne n'est plus parlée aujourd'hui.

_____

Unité 9

Leçon 17

ESPACE CONTEXTES

1 **Qu'est-ce que c'est?** Read these definitions and write the appropriate word or expression in the spaces provided.

1. C'est un plat typiquement français. On les prépare avec du beurre et de l'ail. Ce sont _____.

2. C'est un fruit. On boit souvent son jus au petit-déjeuner. C'est _____.

3. Ce sont des légumes rouges et ronds. On les met dans la salade. Ce sont _____.

4. Ce sont des légumes orange et longs. Ce sont _____.

5. On les utilise pour faire des omelettes. Ce sont _____.

6. Ce sont de petits légumes verts et ronds. Ce sont _____.

7. On l'utilise comme condiment. C'est petit et blanc. C'est _____.

8. C'est un fruit long et jaune. C'est _____.

2 **Chassez l'intrus** Indicate the word that does not belong in each group.

1. une salade, une laitue, une tomate, l'ail

2. le bœuf, le porc, le pâté, le riz

3. un poivron, une carotte, des petits pois, des haricots verts

4. un petit-déjeuner, une pomme de terre, un pâté, les fruits de mer

5. une poire, une pomme, une pêche, un champignon

6. faire les courses, une cantine, un supermarché, une épicerie

7. un déjeuner, un aliment, un repas, un goûter

8. une pomme de terre, une fraise, une poire, une pêche

3 **Au marché** The new employee can't get anyone's order right. Say what the customers asked for and what the employee gave them.

> **Modèle**
> je / des frites
> J'ai demandé des frites, mais il m'a donné du pain.

1. Malika / une pêche

_____

_____

3. Daniel / du pâté

_____

_____

2. Soraya / une tomate

_____

_____

4. Rafaël / un poivron rouge

_____

_____

4 **Cherchez** In the grid, find eleven more food-related words from the list, looking backward, forward, vertically, horizontally, and diagonally.

aliment
cuisiner
escargot
fraise
fruits de mer
haricots verts
nourriture
oignon
pâté de campagne
petit-déjeuner
pomme de terre
repas

```
E E F U T N S C T P V S L S O
C N V R O N U V R G G F R T V
C X G N U I E Y U Z Z E N R W
Q V G A S I X M Y W N E E E N
E I T I P Z T J I U E S K V O
O F N D T M G S E L I I L S U
R E P A S B A J D P A A P T R
R S C I E A É C N E F R F O R
X V S Z G D M A E J M F H C I
T H O D T J E A K D O E Q I T
Q B P I V H N E O I É E R R U
F O T T O G R A C S E T W A R
X E E N P A E Y R K I W Â H E
P O M M E D E T E R R E W P Z
X F X B G L L D K D Z O A Y E
```

5 **Complétez** Complete this conversation by choosing the most appropriate word or expression from the list below. Make all the necessary agreements.

bœuf	escargots	poivrons	tarte
champignons	haricots	salade	thon
cuisiner	poires	supermarché	tomate

FRANCK J'adore la (1) _____ que tu as préparée. Qu'est-ce que tu utilises?

MARINA De la laitue, une (2) _____ et des (3) _____ de Paris.

FRANCK Vraiment? Et tu n'utilises pas de (4) _____ rouges?

MARINA Non, mais tu peux ajouter (*can add*) du (5) _____ si tu aimes le poisson. Dis, qu'est-ce que tu vas (6) _____ pour la fête de la semaine prochaine?

FRANCK Je pensais servir des (7) _____ pour commencer et puis, comme viande, du (8) _____ avec des (9) _____ verts. En dessert, je pensais à une (10) _____ aux (11) _____.

MARINA Mmm! Ça a l'air vraiment délicieux. Je vais aller au (12) _____ et acheter quelque chose à apporter.

FRANCK Merci, c'est gentil.

ESPACE STRUCTURES

17.1 The verb **venir** and the **passé récent**

1 Hier et aujourd'hui Fill in the blanks with the correct form of the verbs **venir (de)**. Pay particular attention to the cues and the context to determine whether you should use the infinitive, the present tense, the **passé composé**, or the **imparfait**.

Quand j'étais plus jeune, je (1) _____ souvent rendre visite à mes grands-parents qui habitent à côté du campus. Ils (2) _____ me chercher à la gare et on allait faire une promenade sur le campus. Un jour, je (3) _____ en voiture: je (4) _____ acheter ma première voiture. Cette année, avant de (5) _____ étudier à l'université, j'ai décidé d'habiter chez mes grands-parents. Le problème, c'était qu'ils (6) _____ transformer mon ancienne chambre en salle de gym. Maintenant que je (7) _____ emménager dans ma résidence universitaire, mes amis et moi, nous (8) _____ les voir (*to see*) souvent.

2 Quel était le menu? You are reviewing some local restaurants for the student association. Explain what the customers have just eaten, using the cues provided.

> **Modèle**
>
> Karim et Nadia   *Karim et Nadia viennent de manger des champignons.*

1.   2.   3.   4.

1. Sonia _____

2. vous _____

3. tu _____

4. Thomas et Sylvia _____

3 La bibliothèque Fill in the blanks with the correct forms of the verbs **venir**, **venir de**, **devenir**, **revenir**, or **tenir**.

1. Quand nous _____ de vacances il y a quelques semaines, la bibliothèque était toujours fermée (*closed*).

2. Je _____ interviewer le président de l'université ce matin, à 9h00.

3. Le président a annoncé que la bibliothèque avait tellement de (*so many*) problèmes de fondation (*structure*) qu'elle _____ dangereuse pour les étudiants.

4. _____, prenez la section des livres étrangers. C'est une catastrophe!

5. Ce matin, le président de l'université _____ annoncer qu'il a reçu beaucoup d'argent pour la réparation de la bibliothèque.

6. La bibliothèque va _____ la plus grande du campus.

4   **Souvenirs de Côte d'Ivoire** Soulimane is thinking about his life since he left Abidjan. Write complete sentences with the elements provided. Pay particular attention to the cues and the context to determine whether you should use the present or the **passé composé.**

1. je / étudier / à l'Université d'Abidjan-Cocody / pendant trois ans

_____

2. je / décider / de venir ici / il y a quatre ans

_____

3. je / étudier / ici / depuis deux ans

_____

4. je / ne pas retourner / chez moi, au Sénégal, / depuis l'été dernier

_____

5. je / ne pas parler avec / mes amis d'enfance / depuis ma dernière visite

_____

6. mes amis / promettre / de venir me rendre visite / depuis mon départ

_____

7. nous / choisir / la date de leur visite / il y a deux mois déjà

_____

8. mon camarade de chambre / apprendre le baoulé / pendant le semestre dernier

_____

5   **L'entretien** You have applied for an exchange program between your home university and a university in Nice. You need to prepare for the coming interview. Here are some sample questions for you to practice. Answer using the cues provided.

1. Depuis combien de temps étudiiez-vous le français quand vous êtes arrivé(e) ici? (quatre ans)

_____

2. Quand avez-vous entendu parler de notre programme? (il y a deux mois)

_____

3. Pendant combien de temps étudiez-vous chaque jour? (plusieurs heures)

_____

4. Pendant combien de temps avez-vous habité dans un pays francophone? (un mois)

_____

5. Quand avez-vous décidé de partir en France? (il y a un mois)

_____

6. Depuis combien de temps attendez-vous votre entretien? (une demi-heure)

ESPACE STRUCTURES

17.2 The verbs **devoir**, **vouloir**, **pouvoir**

1 **Que se passe-t-il?** You are trying to see if your friends want to go to the French film festival. Complete the sentences with the present forms of the verbs in parentheses.

1. Jean _____ (ne pas vouloir) venir parce qu'il _____ (devoir) réviser pour les examens.

2. Thao et Jun _____ (vouloir) venir, mais ils _____ (ne pas pouvoir) rester longtemps.

3. Mathilde me _____ (devoir) de l'argent et elle _____ (devoir) faire des courses.

4. Vous _____ (bien vouloir) venir, mais vous _____ (devoir) rentrer tôt.

5. Tu _____ (pouvoir) venir et tu _____ (vouloir) inviter ta petite amie.

6. Ils _____ (devoir) rester ici parce qu'ils _____ (vouloir) finir leurs devoirs.

2 **La camarade de chambre** Here is the account of what happened to Sylvie's roommate, Farida. Complete the sentences by choosing the correct option from those in parentheses.

Je (1) _____ (devais / pouvais) faire des courses ce matin au supermarché, mais je

(2) _____ (n'ai pas dû / n'ai pas pu) y aller parce que ma camarade de chambre était

malade. J' (3) _____ (ai dû / ai pu) rester avec elle. Elle (4) _____ (n'a pas dû /

n'a pas voulu) appeler le docteur. Elle n'aime pas les médecins. Heureusement, j' (5) _____

(ai pu / ai voulu) cuisiner une bonne soupe pour elle. Elle (6) _____ (a bien dû / a bien

voulu) la manger. Après, elle (7) _____ (devait / a pu) dormir pendant quelques heures.

Je pense qu'elle (8) _____ (a dû / devoir) trop travailler.

3 **Les hypothèses** Look at the pictures and say what the people must have done or what they must do. Use the expressions from the list.

> **Modèle**
> être amies   Elles *doivent être amies.*

faire du sport	**regarder avant de traverser** (*to cross*) **la rue**
regarder un film amusant	**revenir de vacances**

   1.   2.   3.   4.

1. _____

2. _____

3. _____

4. _____

4 **Les absents** Many students were missing from your French class today. You are now trying to find out why. Create sentences with the elements provided to say what must have happened.

1. Laëtitia / devoir / partir / à 7h00 / pour rendre visite à ses parents

   _____

2. Marc / devoir / venir / mais / il / être malade

   _____

3. Charlotte et Vincent / devoir / faire un exposé (*presentation*) / mais / ils / ne pas étudier

   _____

4. vous / ne pas vouloir / venir / parce que / vous / être fatigués

   _____

5. elles / ne pas pouvoir / arriver à l'heure / parce que / le train / être / en retard

   _____

6. tu / vouloir / venir / mais / tu / ne pas entendre / le réveil (*alarm clock*)

   _____

7. Hakhmed / pouvoir / venir / mais / il / oublier

   _____

8. Karine / vouloir / venir / mais / elle / manquer le bus (*miss the bus*)

   _____

5 **Le repas** You have been talking with friends about an upcoming dinner. Here are some of the questions they asked you. Answer using the cues provided.

1. Que veut dire «aliment»? («nourriture»)

   _____

2. Qu'est-ce que tu dois faire avant de cuisiner? (faire les courses)

   _____

3. Qu'est-ce qui doit être délicieux? (les fruits)

   _____

4. Qu'est-ce que vous avez dû oublier d'acheter? (des oignons)

   _____

5. Qui a dû trop manger hier? (Fatima et Karim)

   _____

6. Qui n'a pas voulu manger les escargots? (Marc)

   _____

7. Est-ce qu'ils veulent bien dîner avec Chloé? (oui)

   _____

8. Quand pouvons-nous manger? (à 7h00)

   _____

Unité 9

ESPACE CONTEXTES

Leçon 18

1 **Qu'est-ce que c'est?** Look at this illustration and label the different items.

1. _____
2. _____
3. _____

4. _____
5. _____
6. _____

2 **Dans quels magasins?** Where can you buy these items? Fill in this chart with words from the list.

une baguette	un éclair	un gâteau	du pâté	une saucisse
du bœuf	des fruits de	du jambon	du porc	un steak
un croissant	mer	du pain	un poulet	du thon

à la boucherie	à la boulangerie	à la charcuterie	à la pâtisserie	à la poissonnerie
_____	_____	_____	_____	_____
_____	_____	_____	_____	_____
_____	_____	_____	_____	
_____				

3 **Chassez l'intrus** Indicate the word that does not belong in each group.

1. la crème, l'huile, la mayonnaise, être au régime
2. une carte, une entrée, un hors-d'œuvre, un plat
3. une charcuterie, une boucherie, une poissonnerie, une pâtisserie
4. un morceau, un menu, un kilo, une tranche
5. le sel, le poivre, une nappe, la moutarde
6. un bol, un couteau, une fourchette, une cuillère
7. un menu, commander, une carte, une serviette
8. une nappe, une serviette, une tranche, une carafe

4 **Le repas** Complete these sentences with words from the list. Note that not all the words will be used.

À table	une carte	une cuillère	une pâtisserie
une boîte de	commander	une entrée	régime
conserve	compris	une nappe	une serviette

1. Avant de manger, les parents disent toujours «_____».
2. Pour protéger la table, on met _____.
3. Pour m'essuyer la bouche après le repas, j'ai besoin d' _____.
4. On commence le repas avec _____.
5. Pour manger de la soupe, j'ai besoin d' _____.
6. Pour finir le repas, on peut manger _____.
7. S'il n'y a pas de légumes frais, on peut utiliser _____.
8. Demain, au restaurant, je vais _____ du thon.
9. Au restaurant, le service est _____, n'est-ce pas?
10. J'aime beaucoup manger. Heureusement que je ne suis pas au _____.

5 **Au restaurant** You are eating at a French restaurant, and you cannot hear everything being said. Complete these conversations with the appropriate words or expressions.

1. —Voici (a) _____, madame.

—Merci.

—Voulez-vous commencer par (b) _____?

—Non, merci.

—Qu'est-ce que vous allez boire?

—Juste (*Only*) (c) _____, s'il vous plaît.

2. —Tenez, faites attention. (d) _____ est très chaude.

—Merci. Est-ce que je peux avoir de (e) _____ de Dijon et quelques

(f) _____ de pain ?

—Oui, bien sûr.

3. —Mademoiselle, excusez-moi. Est-ce que je peux avoir (g) _____ pour ma viande?

—Oui, bien sûr. Tout de suite. Autre chose?

—(h) _____ et du poivre, s'il vous plaît.

ESPACE STRUCTURES

18.1 Comparatives and superlatives of adjectives and adverbs

1 **Les achats** You are new in town and you don't quite know where to shop. To help you reach a decision, you are comparing the supermarket to your local grocery store. Choose the correct word from those in parentheses to compare the different items. Make all the necessary changes.

1. Le supermarché est plus grand _____ (de / que / plus / moins) l'épicerie.

2. L'épicerie a une _____ (plus / de / moins / meilleur) grande sélection que le supermarché.

3. Je pense quand même que le service est _____ (plus / mal / meilleur / que) à l'épicerie. Le commerçant connaît mon nom.

4. Les fruits sont _____ chers à l'épicerie _____ (plus ... qu' / moins ... de / meilleur ... qu' / meilleures ... qu') au supermarché.

5. L'épicerie est le magasin _____ (le plus / plus / moins / le mieux) petit du quartier.

6. L'épicerie est _____ (mal / bien / aussi / pire) fréquentée que le supermarché.

7. Le supermarché est moins cher _____ (que / de / plus / mal) l'épicerie.

8. L'épicerie est le magasin _____ (plus / moins / mieux / le plus) proche de mon appartement.

2 **L'université** Your friend is telling you about her experience at the university in Tunisia and at your university. Fill in the blank with a word from the list. Do not use a word twice. Make all the necessary changes.

aussi	facilement	longtemps	mieux	que/qu'
bien	la plus	meilleur(e)	pays	Tunisie

L'Université de Tunis est (1) _____ grande que celle-ci. Chacune a près de 30.000 étudiants. Cependant, l'Université de Tunis n'est pas (2) _____ grande du

(3) _____. C'est celle de Tunis El Manar. Ici, les étudiants ont plus

(4) _____ un travail qu'en (5) _____, mais ils étudient aussi

(6) _____. J'aime (7) _____ l'Université de Tunis, mais

j'aime (8) _____ l'université ici. La vie ici est plus facile

(9) _____ en Tunisie. Néanmoins (_However_), beaucoup de mes amis tunisiens

pensent que la vie en Tunisie est (10) _____.

3 **Ma famille** Compare your family to your friend Thao's. Write sentences based on the elements provided.

1. La famille de Thao est petite. Ma famille est petite aussi.

   _____

2. Thao a un frère. J'ai deux frères.

   _____

3. La grand-mère de Thao a 80 ans. Ma grand-mère a 86 ans.

   _____

4. Thao mesure 1m69. Je mesure 1m69.

   _____

5. Thao a les cheveux longs. J'ai les cheveux courts.

   _____

6. La maison de Thao a 8 pièces. Ma maison a 5 pièces.

   _____

7. Les parents de Thao boivent du café une fois par jour. Mes parents boivent du café trois fois par jour.

   _____

8. La famille de Thao est très heureuse. Ma famille est très heureuse.

   _____

4 **Comparez** Look at these pictures and write as many comparisons as possible, using the adjectives or verbs provided.

1. (grand)   2. (sportif)   3. (manger vite)   4. (courir)

1. _____

   _____

   _____

2. _____

   _____

   _____

3. _____

   _____

   _____

4. _____

   _____

18.2 Double object pronouns

1 **Au restaurant** Here are some statements you overheard at a restaurant. Match the underlined pronouns with the nouns they might refer to.

_____ 1. Je <u>vous la</u> recommande.

_____ 2. Apporte-<u>le-moi</u>.

_____ 3. Je viens de <u>le lui</u> montrer.

_____ 4. Il <u>nous les</u> a commandées.

_____ 5. Donne-<u>la-lui</u>.

_____ 6. Je vais <u>le leur</u> servir.

a. à Jacques; le menu

b. à toi et Christine; la soupe

c. à Mme Colbert; la serviette

d. à Bertrand et Sabine; le café

e. à toi et moi; les entrées

f. à moi; le sel

2 **Les plats** You and your friends are trying to plan out your meals before going grocery shopping. Rewrite each sentence, replacing the direct objects with the corresponding direct object pronouns.

1. Lundi, Caroline me prépare ses fameux escargots. _____

2. Mardi, Fatima t'offre le déjeuner. _____

3. Mardi, Nadine lui apporte le dîner. _____

4. Mercredi, Nordine nous cuisine ses fruits de mer à la crème. _____

5. Jeudi, Marc vous donne sa salade de champignons. _____

6. Vendredi, Mélanie leur prépare sa soupe de légumes. _____

7. Samedi, vous nous donnez vos fruits. _____

8. Dimanche, ils lui font les courses. _____

3 **Les souvenirs d'école** You and your friends are studying and reminiscing about your school days. Fill in this conversation with the appropriate pronouns.

NICHOLAS Est-ce que tes profs donnaient directement les résultats des examens aux parents?

DANIELLE Non, il ne (1) _____ donnaient pas directement, mais ils nous les donnaient parce que nous les demandions. Et toi, dans ta classe, le prof de maths expliquait l'algèbre aux élèves en difficulté?

NICHOLAS Oui, il (2) _____ expliquait. Moi, je le comprenais facilement. J'ai toujours aimé les maths.

MARC Pas moi. Dis, est-ce que tu connais le résultat de cette équation?

NICHOLAS Oui.

MARC Donne- (3) _____, alors.

NICHOLAS Non, c'est à toi de le trouver tout seul. Tu amenais les devoirs à tes amis malades?

DANIELLE Oui, je (4) _____ amenais toujours.

MARC Ce n'est pas vrai. Tu ne (5) _____ as jamais amenés!

DANIELLE Bien sûr. Tu habitais trop loin!

4 **Qui le fait?** Now that you know who is eating what, you have to divide up the grocery list among all the housemates. Use the cues provided to say who is buying what. You need to use double object pronouns in your sentences.

> **Modèle**
> tu / acheter / des légumes / Fabien et Bénédicte
> Tu les leur achètes.

1. je / acheter / des fruits / Marc

   _____

2. Marc et Mélanie / aller acheter / les poivrons rouges / nous

   _____

3. tu / aller prendre / les fruits de mer / Nordine

   _____

4. vous / prendre / le thon / elle

   _____

5. Farida / acheter / l'huile d'olive / vous

   _____

6. ils / aller acheter / les œufs / Marc

   _____

7. je / prendre / la crème / toi

   _____

8. nous / acheter / la laitue / vous

   _____

5 **Les vacances** You are preparing a family vacation in Europe. You are thinking about all that you have done so far. Rewrite these sentences using two pronouns. Pay particular attention to the agreement of the past participle.

1. L'agence de voyages a envoyé les billets d'avion à mes parents.

   _____

2. Mes parents ont acheté de grandes valises rouges à ma sœur et à moi.

   _____

3. Nous avons demandé nos visas aux différents consulats.

   _____

4. J'ai donné mon appareil photo numérique (*digital camera*) à mon père.

   _____

5. Je vais apporter le cadeau que j'ai acheté à mon correspondant français.

   _____

6. J'ai proposé la visite des châteaux de la Loire à mes parents.

   _____

7. Mon amie a prêté son caméscope à ma sœur.

   _____

8. Mes grands-parents ont offert le guide du Routard à mes parents.

   _____

Unité 9

PANORAMA

---

1   **Qui est-ce?** Give the name and the profession of each of these people. Answer in complete sentences.

1.   2.   3.   4.

1. _____
2. _____
3. _____
4. _____

---

2   **Un peu de géographie** Identify these places.

1. C'est le nom des montagnes où on peut faire du ski: _____
2. C'est le berceau de l'horlogerie: _____
3. C'est le pays d'origine des horlogers qui s'installent en Franche-Comté: _____
4. Ce sont les sources d'inspiration pour les toits de Bourgogne: _____
5. C'est la ville où se situe l'Hôtel-Dieu: _____
6. C'est la ville où est né Louis Pasteur: _____
7. C'est la ville où se trouve l'Institut Pasteur: _____
8. Ce sont les lieux où se situent les filiales de l'Institut Pasteur: _____

---

3   **Complétez** Fill in the blank with a word or expression from **Panorama**.

1. Dijon est une ville importante de la _____.
2. Le Jura est le paradis du _____.
3. La _____ est la deuxième course d'endurance du monde.
4. L'artisanat de l'horlogerie a commencé au _____ siècle.
5. L'Hôtel-Dieu a été construit pour recevoir _____ et

_____.

6. Louis Pasteur a découvert _____ et _____.
7. La recette bourguignonne des _____ devient populaire au 19ᵉ siècle.

---

4 **Vrai ou faux?** Indicate whether these statements are **vrai** or **faux**. Correct the false statements.

1. Au Moyen Âge, les escargots servaient à la fabrication de sirops contre la toux.

   _____

2. La France importe de grosses quantités d'escargots.

   _____

3. Claire Motte est une actrice célèbre.

   _____

4. La Transjurassienne a le même parcours pour les hommes et les femmes.

   _____

5. On peut faire de la planche à voile sur neige dans le Jura.

   _____

6. Les femmes s'occupaient de la finition et de la décoration des horloges.

   _____

7. Aujourd'hui, l'Hôtel-Dieu est un des hôpitaux les plus modernes de France.

   _____

8. Une école d'horlogerie est créée au 18e siècle.

   _____

5 **Comparez** Look at these cues. Then look for the relevant information in **Panorama** and rewrite the sentences, making comparisons that use adjectives from the list. **Attention!** One adjective will be used twice and some not at all.

célèbre	grande	jeune	petit
court	important	long	populaire

> **Modèle**
>
> la superficie de la Bourgogne / la superficie de la Franche-Comté
> **La superficie de la Bourgogne est plus grande que la superficie de la Franche-Comté.**

1. la population de la Franche-Comté / la population de la Bourgogne

   _____

2. l'âge de Claude Jade / l'âge de Claire Motte

   _____

3. la longueur de la vie de Louis Lumière / la longueur de la vie d'Auguste Lumière

   _____

4. l'importation d'escargots / la production d'escargots

   _____

5. le ski alpin dans le Jura / le ski de fond dans le Jura

   _____

6. le parcours pour les femmes dans la Transjurassienne / le parcours pour les hommes dans la Transjurassienne

   _____

7. le nombre d'horlogers au 18e siècle / le nombre d'horlogers au 19e siècle

   _____

8. la vente aux enchères de vins de l'Hôtel-Dieu / le monde

   _____

Unité 10

ESPACE CONTEXTES

1 **Les photos** Write the actions that these photos represent.

Modèle

se maquiller

1. _____   2. _____   3. _____

4. _____   5. _____

2 **Chassez l'intrus** Indicate which item doesn't belong in each set.

1. se brosser, la joue, les dents
2. les mains, se laver, le peigne
3. se coiffer, un savon, une brosse à cheveux
4. se regarder, s'endormir, se coucher
5. s'habiller, se déshabiller, se sécher
6. le shampooing, la pantoufle, le savon
7. une serviette de bain, se sécher, une brosse à dents
8. se raser, se brosser les cheveux, se coiffer
9. la crème à raser, le maquillage, le rasoir
10. se regarder, le miroir, la serviette de bain

3 **Mettez en ordre** Indicate the order the activities in each set are typically done by numbering them 1 and 2.

Modèle

2 prendre une douche
1 se déshabiller

1. _____ s'endormir   3. _____ se sécher   5. _____ se lever

_____ se coucher   _____ se laver les cheveux   _____ se réveiller

2. _____ faire sa toilette   4. _____ se lever   6. _____ se déshabiller

_____ sortir de la maison _____ se brosser les dents _____ se coucher

Workbook

4 **Des outils** Complete each of the statements below with the name of the item(s) used for the task.

> **Modèle**
> On se brosse les cheveux avec *une brosse à cheveux.*

1. On se brosse les dents avec _____ et _____.

2. On se rase avec _____ et _____.

3. On se lave le corps avec _____.

4. On se lave les cheveux avec _____.

5. On se coiffe avec une brosse à cheveux ou avec _____.

6. On se sèche avec _____.

5 **Les parties du corps** Label the body parts in the illustration.

1. _____   8. _____

2. _____   9. _____

3. _____   10. _____

4. _____   11. _____

5. _____   12. _____

6. _____   13. _____

7. _____   14. _____

6 **Les préférences** Complete these sentences with appropriate expressions from the lesson.

1. Loïc aime _____ à onze heures tous les soirs.

2. En général, Liliane n'aime pas _____. Elle met parfois un peu de mascara,

   mais c'est tout.

3. Thomas a souvent froid aux pieds parce qu'il n'aime pas mettre ses _____.

4. M. Noirot a une barbe (*beard*) parce qu'il n'aime pas _____.

5. Mais quelle vanité! Françoise aime bien _____ dans le miroir.

6. Les enfants n'aiment pas _____, on leur donne donc des bains (*baths*).

7. Les cheveux de Nino sont fous! Il n'aime pas _____.

8. Les enfants ont souvent des caries (*cavities*) parce qu'ils n'aiment pas _____.

ESPACE STRUCTURES

19.1 Reflexive verbs

1 **La routine quotidienne** Use the illustrations as a reference to complete these sentences with reflexive verbs in the present tense.

Modèle
Nous _____ *nous brossons* les cheveux avant de quitter la maison.

1. Je _____ le visage sous la douche.

2. Vous _____ tous les matins, Mme Aziz?

3. M. Tuan _____ souvent devant la télé, non devant le miroir.

4. Nous chantons pendant que nous _____ sous la douche.

5. Elles _____ les cheveux tous les jours.

6. Est-ce que tu _____ les dents après chaque repas?

2 **Complétez** Complete the sentences with appropriate reflexive verbs.

1. Quand on a sommeil, on… _____.

2. Après chaque repas, mes enfants… _____.

3. Quand j'ai mal dormi, je… _____.

4. Quand nous faisons la cuisine, nous… _____.

5. Quand elle va sortir avec des copains, elle… _____.

6. Avant de quitter la maison, tu… _____.

7. Avant de vous coucher, vous… _____.

8. Quand elles ont beaucoup de travail à faire, elles… _____.

3 **Donnez des ordres** Suggest what these people should do for each situation. Use command forms of verbs, including some negative command forms.

> **Modèle**
>
> Il est tard et Francine dort encore.
> *Réveille-toi, Francine!*

1. Le maquillage de Mme Laclos est franchement bizarre.

   _____

2. Nous avons cours à huit heures demain matin.

   _____

3. Hector a les cheveux mouillés (*wet*).

   _____

4. Sami et moi avons les mains sales.

   _____

5. M. Rougelet est en costume au match de basket-ball.

   _____

6. Grand-père ne dort pas assez.

   _____

7. Les cheveux de Christine sont un peu fous aujourd'hui.

   _____

8. Nous avons bu trois cocas chacun (*each*) cet après-midi.

   _____

4 **Vos habitudes** Write a paragraph about your own personal habits, using expressions from the list.

| se brosser les dents | se coucher | se lever | quitter la maison |
| se coiffer | s'habiller | prendre une douche/un bain | se réveiller |

_____

_____

_____

_____

_____

_____

_____

_____

Workbook

ESPACE STRUCTURES

19.2 Reflexives: Sens idiomatique

1 **Les caractères** Complete the caption for each illustration demonstrating a personality type. Use reflexive verbs in the present tense.

1. Marc et Farid _____ presque chaque jour. Ils ne s'entendent pas bien.

2. Mme Lamartine _____ facilement. Elle est toujours fâchée (*angry*).

3. Sylvain _____ souvent. Ses jeux ne l'intéressent pas.

4. Chloé _____ toujours bien. Elle est contente même quand elle est seule.

5. Céline et Rémy _____ bien avec tout le monde. Ils sont très gentils.

6. Magali _____ à tout. Elle est très intellectuelle.

7. Papa _____ tout le temps. Il a toujours peur des accidents.

8. Sophie _____ tout le temps parce qu'elle est en retard.

2 **Des verbes réfléchis** Complete these sentences with the appropriate verbs. Use each verb once.

1. Tu _____ au bord du lac tous les jours, Rémy?

2. Abdel _____ souvent au café pour acheter un thé à emporter (*to go*).

3. Mais non, tu _____ ! M. Tahar n'est pas né en Tunisie.

4. Le jour de Thanksgiving, on mange et on _____ sur le canapé.

5. Mathilde _____ pour sortir avec ses copains.

6. Et le supermarché, il _____ où, exactement?

7. Maman a dit que nous _____ trop des affaires (*business*) des autres.

8. Cédric est stressé parce qu'il ne prend pas le temps de _____.

9. Le prof _____ ici, devant la classe.

10. Ma fille rentre de l'école et elle _____ tout de suite à faire ses devoirs.

a. se repose
b. s'arrête
c. s'assied
d. se trouve
e. se détendre
f. se met
g. te promènes
h. se prépare
i. nous occupons
j. te trompes

3 **Complétez** Complete these sentences with appropriate present-tense forms of **s'appeler**, **s'ennuyer**, **s'inquiéter**, and **se souvenir**.

1. Tu _____ de l'anniversaire de Sullivan? C'est le onze décembre, non?

2. Christophe _____ à mourir au cinéma. Il préfère jouer à des jeux vidéo.

3. Ne _____ pas, madame. On va retrouver votre chat.

4. Comment _____ -vous, monsieur?

5. Ma mère _____ beaucoup quand on rentre très tard dans la nuit.

6. Nous _____ beaucoup en classe, monsieur. On préfère regarder la télé.

7. Vous _____ de moi, Mme Pineau? J'étais dans votre classe, en sixième B.

8. Elle _____ comment, déjà? Denise? Danielle?

Workbook

4 **Des impératifs** Give an appropriate command for each situation. Use reflexive verbs, and include some negative commands.

> **Modèle**
>
> On va au cinéma ce soir, maman.   *Amusez-vous bien, mes enfants!*

1. Ah, non… Martine est en retard!

   _____

2. Mme Lemarchand n'arrive pas à trouver son sac.

   _____

3. Nous nous mettons en colère quand nous sommes ensemble.

   _____

4. Tony commence à s'énerver.

   _____

5. Y a-t-il une chaise pour Laurence?

   _____

6. L'année dernière, j'ai oublié l'anniversaire de mon père.

   _____

5 **Des défauts de caractère!** Complete the judgments Marine is making about her friends and relatives by choosing the correct expressions. If no expression is necessary, choose X.

1. Samuel s'intéresse trop _____ (que / X / aux) voisins. Ils les regarde par la fenêtre avec des jumelles (*binoculars*).

2. Anne ne se rend pas compte _____ (que / X / de) Luc ne l'aime pas. Elle n'arrête pas de lui téléphoner.

3. Pépé s'énerve _____ (X / que / de) souvent quand mémé ne lui donne pas son journal.

4. Simon ne se souvient pas _____ (que / X / de) je suis végétarienne. Il m'offre des steaks et du jambon quand je suis chez lui.

5. Ma mère se met trop facilement _____ (X / que / en) colère. Elle est souvent énervée.

6 **Et vous?** Answer these questions with information about yourself in complete sentences. Use at least one reflexive verb in each answer.

1. Comment vous détendez-vous, d'habitude?

   _____

2. Qu'est-ce que vous faites pour vous amuser?

   _____

3. Est-ce que vous vous entendez bien avec vos amis? Avec les membres de votre famille?

   _____

4. Est-ce que vous vous inquiétez souvent? Si oui, pourquoi?

   _____

5. Quand vous mettez-vous en colère?

   _____

Unité 10

Leçon 20

ESPACE CONTEXTES

Workbook

1 **Des nouvelles** Indicate whether each piece of news is good (**une bonne nouvelle**) or bad (**une mauvaise nouvelle**).

	une bonne nouvelle	une mauvaise nouvelle
1. La semaine dernière, Jacques s'est cassé le pied.	○	○
2. Jeanne, tu as l'air en pleine forme.	○	○
3. Hier soir, Isabelle est allée aux urgences avec une douleur abdominale.	○	○
4. Aïe! Je me suis blessée à la cheville.	○	○
5. Samia se porte mieux depuis son opération.	○	○
6. Antoine est rentré cet après-midi parce qu'il se sentait très mal.	○	○
7. Mme Leclerc est tombée malade lors de son voyage en Thaïlande.	○	○
8. M. Lépine a bien guéri de sa grippe.	○	○
9. Mes enfants sont tous en bonne santé.	○	○
10. Nous avons mangé à la cantine à midi, et maintenant nous avons tous mal au cœur.	○	○

2 **Des maux** What are these people complaining about to the doctor? Write at least one sentence for each illustration.

> **Modèle**
> J'éternue. Je pense que j'ai des allergies.

1. _____

2. _____

3. _____

4. _____

5. _____

6. _____

3 **Chez le médecin** You are a doctor. Respond to each complaint in an appropriate way.

1. J'ai mal aux dents.

_____

2. Je n'arrive pas à garder la ligne.

_____

3. Ah, j'ai mal au bras aujourd'hui.

_____

4. J'ai mal au cœur quand je mange des éclairs au chocolat.

_____

5. Je me suis cassé la jambe. Aïe! Ça fait mal.

_____

4 **Méli-mélo** Unscramble these sentences.

1. une / travaille / Van-Minh / dans / pharmacie

_____

2. au / Hélène-Louise / douleur / a / une / terrible / ventre

_____

3. Simone / une / a / jambe / à / blessure / la

_____

4. des / j' / allergies / printemps / ai / au

_____

5. quels / vos / symptômes / sont / madame

_____

6. l' / est / patient / infirmière / avec / le

_____

5 **C'est grave, docteur?** Write a conversation between a hypochondriac and his or her doctor. The patient should have multiple complaints. You may wish to use the additional vocabulary from the list.

> ### Coup de main
> Use these words to help you complete this activity.
>
> **aller chez un psychologue** (*to a psychologist's office*)
> **avoir mal partout** (*everywhere*)
> **se mettre au lit** (*stay in bed*)
> **respirer mal** (*to breathe poorly*)

_____

_____

_____

_____

_____

Workbook

ESPACE STRUCTURES

20.1 The **passé composé** of reflexive verbs

1   **Qu'est-ce qu'ils ont fait?** Complete these statements about what the people in the illustrations did recently. Use reflexive verbs in the **passé composé**.

1. Marc _____ avec Farid.

2. Émilie _____ la cheville.

3. Pépé _____ le bras.

4. Notre prof _____ en colère!

5. Éric et Noémie _____ au fond (*in the back*) de la classe.

6. Juliette _____ les dents avant de se coucher.

2   **Faites l'accord** Add the appropriate ending for each past participle in this e-mail that Jamel wrote about the terrible weekend he just had. If no additional letters are needed to complete an ending, leave a blank line.

Quelle poisse (*What bad luck*)! Ce week-end, Nathalie et moi sommes (1) rentré_____ à Genève.

C'est Nathalie qui a (2) conduit_____. Sur la route de Genève, on s'est (3) disputé_____. Après,

Nathalie était en colère et on a (4) eu_____ un accident. Moi, je me suis (5) cassé_____ le bras

gauche et Nathalie s'est (6) blessé_____ au pied. On a dû attendre l'ambulance pendant quarante

minutes. Dans la salle des urgences, Nathalie s'est (7) assis_____ sur ma main droite par accident et

elle l'a (8) blessé_____. Aïe! Comme ça m'a (9) fait_____ mal! L'infirmier a (10) mis_____ mon

bras gauche et ma main droite dans le plâtre (*in casts*). Pendant qu'il soignait (*treated*) le pied blessé

de Nathalie, on s'est encore (11) mis_____ à se disputer. Finalement, la mère et la tante de Nathalie

sont (12) venu_____ à l'hôpital pour nous chercher et pour récupérer la voiture. En ce moment,

Nathalie est en train d'écrire cet e-mail pour moi.

3   **Qu'est-ce qui est arrivé?**   Supply a question that would elicit each response. Use a reflexive verb in the **passé composé** in each question.

1. _____

    Oui, maintenant il a la cheville gonflée.

2. _____

    Oui, et maintenant j'ai la jambe dans le plâtre (*in a cast*).

3. _____

    C'est vrai. Maintenant ils ne se parlent pas.

4. _____

    Non, elle ne s'en est pas rendu compte.

5. _____

    Oui, et nous sommes arrivés avec seulement cinq minutes de retard.

4   **Quels sont les antécédents?**   Decide which noun in the group is the antecedent for each direct object pronoun. Pay attention to meaning and to the gender and number of each direct object.

1. Je me <u>le</u> suis cassé quand j'étais petite.

    a. le livre   b. le bras   c. la jambe

2. Ils se <u>les</u> sont lavées il y a dix minutes.

    a. les mains   b. le visage   c. les allergies

3. Mathilde se <u>les</u> est brossées ce matin.

    a. les mains   b. le chien   c. les dents

4. Nous nous <u>le</u> sommes lavé hier soir.

    a. le cœur   b. les dents   c. le visage

5. Tu te <u>les</u> es brossés aujourd'hui?

    a. le visage   b. les cheveux   c. les peignes

5   **Votre enfance**   Write an eight-sentence paragraph about your life when you were eight to ten years old. Use expressions from the list, and remember that most verbs will be in the **imparfait**.

s'amuser	s'énerver	s'inquiéter
se disputer	s'entendre bien avec	s'intéresser

Quand j'étais petit(e), … _____

_____

_____

_____

_____

_____

_____

_____

20.2 The pronouns y and en

1 **Choisissez** Match each illustration to an appropriate caption. Use each answer once.

a. [image]   b. [image]   c. [image]

d. [image]   e. [image]   f. [image]

____ 1. Tu en as mangé cinq?!

____ 2. Jojo en met dans ses sandwichs.

____ 3. Nous en avons acheté pour l'école.

____ 4. J'y suis allée l'été dernier pendant les vacances.

____ 5. On y va le dimanche matin.

____ 6. Vous en faites tous les jours, Mme Lepic?

2 **Les questions** Write an appropriate question for each answer. Use complete sentences.

1. _____

Nous en avons fait deux pour la fête chez Serge.

2. _____

J'y vais du lundi au vendredi.

3. _____

Oui, on en parle souvent.

4. _____

Franck en a mangé deux; moi, j'en ai mangé un.

5. _____

Oui, et on s'y est bien amusé samedi dernier.

3 **Des échanges** Complete these exchanges appropriately. Include **y** or **en** and an infinitive in each answer.

> **Modèle**
>
> **ÉLODIE** Vous allez prendre des pizzas?
> **RODRIGUE** Oui, nous allons *en prendre* deux.

1. **LA MÈRE** Tu vas manger dans ta chambre?

   DIDIER Je suis très énervé contre toi, je préfère donc _____.

2. **ELSA** Ludo ne va pas prendre de dessert?

   THÉO Si, il va _____ un.

3. **Mme DUCROS** Vous allez passer par la boulangerie en rentrant (*on the way home*)?

   M. SABATIER Oui, je vais _____. Je vous rapporte quelque chose?

4. **CAMILLE** Nous pouvons acheter des biscuits, maman?

   LA MÈRE Non, nous ne pouvons pas _____ cette fois-ci, ma chérie.

5. **CARINE** J'ai entendu qu'ils vont commander une tarte pour l'anniversaire du prof.

   BENOÎT Oui, ils vont _____ une. On va la manger en classe mardi.

4 **Des conseils** Rewrite each of these pieces of advice from your mother. Write complete sentences that use the pronouns **y** and **en**.

> **Modèle**
> Mange une orange chaque jour.
> Manges-en une chaque jour.

1. Prends deux aspirines.

_____

2. Va directement au lit.

_____

3. Parle-moi de tes problèmes quand tu en as.

_____

4. Fais de l'exercice tous les jours.

_____

5. Ne dépense pas trop d'argent pour tes vêtements.

_____

6. Souviens-toi de l'anniversaire de ton frère.

_____

7. Fais attention aux prix quand tu es au supermarché.

_____

8. Écris-moi un e-mail de temps en temps pour demander des conseils (*advice*).

_____

5 **Méli-mélo** Unscramble these sentences.

1. en / m' / donnez / six / s'il vous plaît

_____

2. lui / parlé / ai / je / en / hier

_____

3. je / dois / en / cinq / t'

_____

4. achète / dix / en / -lui

_____

5. y / vous / souvent / allez

_____

6. ils / nous / parlent / ne / pas / en

_____

7. va / on / y

_____

8. elle / y / intéresse / s' / beaucoup

_____

Workbook

Unité 10

PANORAMA

Savoir-faire

1   **La Suisse est connue pour...**   Complete the caption for each image.

La Suisse est connue pour...

Modèle
les chalets

1. _____

2. _____

3. _____

4. _____

5. _____

2   **Nommez-en quatre**   Name four things associated with Switzerland for each category.

Villes principales:	**Domaines de l'industrie:**	**Langues officielles:**
1. _____	1. _____	1. _____
2. _____	2. _____	2. _____
3. _____	3. _____	3. _____
4. _____	4. _____	4. _____

3   **Des Suisses célèbres**   Match the name of each famous Swiss person to his or her description.

_____ 1. Ce cinéaste né en France est associé au mouvement cinématographique qu'on appelle «La Nouvelle Vague».

_____ 2. Les amateurs (*fans*) d'architecture l'appellent parfois «Le Corbu» tout court.

_____ 3. Cette femme écrivain germano-suisse a écrit la série des *Heidi*.

_____ 4. L'œuvre de ce penseur a inspiré la Révolution française.

_____ 5. Cette journaliste nomade a vécu des aventures (*lived adventures*) en Chine et en Inde, entre autres pays.

_____ 6. Ce pilote de course a donné son nom à la marque (*make*) de voitures Chevy.

a. Ella Maillart

b. Charles Édouard Jeanneret Le Corbusier

c. Louis Chevrolet

d. Johanna Spyri

e. Jean-Luc Godard

f. Jean-Jacques Rousseau

Workbook

4 **La politique de la Suisse** Correct the six mistakes in this passage. First, underline the parts that you think are false. Then, rewrite the corrected passage on the lines.

> La Suisse a une longue tradition de neutralité militaire. Elle n'a pas connu de guerres depuis 16 ans. Son statut de neutralité est reconnu depuis 1515 par tous les pays du monde. Elle ne peut pas être membre d'organisations internationales comme l'O.N.U.

_____
_____
_____
_____
_____
_____
_____
_____

5 **Vrai ou faux?** Indicate whether each statement about Jean-Jacques Rousseau is **vrai** or **faux**.

	Vrai	Faux
1. Il a vécu (*lived*) entre la France et la Suisse.	○	○
2. Il a inventé la montre.	○	○
3. Il est né à Paris.	○	○
4. Ses écrits ont inspiré la Révolution française.	○	○
5. Il était contre la liberté de pensée et de religion.	○	○
6. Il a vécu (*lived*) pendant la Révolution française (1789–1799).	○	○
7. Il croyait que l'homme était bon de nature.	○	○
8. Il croyait aussi que la société avait une mauvaise influence sur l'homme.	○	○
9. Il s'intéressait à la philosophie, à la politique et à la musique.	○	○
10. Il était autodidacte; il a reçu une très bonne éducation traditionnelle.	○	○
11. Il jouait de la musique.	○	○
12. Parmi ses œuvres, on compte (*counts*) *Du contrat social* et *Les Confessions*.	○	○

6 **La ville de Genève** Choose the best completion for each statement about Geneva, Switzerland.

1. On y trouve beaucoup d'organisations internationales telles que _____.
   a. l'OTAN   b. la Croix-Rouge   c. la Société Elsener

2. La ville se situe à la frontière franco-suisse, sur les bords (*on the shores*) _____.
   a. de Lausanne   b. de l'O.N.U.   c. du lac Léman

3. Presque la moitié (*half*) des habitants de Genève sont d'origine _____.
   a. étrangère   b. allemande   c. française

4. Les touristes apprécient beaucoup les petits plaisirs (*pleasures*) de Genève: _____.
   a. les promenades et le shopping   b. les coûteaux suisses   c. les banques suisses

5. On parle beaucoup de langues à Genève, mais c'est avant tout une ville _____.
   a. francophone   b. internationale   c. française

Unité 11

ESPACE CONTEXTES

Leçon 21

1   **Des composants informatiques** Identify some typical parts and accessories of a desktop computer.

1. _____   5. _____

2. _____   6. _____

3. _____   7. _____

4. _____   8. _____

2   **Bien ou pas bien?** Evaluate each of the situations described and decide whether it is good (C'est bien) or bad (Ce n'est pas bien).

	C'est bien!	Ce n'est pas bien!
1. Adèle passe au moins (*at least*) sept heures par jour à surfer sur Internet.	O	O
2. Il marche très bien, mon nouveau moniteur.	O	O
3. Je suis connectée avec mon frère et ma sœur par un service de messagerie instantanée. On se «parle» tous les jours.	O	O
4. Clothilde est en ligne avec un type (*guy*) bizarre qui veut faire sa connaissance.	O	O
5. J'ai oublié de sauvegarder le document avant d'éteindre mon ordinateur.	O	O
6. Jérémie a donné son mot de passe à tous ses copains.	O	O
7. Ma mère a trouvé un logiciel qui va l'aider à faire son travail.	O	O
8. Mes parents m'ont donné un magnétoscope pour mes DVD.	O	O
9. J'envoie un e-mail à ma grand-mère pour lui dire bonjour.	O	O
10. Ma nièce aime bien le jeu vidéo éducatif que je lui ai donné pour son anniversaire.	O	O
11. Mon camarade de chambre a perdu la télécommande, et maintenant on ne peut pas changer de chaîne.	O	O
12. Mon réveil n'a pas sonné ce matin, mais le téléphone m'a réveillé et je ne suis donc pas arrivé en retard au travail.	O	O

3   **Des associations** Give one direct object (a noun) that is often associated with each verb. Do not repeat answers.

> **Modèle**
>
> composer   *un numéro de téléphone*

1. fermer _____   5. imprimer _____

2. sauvegarder _____   6. télécharger _____

3. allumer _____   7. effacer _____

4. éteindre _____   8. graver _____

4 **Complétez les phrases** Complete these sentences with appropriate expressions from the lesson.

1. Pour prendre des photos, on a besoin d' _____.

2. On peut écouter des CD avec _____ ou avec _____.

3. Pour regarder des films à la maison, on a besoin d'une télévision et d' _____ ou d' _____.

4. Pour accéder à (*gain access to*) son e-mail, on a souvent besoin de donner _____.

5. On peut faire des films avec _____.

6. On peut écouter des CD loin de la maison avec _____.

7. Un téléphone traditionnel est souvent accompagné d' _____ pour les messages.

8. Quand un ordinateur se plante (*crashes*), on doit le faire _____.

9. Parfois, on _____ tous les e-mails de son ex-copain/copine.

10. Il faut _____ des documents électroniques importants.

5 **Des conseils** Give advice to Max for each situation. Use vocabulary from the lesson.

> **Modèle**
>
> J'ai oublié que c'est l'anniversaire de ma copine aujourd'hui et je n'ai pas de carte. Envoie-lui un *e-mail*.

1. Je n'aime pas payer pour faire développer (*have developed*) mes photos.

   _____

2. Mon moniteur est branché (*plugged in*), mais l'écran est noir.

   _____

3. Je vais partir en vacances pendant deux semaines.

   _____

4. J'oublie toujours mes mots de passe.

   _____

5. Mon vieux magnétoscope ne fonctionne pas.

   _____

6 **La technologie et vous** Answer these questions in complete sentences with information about how you use technology.

1. Est-ce que vous envoyez des e-mails à vos profs et à vos camarades de classe?

   _____

2. Avez-vous un téléphone traditionnel, un portable ou les deux? Si vous avez un portable, est-ce qu'il sonne très fort?

   _____

3. Est-ce que vous avez un appareil photo numérique? Si oui, est-ce que vous retouchez (*edit*) vos photos avec un logiciel?

   _____

4. Faites-vous des achats (*purchases*) en ligne? Quels sites web marchands est-ce que vous visitez?

   _____

5. Est-ce que vous téléchargez de la musique (des fichiers audio)?

   _____

6. Préférez-vous surfer sur Internet ou regarder la télévision?

   _____

Workbook

ESPACE STRUCTURES

21.1 Prepositions with the infinitive

1 **Des problèmes technologiques** Complete the e-mail that M. Roussel wrote about problems he had recently with his computer by selecting from the prepositions in parentheses. If no preposition is needed, choose X.

Je dois (1) _____ (à / de / X) commencer par dire que je ne suis pas une personne violente, mais que… mon ordinateur m'énerve beaucoup! L'autre jour, je m'amusais (2) _____ (à / de / X) envoyer des cartes électroniques à tous mes amis quand j'ai entendu «clic clic» et mon écran s'est éteint. J'ai réussi (3) _____ (à / de / X) le rallumer (*restart*) sans trop d'effort. Quelques minutes après, je venais (4) _____ (à / de / X) fermer un document quand soudain, j'ai entendu à nouveau (*again*) le «clic clic» mystérieux, et puis j'ai commencé (5) _____ (à / de / X) sentir une odeur bizarre. Ça sentait le brûlé (*burned*)! J'ai voulu (6) _____ (à / de / X) éteindre, mais j'ai oublié (7) _____ (à / de / X) fermer les logiciels. Eh bien, l'ordinateur a refusé (8) _____ (à / de / X) s'éteindre! Un petit message sur l'écran m'a informé: «Je ne peux pas (9) _____ (à / de / X) vous permettre (10) _____ (à / de / X) m'éteindre, M. Roussel, parce que vous n'avez pas fermé les logiciels, et puis je ne vous aime pas de toute façon (*anyway*), la la la!» Mais comment est-ce possible?! J'ai tout de suite décidé (11) _____ (à / de / X) téléphoner à un copain qui est expert en informatique. Il m'a dit que mon ordinateur avait attrapé (*had caught*) un virus et qu'il voulait bien (12) _____ (à / de / X) m'aider, mais qu'il était au travail jusqu'à six heures ce soir-là. Un résumé de la situation: Je n'arrivais pas (13) _____ (à / de / X) éteindre l'ordinateur et ça sentait le brûlé. Mais j'hésitais (14) _____ (à / de / X) le débrancher (*unplug it*). Donc, la seule option qui me restait, c'était de le jeter par la fenêtre. À six heures et demie, mon copain informaticien est arrivé chez moi et je lui ai dit qu'il pouvait m'aider (15) _____ (à / de / X) choisir un nouvel ordinateur dans deux semaines mais que, pour le moment, j'étais en congé technologie (*technology leave*).

2 **Qu'est-ce qu'on a fait?** Complete these sentences saying what these people are up to. Use verbs from the lesson.

Modèle

Patrick
Patrick aide sa mère à faire la cuisine de temps en temps.

1. Anne _____

2. Jean-Loup _____

3. Nadine _____

4. M. Saint-Martin _____

5. Luc et Daniel _____

Workbook

Workbook

3   **Composez des phrases** Combine elements from each of the three columns to make sentences. Use all the elements at least once.

Seydou est parti	pour	regarder le plan
Ma fille m'a téléphoné	sans	maigrir
Le couple est allé au Mexique		nous dire au revoir
Il a trouvé le café		danser
Zoé et Florianne sont allées au club		passer quelques jours au soleil
Comment va-t-il répondre		gagner à la loterie
Ils achètent des tickets		me dire joyeux anniversaire
Nous faisons de l'exercice		comprendre la question

1. _____

2. _____

3. _____

4. _____

5. _____

6. _____

7. _____

8. _____

4   **À vous!** Write eight sentences about yourself, using the expressions from the list.

apprendre à	éviter de/d'	se préparer à	rêver de/d'
ne pas arriver à	se permettre de/d'	refuser de/d'	savoir + *inf.*

1. _____

2. _____

3. _____

4. _____

5. _____

6. _____

7. _____

8. _____

21.2 Reciprocal reflexives

1 **Sens réfléchi ou sens réciproque?** Indicate whether, in the context given, each underlined verb is more likely to be **réfléchi** (*reflexive*) or **réciproque** (*reciprocal*).

	réfléchi	réciproque
1. Todd et Linda <u>se connaissent</u> depuis cinq ans.	○	○
2. Mon frère et ma sœur <u>s'écrivent</u> des e-mails pour se dire bonjour.	○	○
3. Depuis que nous nous sommes disputés, nous ne <u>nous parlons</u> pas.	○	○
4. Il <u>se dit</u> qu'il a bien travaillé.	○	○
5. Noémie et Odile <u>se regardent</u> pendant qu'elles se parlent.	○	○
6. Noémie <u>se regarde</u> souvent dans le miroir et elle se trouve très belle.	○	○
7. On <u>se donne</u> des cadeaux à Noël (*Christmas*).	○	○
8. Les deux amoureux <u>s'adorent</u>.	○	○
9. On dit que mon frère est bizarre parce qu'il <u>se parle</u> beaucoup à lui-même (*himself*).	○	○
10. Vous <u>vous êtes retrouvés</u> au café Les Deux Magots?	○	○
11. Tu sais qu'Aurélie et Samir <u>se sont quittés</u>?	○	○
12. Parfois on <u>s'écrit</u> une petite note pour se souvenir de quelque chose.	○	○

2 **Complétez les phrases** Complete these sentences with expressions from the list. Conjugate the verbs appropriately in the present tense, using each one once.

s'aider	s'écrire	s'entendre	se retrouver
se connaître	s'embrasser	se parler	se téléphoner

1. Mes deux meilleurs amis _____ très bien.

2. On _____ tous les jours au téléphone.

3. Elles _____ : elles se font la bise.

4. D'habitude, Nina et Emmanuelle _____ devant la bibliothèque.

5. Est-ce que vous _____ des e-mails de temps en temps?

6. Nous _____ une fois par an pour nous dire «joyeux anniversaire», c'est tout.

7. Est-ce que vous _____ déjà? J'allais vous présenter!

8. Mes deux petites sœurs _____ à faire leurs devoirs.

Workbook

3 **Les sœurs jumelles** Aude and Rosalie are twins (**jumelles**). Complete what Aude wrote about her relationship with Rosalie. Use verbs from this lesson in the present tense.

Ma sœur et moi, on (1) _____ bien. On (2) _____ beaucoup dans la vie: moi, je l'aide à faire ses devoirs (c'est moi, l'intello!) et elle, elle partage ses copains avec moi (elle est très sociable). On (3) _____ tellement bien que quand elle est un peu déprimée, je le sais et je lui téléphone pour dire que ça va aller mieux. On (4) _____ assez souvent, mais on (5) _____ encore plus (*even more*) souvent des e-mails depuis qu'on habite des villes différentes. On (6) _____ bonjour presque tous les jours. Pendant les vacances, on (7) _____ chez nos parents, à Anvers. On (8) _____ comme des folles et on (9) _____ jusqu'aux petites heures du matin dans notre chambre. Après, on (10) _____ et on est triste pendant qu'on s'habitue à (*get used to*) la solitude.

4 **L'amour** Complete each sentence with an appropriate past participle. Choose from the verbs listed. Make the participle agree with the subject unless the subject is also the indirect object of the verb.

| se dire | s'écrire | se parler | se rencontrer |
| se donner | s'embrasser | se quitter | se retrouver |

Marthe et Étienne se sont (1) _____ pour la première fois en mai dernier, au club de sport. Ils se sont (2) _____ des centaines (*hundreds*) d'e-mails l'été dernier. Ils se sont aussi (3) _____ au téléphone tous les jours. En août, ils se sont (4) _____ au club de sport encore une fois. Comme ils ne s'étaient pas vus (*hadn't seen each other*) depuis longtemps, ils se sont (5) _____. Puis, ils se sont (6) _____ des bagues de fiançailles (*engagement rings*) et ils se sont (7) _____ qu'ils seraient (*would be*) ensemble pour toujours. Eh bien, ils se sont (8) _____ la semaine dernière, et Marthe a déjà trouvé un nouveau copain!

5 **Votre meilleur(e) ami(e)** Answer these questions about you and your best friend.

1. Est-ce que vous vous connaissez bien? Vous vous connaissez depuis combien de temps?

   _____

2. Est-ce que vous vous entendez bien? Est-ce que vous vous disputez de temps en temps?

   _____

3. Comment vous êtes-vous rencontré(e)s la première fois?

   _____

4. Est-ce que vous vous donnez des cadeaux pour vos anniversaires?

   _____

5. Vous parlez-vous souvent au téléphone? À quelle fréquence?

   _____

6. Est-ce que vous vous êtes écrit des e-mails cette semaine?

   _____

7. Où vous retrouvez-vous d'habitude pour passer du temps ensemble?

   _____

8. Est-ce que vous vous aidez dans la vie? Comment?

   _____

Unité 11

ESPACE CONTEXTES

1 **Logique ou illogique?** Indicate whether these statements are logical (**logique**) or illogical (**illogique**).

	logique	illogique
1. Marcel a freiné trop tard et il est rentré dans le pare-chocs de la voiture de devant.	○	○
2. M. Djebbar a des accidents parce qu'il respecte la limitation de vitesse.	○	○
3. Ma sœur attache sa ceinture de sécurité pour éviter des blessures en cas d'accident.	○	○
4. Antoine ne faisait pas attention au voyant allumé, et puis il est tombé en panne. Il n'y avait presque pas d'huile dans le réservoir.	○	○
5. Arrête de rouler si vite! On va avoir un accident.	○	○
6. Le mécanicien a réparé notre voiture. Maintenant, elle n'a pas de freins.	○	○
7. Le mécanicien m'a aidée à remplacer (*replace*) le pneu crevé.	○	○
8. Mémé dépasse toujours la limitation de vitesse. Quand elle est au volant, on sait qu'on va rouler très lentement.	○	○
9. Je dois payer une amende parce que j'ai vérifié la pression des pneus.	○	○
10. La circulation est dense et difficile ce matin à cause d'un accident.	○	○

2 **Chassez l'intrus** Indicate which item doesn't belong in each set.

1. attacher, le capot, la ceinture de sécurité
2. l'huile de vidange, vérifier, le pare-brise
3. un parking, un rétroviseur, se garer
4. vérifier la pression des pneus, dépasser, faire le plein
5. une station-service, un capot, un coffre
6. rouler, rentrer dans une voiture, vérifier l'huile
7. recevoir une amende, réparer, dépasser la limitation de vitesse
8. l'essence, l'huile, les phares
9. les essuie-glaces, l'embrayage, le pare-brise
10. la rue, l'autoroute, le moteur

3 **Qu'est-ce que c'est?** Label the illustration of the car.

1. _____	6. _____
2. _____	7. _____
3. _____	8. _____
4. _____	9. _____
5. _____	10. _____

4 **Complétez** Complete Adèle's description of the day she took her driving test with appropriate expressions.

Le jour où j'ai passé mon (1) _____ de conduire, j'étais très nerveuse! Je n'

(2) _____ pas de poser des questions à mon père: Et si (*What if*) l'inspecteur est très

sévère? Et si j'ai un (3) _____? Mon père était très calme, comme d'habitude. Moi,

j'étais pressée, mais lui, non. Sur (4) _____, il a remarqué (*noticed*) qu'il n'y avait

presque pas d'essence dans la voiture et il s'est donc arrêté pour (5) _____. À la

(6) _____, il a bien sûr demandé à (7) _____ l'huile et la pression des pneus.

J'ai crié (*shouted*) «Mais arrête de faire le mécanicien! Allons-y!» et on s'est remis en route. Dix minutes

plus tard, un de nos (8) _____ a crevé sur la route. On a passé une heure à le remplacer

par la roue (9) _____. Et puis, on a remarqué qu'on avait un (10) _____

cassé. Je me suis mise à crier «Comment est-ce possible?!» On est retourné à la station-service, où un

(11) _____ a (12) _____ la voiture. Deux heures après, on est reparti.

Je vous ai dit que mon père est très calme, n'est-ce pas? Eh bien, ce jour-là, il prenait son temps! Toutes les

autres voitures nous (13) _____, et on entendait des klaxons (*honking horns*). Un policier

a dû remarquer que mon père roulait en dessous de (*under*) la limitation (14) _____, et il

nous a retenus pendant trente minutes avec des questions incrédules (*incredulous*). Il nous a donné une

(15) _____ et il est parti en rigolant (*laughing*). Après tout ce tralala, je n'étais plus

(*anymore*) nerveuse du tout. J'ai eu mon permis sans difficulté.

5 **Des solutions** Thierry isn't the best driver. For each of his complaints, suggest a way for him to avoid the problem the next time.

> **Modèle**
>
> Je suis rentré dans la voiture de devant.
> La prochaine fois, ... *freine plus tôt!*

1. Je suis tombé en panne. Il n'y avait pas assez d'essence dans le réservoir.
   La prochaine fois, ... _____

2. J'ai un pneu crevé!
   La prochaine fois, ... _____

3. J'ai eu trois accidents aujourd'hui. Je n'arrivais pas à freiner à temps (*in time*).
   La prochaine fois, ... _____

4. Je suis tombé en panne parce qu'il n'y avait presque pas d'huile dans le réservoir.
   La prochaine fois, ... _____

5. Je suis en retard parce que la voiture de devant roulait très lentement.
   La prochaine fois, ... _____

6 **De mauvais conducteurs!** Think of someone you know that drives very badly. Write five complete sentences about his or her driving habits.

1. _____
2. _____
3. _____
4. _____
5. _____

Workbook

ESPACE STRUCTURES

22.1 The verbs ouvrir and offrir

1 **Sélectionnez** Select the appropriate verb for each sentence.

_____ 1. Est-ce que vous _____ la fenêtre quand il
fait chaud ici?

_____ 2. D'habitude, nous _____ une cravate à notre père
pour son anniversaire.

_____ 3. À quel âge les petits _____-ils le chocolat?

_____ 4. Elle se _____ la tête quand elle est à l'église.

_____ 5. Ce que (*How*) je _____ quand on me fait des piqûres!

_____ 6. Le restaurant _____ à quelle heure?

_____ 7. Nous _____ du stress pendant les examens.

_____ 8. Puis, _____ le poulet et laissez cuire (*cook*)
pendant 20 minutes.

_____ 9. Vous _____ les films de Truffaut, Mme Récamier?

_____ 10. Qu'est-ce qu'ils _____ comme cours à la fac ce semestre?

a. offrons
b. souffre
c. couvrez
d. ouvre
e. offrent
f. ouvrez
g. souffrons
h. découvrez
i. couvre
j. découvrent

2 **Complétez** Complete these sentences with appropriate present-tense forms of **couvrir**, **découvrir**, **offrir**, **ouvrir**, and **souffrir**.

1. Vous ne _____ pas trop de la chaleur (*heat*), j'espère?

2. Je n'_____ pas la porte avant de savoir qui est de l'autre côté.

3. Mes enfants _____ les jeux vidéo, malheureusement.

4. Mesdames, messieurs, nous vous _____ les deux pour le prix d'un!

5. Tu _____ la France en voiture?

6. Mon père _____ sa voiture de sport d'une bâche (*tarp*) pendant la nuit.

7. Mes enfants _____ terriblement quand ils n'ont pas accès à l'e-mail.

8. Vous m'_____ la porte, s'il vous plaît?

3 **Des conseils** Give advice to your friend Gisèle for each situation she describes to you. Use command forms of the verbs **couvrir**, **découvrir**, **offrir**, **ouvrir**, and **souffrir**. Note that some commands have plural subjects (**nous** or **vous**).

Modèle

C'est l'anniversaire de ma mère aujourd'hui. *Offre-lui des fleurs.*

1. Il va pleuvoir; mes cheveux vont être mouillés (*wet*).

_____

2. Il fait trop chaud dans cette pièce!

_____

3. Quand on rentre de vacances, les meubles sont pleins de poussière.

_____

4. J'ai souvent mal à la tête.

_____

5. Toi et moi, nous nous ennuyons quand nous sommes à Paris.

_____

6. Il y a un type (*guy*) bizarre derrière la porte.

_____

4 **Qu'est-ce qu'ils ont fait?** Complete the caption for each illustration showing what these people did recently by providing a past participle of **couvrir, découvrir, offrir, ouvrir,** or **souffrir.**

1. Martine a cassé (*broke off*) avec son copain.   2. Josette et Alex ont _____ la fondue
   Elle a beaucoup _____ après.   suisse au restaurant.

3. Pauline et Samira ont regardé un film d'horreur.   4. Nathan a _____ un cadeau à une
   Elles se sont souvent _____ les yeux.   de ses camarades de classe.

5. Les Calande ont _____ une bouteille
   de champagne vieille de 100 ans.

5 **Méli-mélo** Unscramble these sentences. Provide the appropriate **passé composé** form of each verb in the place of the infinitive.

1. découvrir / vieille / qu'est-ce qu' / dans / ils / valise / la

   _____

2. cette / nous / restaurant / année / ouvrir / un

   _____

3. la / couvrir / d' / nappe / serveur / le / une / table

   _____

4. mais / ça / beaucoup / nous / va / souffrir / mieux / maintenant

   _____

5. pour / mon / frères / offrir / un / anniversaire / m' / mes / appareil photo

   _____

6. ouvrir / porte / qui / la

   _____

22.2 Relative pronouns **qui**, **que**, **dont**, **où**

1 **Sélectionnez** Choose appropriate pronouns to complete this call that Gérard placed to **le docteur Mécano**, a radio talk show that gives advice on car troubles.

LE DOCTEUR Je vous écoute, Gérard.

GÉRARD Je viens d'acheter une nouvelle voiture exotique (1) _____ (qui / que) est déjà tombée en panne.

LE DOCTEUR Et la voiture (2) _____ (dont / où) vous parlez, vous l'avez achetée récemment?

GÉRARD Euh, oui. Au garage (3) _____ (dont / où) je l'ai achetée, ils m'ont dit que c'était une voiture neuve (*brand new*), mais j'ai découvert après qu'elle est vieille de trente ans.

LE DOCTEUR Ah, non, ça ne va pas. Et cette voiture (4) _____ (qui / que) vous avez achetée, c'est quel modèle?

GÉRARD C'est une voiture (5) _____ (qui / que) n'a pas de marque (*make*). C'est du générique.

LE DOCTEUR Mais ce n'est pas possible, Gérard! Toutes les voitures ont une marque.

GÉRARD Euh, il paraît (*it seems*) que certaines voitures de l'Union soviétique n'ont pas de marque.

LE DOCTEUR D'accord. Alors, vous avez acheté une voiture «neuve» (6) _____ (qui / que) est en fait vieille de trente ans, et c'est un modèle soviétique.

GÉRARD Euh, oui, c'est ça. Elle est aussi bien rouillée (*rusty*)!

LE DOCTEUR D'accord. Et le garage (7) _____ (dont / où) vous parlez, il s'appelle comment?

GÉRARD Et bien, il s'appelait Le garage du Coin. Mais je dois dire qu'il n'y est plus. Dans la rue (8) _____ (dont / où) se trouvait ce garage, il y a un nouveau magasin (9) _____ (qui / que) s'appelle Le magasin du Coin. Les mécaniciens du garage y travaillent comme vendeurs. Bizarre, non?

LE DOCTEUR Alors, là, je ne peux pas vous aider. Le sens commun est une chose (10) _____ (qui / qu') on ne peut pas acheter au magasin du Coin. Au revoir, Gérard, et bonne chance dans la vie!

2 **Quelle description?** Match each image to its caption.

a.

b.

c.

d.

e.

f.

_____ 1. C'est une personne dont tout le monde connaît le nom (*name*).

_____ 2. C'est une personne qui donne des amendes.

_____ 3. C'est un endroit que beaucoup de touristes visitent chaque année.

_____ 4. C'est un endroit où l'on va pour manger.

_____ 5. C'est un animal qui adore faire la sieste.

_____ 6. C'est un animal dont les dents sont terrifiantes.

Workbook

Workbook

3 **Sondage** Complete the sentences in the survey by providing appropriate relative pronouns (**qui,** **que, dont,** or **où**). Then indicate whether you agree (**d'accord**) or disagree (**pas d'accord**) with each statement.

	d'accord	pas d'accord
1. Les stations-service _____ je prends de l'essence sont très propres.	○	○
2. Les conducteurs (*drivers*) _____ roulent très lentement m'énervent.	○	○
3. Les conducteurs _____ je dépasse roulent trop lentement.	○	○
4. Les conducteurs _____ me dépassent sont tous impolis.	○	○
5. L'endroit _____ je me gare pour aller au campus est un parking public.	○	○
6. La voiture _____ j'ai besoin est une voiture de sport rouge.	○	○
7. Les agents de police _____ donnent des amendes ne sont pas sympas.	○	○
8. Les gens _____ reçoivent des amendes sont toujours coupables (*guilty*).	○	○

4 **Qu'est-ce que vous dites?** Specify what you're talking about. Use the pronouns **qui, que, dont,** and **où** in complete sentences.

> **Modèle**
>
> Vous parlez de qui?
> *La personne dont je parle est mon professeur de français.*

1. Quelle voiture avez-vous achetée, madame?

   _____

2. Vous cherchez une voiture de sport?

   _____

3. Vous rêvez d'une voiture blanche?

   _____

4. Quels conducteurs (*drivers*) aimez-vous?

   _____

5. Vous avez trouvé votre voiture dans quel parking?

   _____

6. Vous avez vu un chat au volant d'une voiture? Il était comment, ce chat?

   _____

Unité 11

PANORAMA

Savoir-faire

---

1   **Cherchez**   Find the expression elicited by each clue. Then find the expression in the puzzle.

1. Les _____ sont une tradition artistique très développée en Belgique.

2. On peut voir (*see*) des peintures murales et des _____ inspirées de BD dans la ville de Bruxelles.

3. _____, ça veut dire *smurf* en français.

4. Le père de la BD s'appelle _____.

```
R  S  G  G  R  L  U  P  Z  B  É  S  X  M  M
U  E  P  L  Y  L  Z  Q  R  G  T  C  X  B  G
A  K  N  V  Y  Â  B  U  R  B  D  H  F  T  Q
M  N  T  É  A  L  X  E  O  I  J  T  È  R  I
E  K  G  M  M  E  H  X  A  O  Q  R  U  U  S
F  U  W  K  L  A  F  M  E  L  Ô  O  N  O  Q
L  P  V  L  W  R  G  P  C  Q  V  U  S  M  G
O  É  E  G  U  V  A  R  B  R  R  M  P  U  D
U  S  G  F  E  U  N  A  I  X  J  P  T  H  R
G  Y  E  B  K  Q  M  I  Y  T  P  F  V  Z  R
A  V  K  P  D  M  Y  P  T  H  T  N  I  H  F
C  W  P  C  O  H  J  J  S  N  F  E  Z  Q  V
B  A  N  D  E  S  D  E  S  S  I  N  É  E  S
S  E  U  T  A  T  S  I  J  R  P  T  Q  B  Z
Q  X  I  H  B  M  Ô  N  I  K  N  Y  P  K  H
```

5. Il a créé (*created*) le personnage de _____.

6. Tout le monde connaît l'œuvre de _____, un célèbre (*famous*) peintre surréaliste.

7. On apprécie beaucoup l'_____ évident dans ses œuvres.

8. Le musée Magritte se trouve à _____.

---

2   **Vrai ou faux?**   Indicate whether these statements about Belgium are **vrai** or **faux**.

	Vrai	Faux
1. La ville de Bruxelles est très vieille. On l'a fondée au 7ᵉ siècle.	○	○
2. On parle français dans le nord de la Belgique et flamand dans le sud.	○	○
3. La monnaie de la Belgique est le franc belge.	○	○
4. La partie sud du pays s'appelle la Wallonie.	○	○
5. Bruges se trouve en Wallonie.	○	○
6. Les pays voisins de la Belgique sont la France, la Suisse, l'Allemagne et les Pays-Bas.	○	○
7. Un petit nombre de Belges parlent allemand.	○	○
8. Le flamand et le néerlandais sont des langues sœurs.	○	○

---

3   **Des spécialités belges**   Complete this passage about Belgian food specialties with appropriate expressions.

On dit souvent que les spécialités culinaires de Belgique sont extraordinaires. Quand on pense aux plats belges, le premier qui vient à l'esprit (*to mind*), ce sont les (1) _____. Peu d'Américains savent que les (2) _____ sont une spécialité belge (non française). Et peu d'Américains savent qu'on les sert en Belgique avec (3) _____ (non avec du ketchup). La Belgique est également connue (*known*) pour sa (4) _____ et pour son (5) _____. Des (6) _____ donnent leur nom en appellation à certains de ces produits alimentaires.

Workbook

4 Identifiez Make a short caption identifying what each of these photos represents.

1. _____   2. _____   3. _____

4. _____   5. _____   6. _____

5 La capitale de l'Europe Complete this passage on Brussels by choosing the appropriate expressions.

Bruxelles est une ville très (1) _____ (géographique / cosmopolite). Elle attire (*attracts*) les touristes avec son architecture et (2) _____ (sa cuisine / son siège). Les touristes se sentent peut-être très à l'aise (*comfortable*) dans cette ville parce qu'on y rencontre beaucoup (3) _____ (de Belges / d'étrangers). Bruxelles est aussi le siège (4) _____ (des Nations unies / de l'Union européenne). On l'a choisie pour sa situation (5) _____ (au centre de l'Europe / près de la Grand-Place). Pour la même raison, on a choisi Bruxelles pour être le siège de (6) _____ (l'URSS / la C.E.E.), en 1958. C'est également le siège de (7) _____ (l'OTAN / de l'O.N.U.). À Bruxelles se trouve la branche législative de l'U.E., (8) _____ (la Grand-Place / le Parlement européen).

6 Des noms codés Give the name of the famous Belgian described by each clue. If you're stuck on a name, you can decipher it using the other ones and the key.

A	B	C	D	E	F	G	H	I	J	K	L	M	N	O	P	Q	R	S	T	U	V	W	X	Y	Z
		7			26		13	16	10	24			14		9		12	21			19	10		15	2

1. Il a écrit des romans policiers (*detective novels*).

   $\overline{17}\ \overline{5}\ \overline{8}\ \overline{12}\ \overline{17}\ \overline{5}\ \overline{21}$ $\overline{21}\ \overline{16}\ \overline{1}\ \overline{5}\ \overline{14}\ \overline{8}\ \overline{14}$

2. Il a eu l'honneur de porter cinq fois le maillot (*jersey*) jaune du tour de France.

   $\overline{5}\ \overline{22}\ \overline{22}\ \overline{15}$ $\overline{1}\ \overline{5}\ \overline{12}\ \overline{7}\ \overline{24}\ \overline{25}$

3. Cette femme écrivain était d'origine franco-belge, mais elle a passé une bonne partie de sa vie aux États-Unis.

   $\overline{1}\ \overline{20}\ \overline{12}\ \overline{17}\ \overline{11}\ \overline{5}\ \overline{12}\ \overline{16}\ \overline{6}\ \overline{5}$ $\overline{15}\ \overline{8}\ \overline{11}\ \overline{12}\ \overline{7}\ \overline{5}\ \overline{14}\ \overline{20}\ \overline{12}$

4. Elle a joué dans un film avec Jackie Chan.

   $\overline{7}\ \overline{5}\ \overline{7}\ \overline{16}\ \overline{4}\ \overline{5}$ $\overline{22}\ \overline{5}$ $\overline{26}\ \overline{12}\ \overline{20}\ \overline{14}\ \overline{7}\ \overline{5}$

5. Il a chanté en français et en néerlandais.

   $\overline{10}\ \overline{20}\ \overline{7}\ \overline{18}\ \overline{11}\ \overline{5}\ \overline{21}$ $\overline{3}\ \overline{12}\ \overline{5}\ \overline{4}$

6. Cette championne de tennis a battu (*beat*) Serena Williams.

   $\overline{10}\ \overline{11}\ \overline{21}\ \overline{6}\ \overline{16}\ \overline{14}\ \overline{5}$ $\overline{13}\ \overline{5}\ \overline{14}\ \overline{16}\ \overline{14}$ $\overline{13}\ \overline{20}\ \overline{12}\ \overline{22}\ \overline{5}\ \overline{14}\ \overline{14}\ \overline{5}$

Unité 12

ESPACE CONTEXTES

Leçon 23

1 **À la banque** There is a long line at the bank, so you have plenty of time to see what is going on around you. Fill in the blanks with the appropriate words and expressions. Make all the necessary changes and agreements.

accompagner	emprunter
un compte bancaire	remplir un formulaire
un compte d'épargne	retirer de l'argent
une dépense	signer

1. La vieille dame a des difficultés à _____ parce que c'est écrit trop petit et qu'elle n'a pas ses lunettes.

2. Une étudiante va ouvrir _____ afin de pouvoir recevoir de l'argent de ses parents.

3. Un homme demande des explications sur _____ qu'il n'a pas faite, mais qui apparaît sur son relevé de compte (*statement*). Il pense qu'il doit y avoir plus d'argent sur son compte.

4. Une petite fille _____ sa maman.

5. Un homme d'affaires _____ de l'argent pour créer une nouvelle entreprise (*start a new business*).

6. Une adolescente veut (*wants*) _____ de son compte, mais elle a besoin de l'autorisation de ses parents.

7. Un homme n'a pas _____ son chèque avant de le donner au banquier.

8. Moi, je veux déposer de l'argent sur _____ parce que j'économise (*save*) pour les vacances.

2 **Les publicités** You are reading a Canadian newspaper but you are not quite sure which stores are advertised. Fill in the blanks with the type of store each ad could promote.

1. «N'oubliez pas de faire vos réservations pour les fêtes et venez déguster nos plats spéciaux.»
_____

2. «Vous avez besoin d'un crayon, d'un cahier ou bien de fournitures (*supply*) pour votre bureau? Nous sommes toujours à votre service.» _____

3. «Vous n'avez pas d'ordinateur à la maison? Pas de problème. Nous sommes ouverts 7 jour sur 7 (*7 days a week*).» _____

4. «Besoin d'un cadeau qu'elle ne va jamais oublier? Venez voir (*to see*) notre nouvelle collection.»
_____

5. «Nous offrons maintenant des soins du visage (*skincare*) pour les hommes.» _____

6. «Quand vous venez acheter des timbres, demandez ceux pour la commémoration du premier 'rendez-vous' à Fort Williams.» _____

Workbook

3   **Au bureau de poste**   Look at the drawing and write a caption for each item or action indicated.

1. _____   5. _____
2. _____   6. _____
3. _____   7. _____
4. _____   8. _____

4   **Vrai ou faux?**   Read these statements and indicate whether they are **vrai** or **faux**. Correct the false statements.

1. Quand il y a beaucoup de personnes dans un magasin, il faut remplir un formulaire.

_____

2. On peut avoir un compte bancaire à la mairie.

_____

3. Si on veut se marier, il faut aller à la mairie.

_____

4. On peut acheter un magazine à la laverie.

_____

5. Quelquefois, les magasins sont fermés le dimanche.

_____

6. On ne peut boire que du café dans une brasserie.

_____

7. On peut envoyer un colis dans une boîte aux lettres.

_____

8. On peut retirer de l'argent à un distributeur automatique.

_____

Workbook

ESPACE STRUCTURES

23.1 Recevoir and apercevoir

1   **Le courrier** Conjugate the verb **recevoir** in the appropriate tense to know what everyone has received or is receiving.

> **Modèle**
>
> hier / Magali
> **Hier, Magali a reçu des photos.**

il y a deux jours / nous

1. _____
   _____

elle / maintenant

2. _____
   _____

le matin / je

3. _____
   _____

vous / chaque semaine

4. _____
   _____

2   **Le camp de vacances** You are chaperoning a field trip. All the kids rush to you to tell you about something, but you cannot make sense of what they say. Write complete sentences using the **passé composé** with the cues provided. Pay particular attention to the agreement of the past participle.

1. je / apercevoir / un chat noir

   _____

2. Anne / perdre son gilet (*cardigan*) / mais / elle / ne pas s'en apercevoir

   _____

3. Hakim / recevoir / un coup de poing (*punch*)

   _____

4. Florence et Margaux / apercevoir / leur maman / à la banque

   _____

5. Djamila / observer / son frère / mais / il / ne pas l'apercevoir

   _____

6. ils / ne pas recevoir / leur goûter

   _____

7. vous deux / apercevoir / Karine / mais / elle / se mettre en colère

   _____

8. Ahmed / ne pas recevoir / l'invitation du musée

   _____

Workbook

3 **Le mystère** A friend has asked you to solve a riddle. To make sure that you do not miss any clues, you have written down the riddle but you are not quite sure it is accurate. Select the appropriate verb in parentheses to make sense of the story.

«Quelqu'un sonne. Un homme ouvre la porte et (1) _____ (reçoit / aperçoit / s'apercevoir) un colis des mains du facteur. Il ne pensait pas (2) _____ (recevait / s'apercevoir / recevoir) quelque chose. Après l'avoir ouvert, il (3) _____ (reçoit / s'aperçoit / a reçu) que le colis n'est pas pour lui. Il part à la poste. Sur son chemin, il (4) _____ (s'est aperçu / reçoit / aperçoit) le facteur et va lui parler.

—Je/J' (5) _____ (ai aperçu / ai reçu / me suis aperçu) un colis, mais il n'est pas pour moi. Le voici.
—Je suis désolé, mais nous ne pouvons pas (6) _____ (nous apercevoir / recevoir / recevons) de paquets ouverts.
—Mais je (7) _____ (ne m'en suis pas aperçu / n'en ai pas reçu / reçois) et je n'ai rien touché.
—Il faut aller au bureau de poste que vous (8) _____ (recevez / avez reçu / apercevez) là-bas.»

Je me demande comment savoir ce qu'il y avait dans le paquet!

4 **Au commissariat** Amélie has been asked by the police to come to the station. Fill in the blanks with the correct forms of the verb **recevoir**, **apercevoir**, or **s'apercevoir** to know why.

L'AGENT Je suis heureux de voir (*see*) que vous (1) _____ votre convocation

(*notification*). Pouvez-vous me dire quand vous (2) _____ le suspect?

AMÉLIE Je le/l' (3) _____ lundi dernier à 9h30 devant le marchand de journaux.

L'AGENT Est-ce que le suspect (4) _____ de votre présence?

AMÉLIE Non, je ne crois pas, mais nous (5) _____ un courrier bizarre ce matin: une lettre blanche.

L'AGENT Est-ce que je peux voir la lettre que vous (6) _____?

AMÉLIE Non, malheureusement, mon mari l'a jetée (*threw it away*) immédiatement.

L'AGENT Si vous en (7) _____ une autre, il faut nous l'apporter. N'hésitez pas à nous contacter si vous (8) _____ une personne suspecte près de chez vous.

5 **Un dimanche matin** You are writing to your roommate about your vacation at home with your family. Here are some of the notes you wrote for your letter. Conjugate the verb in parentheses in the appropriate tense.

1. Ce matin, je/j' _____ (s'apercevoir) que j'avais oublié de t'écrire.

2. Ce matin, il y avait beaucoup de brouillard (*fog*) et je ne pouvais même pas _____ (apercevoir) les maisons de l'autre côté de la rue.

3. La lettre que tu as envoyée il y a un mois, je la/l' _____ (recevoir) seulement hier.

4. Quand est-ce que je te/t' _____ (recevoir) ici? Tu sais que tu peux venir quand tu veux (*want*).

5. Je crois que je/j' _____ (apercevoir) un ami d'enfance à la poste, hier.

6. Je ne retrouve pas mon livre de Maupassant. Écris-moi si tu le/l' _____ (apercevoir) quelque part dans l'appartement.

23.2 Negative/affirmative expressions

1 **Les antonymes** Choose the appropriate negative expression for each of these expressions.

1. toujours ≠ _____

2. encore ≠ _____

3. quelqu'un ≠ _____

4. quelque chose ≠ _____

5. tout ≠ _____

6. et... et ≠ _____

2 **Un travail difficile** Your friend is writing to you about his new job at the student activities office, organizing weekend trips. Complete these sentences with the most appropriate negative word or expression from the list to find out what he thinks of his new job.

aucun(e)... ne/n'	ne/n'... ni... ni...	personne ne/n'
ne/n'... aucun(e)	ne/n'... plus personne	rien ne/n'
ne/n'... jamais	ne/n'... que/qu'	

1. Je _____ aime _____ mes horaires _____ mon salaire.

2. Je _____ ai _____ une demi-heure pour déjeuner.

3. Je _____ ai _____ le temps de manger à midi.

4. _____ est content des activités proposées.

5. Il _____ y a _____ à l'accueil (*reception*).

6. Je _____ ai _____ aide pour préparer les sorties (*field trips*).

7. _____ étudiant _____ veut (*wants*) travailler ici.

8. _____ est vraiment bien ici.

3 **Les différences d'opinion** You and your little brother are talking about errands you ran this morning, yet you don't seem to agree on what happened. Here is what your brother said. Make these sentences negative to give your opinion.

1. Nous avons trouvé tous les cadeaux que nous cherchions.

_____

2. Il nous reste toujours de l'argent.

_____

3. Nous avons parlé à tous nos amis.

_____

4. Tout était cher.

_____

5. Tout le monde faisait les magasins.

_____

4 À la poste You are waiting in line at the post office. You need help from the clerk for a few things, but he is in a really bad mood and always answers in the negative. Complete these sentences by selecting the appropriate negative word or expression in parentheses.

1. Nous n'avons _____ (pas / rien / aucun) guichet automatique (*ATM*) qui fonctionne.

2. Il ne me reste _____ (plus / que / aucun) de timbres de cette collection.

3. Votre colis ne va _____ (que / rien / jamais) arriver à temps pour les fêtes.

4. _____ (Aucun / Jamais / Personne) d'autre ne peut vous aider.

5. Nous n'acceptons _____ (rien / aucun / que) les billets de moins de 50 euros.

6. Il n'y a _____ (pas / rien / jamais) d'autre à faire.

7. Nous ne faisons _____ (rien / personne / pas) ce genre de chose.

8. _____ (Pas / Rien / Aucune) enveloppe n'est en vente ici.

5 L'entretien Your friend is preparing for a job interview. You are asking her questions. Unfortunately, she is having trouble answering. Answer these questions in the negative.

1. Est-ce que vous avez un diplôme en économie d'entreprise?

   _____

2. Avez-vous déjà travaillé dans une grande entreprise?

   _____

3. Faites-vous toujours du volontariat (*voluntary service*)?

   _____

4. Êtes-vous intéressé(e) par des heures supplémentaires?

   _____

5. Est-ce que quelque chose vous dérange (*disturb*) dans le travail de nuit?

   _____

6. Est-ce que vous connaissez quelqu'un qui travaille dans cette entreprise?

   _____

7. Savez-vous utiliser le logiciel *Excellence* et le logiciel *Magenta*?

   _____

8. Est-ce qu'il y a quelque chose d'autre que je dois savoir?

   _____

Unité 12

ESPACE CONTEXTES

1 **Les définitions** Read these definitions and write the corresponding words or expressions.

1. En France, la plus célèbre est celle des Champs-Élysées. C'est _____.

2. Si on conduit, il faut s'arrêter quand il est rouge. C'est _____.

3. Si on veut traverser une rivière sans se mouiller (*getting wet*), on doit l'utiliser. C'est _____.

4. C'est la direction opposée au sud. C'est _____.

5. Ne plus savoir où on est, c'est _____.

6. Quand on est dehors et qu'on n'a pas de téléphone portable, on peut l'utiliser. C'est _____.

7. On peut s'y asseoir dans un parc. C'est _____.

8. C'est l'intersection de deux routes. C'est _____.

2 **Où ça?** Identify the final destination for each set of directions.

Vitrée

🏰 *Place Déperet*
🏛 *Place du Prado*
💲 *banque*
🏠 *MJC*
✚ *pharmacie*
⛪ *église*
🚇 *métro*
🏫 *école*
E *parking*
⌚ *bijouterie*
👟 *magasin de chaussures*
🍽 *Café du Septième*

1. Vous êtes sur la place du Prado. Prenez la rue Reinach vers l'ouest. Tournez à droite dans la rue Pasteur. Continuez jusqu'à la rue Montesquieu. Tournez à gauche. Vous ne pouvez pas le manquer.

_____

2. Quand vous sortez de la banque, prenez la rue Montesquieu jusqu'à la rue Béchevelin. Tournez à droite et continuez jusqu'à la rue Reinach. Tournez à gauche. Pour aller à l'endroit que vous cherchez, traversez la rue Gryphe. Ce n'est pas très loin de l'école.

_____

3. Quand vous sortez du parking rue Gryphe, prenez la rue Bonald en face de vous. Continuez jusqu'au carrefour de la rue de Marseille. Traversez la rue de Marseille. C'est sur votre droite. Vous ne pouvez pas la manquer.

_____

4. Quand vous êtes à la bijouterie, remontez la rue de Marseille toujours tout droit jusqu'à la rue d'Aguesseau. Tournez à gauche. Elle se trouve sur votre droite, en face de la banque.

Workbook

3 **L'orientation** Look at the illustration on pp. 412–413 of your textbook and complete these sentences by selecting the most appropriate verb in parentheses. Conjugate it in the appropriate tense.

1. Je pense que la voiture va _____ (tourner / se déplacer / traverser) le pont.

2. Un homme _____ (tourner / descendre / continuer) les escaliers. Peut-être qu'il va pouvoir nous aider.

3. L'homme _____ (tourner / suivre / continuer) la femme car (*because*) il ne sait pas comment _____ (être perdu / traverser / s'orienter).

4. _____ (se déplacer / tourner / monter) les escaliers pour avoir une meilleure vue du parc.

5. Regardons le plan. Il faut aller vers l'est. Nous devons donc _____ (tourner / traverser / suivre) à droite.

6. Regarde l'homme qui entre dans la cabine téléphonique. Il est disqualifié pour avoir utilisé des patins à roulettes (*roller skates*) et il ne _____ (monter / continuer / tourner) pas la course (*race*).

4 **C'est par où?** Alexandre and his sister, Nadège, have been driving around for ten minutes now and they cannot find their friends' house. Fill in the blank with the most appropriate word or expression from the list and make all the necessary changes and agreements.

à droite	une cabine téléphonique	être perdu	suivre
le banc	continuer	jusqu'à	traverser

ALEXANDRE Tu m'as bien dit de (1) _____ le pont et de (2) _____ la rue de Provence.

NADÈGE Oui, mais après le pont, il faut tourner (3) _____ dans la rue de Strasbourg.

ALEXANDRE Tu ne pouvais pas le dire plus tôt?! Bon. Maintenant, on est en face du marchand de journaux, au numéro 44. Qu'est-ce que je fais?

NADÈGE Est-ce qu'il y a (4) _____?

ALEXANDRE Non, pourquoi?

NADÈGE Je veux appeler Ousmane et lui demander comment aller (5) _____ son appartement. Je crois bien que nous (6) _____.

ALEXANDRE Mais non, (7) _____ jusqu'au carrefour. Je suis certain qu'on va tomber sur la bonne rue.

NADÈGE Arrête-toi. Je vais aller demander au monsieur assis sur (8) _____ là-bas. Je pense qu'il va pouvoir nous aider.

ALEXANDRE D'accord.

ESPACE STRUCTURES

24.1 Le futur simple

1   **Dans dix ans**   You are with a group of friends discussing where you see yourselves in ten years. Conjugate the verbs in parentheses in the future tense to find out what everybody is thinking.

1. Je _____ (travailler) pour une grande entreprise française à Paris.

2. Nous _____ (atteindre—*to reach*) le sommet du Mont-Blanc.

3. Il _____ (épouser) Stéphanie.

4. Vous _____ (acheter) une île dans les Caraïbes.

5. Elle _____ (écrire) des romans pour les enfants.

6. Tu _____ (offrir) une voiture à tes parents.

7. Elles _____ (se rendre) compte que l'université était facile.

8. J' _____ (ouvrir) mon propre restaurant français.

2   **Les obligations**   Look at these pictures and write complete sentences using the cues provided.

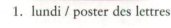

1. lundi / poster des lettres

_____

_____

2. mercredi / retirer de l'argent au distributeur automatique

_____

_____

3. jeudi / explorer Aix-en-Provence

_____

_____

4. mardi / se promener en ville

_____

_____

5. vendredi / payer sa facture en liquide

_____

_____

6. samedi / acheter des timbres pour envoyer des cartes postales

_____

_____

3 **La lettre** Your friend has written a letter to her French pen pal, telling her what she is about to do. However, she is not satisfied with it. Help her by rewriting this paragraph in the future tense.

Pendant les vacances d'été, je vais partir en Europe pendant un mois. Je vais visiter les principaux monuments et les grandes villes. Je pense aussi essayer la nourriture locale. Je n'ai jamais mangé d'escargots ni de haggis. Je vais prendre beaucoup de photos avec l'appareil photo numérique que je vais acheter le mois prochain. Je vais te les montrer quand je vais passer te rendre visite. J'espère que nous allons bien nous amuser ensemble. Je vais t'apporter quelque chose de spécial, mais je ne vais pas te dire ce que c'est. Ça doit être une surprise. Vivement (*I can't wait*) les vacances!

_____

_____

_____

_____

_____

_____

_____

4 **Répondez** Your roommate would like to know what your plans are. Answer these questions with the future tense and the words in parentheses.

1. Quand vas-tu partir? (à 8h30)

_____

2. Quand allons-nous déjeuner ensemble? (à 1h00)

_____

3. Qui va manger avec nous? (Caroline et Serge)

_____

4. À quelle heure est-ce que tu vas retourner travailler? (à 2h30)

_____

5. Qui va acheter des légumes pour le dîner? (tu)

_____

6. Qui va nettoyer la cuisine? (l'étudiant du premier étage)

_____

7. Qu'est-ce que nous allons faire ce soir? (regarder un film français)

_____

8. À quelle heure est-ce que tu vas te lever demain? (à 7h00)

_____

24.2 Irregular future forms

1 **En ville** Karim and Sandra are discussing what they will do tomorrow when they go into town. Complete their conversation with the appropriate forms of the verbs in parentheses.

SANDRA Demain, j' (1) _____ (aller) au cybercafé, à côté de la papeterie.

J' (2) _____ (envoyer) enfin mon formulaire électronique.

KARIM Je (3) _____ (venir) peut-être avec toi.

SANDRA Tu (4) _____ (pouvoir) m'aider avec ça.

KARIM J' (5) _____ (essayer), mais je ne te promets rien.

SANDRA Comme nous (6) _____ (être) en ville, nous

(7) _____ (pouvoir) passer chez Yannick.

KARIM Je ne suis pas sûr de pouvoir le faire parce que je (8) _____ (revenir)

par le train de 3h00.

2 **La voyante** You and your friends are at the fair and go to see a fortune teller (**voyante**). Create sentences with the elements provided to know what she has predicted for you. Use the future form of the verbs.

1. vous / devoir / partir / dans un pays lointain (*distant*)

   _____

2. un homme / recevoir / une bonne nouvelle

   _____

3. elles / faire / quelque chose d'extraordinaire

   _____

4. vous / avoir / beaucoup de chance / la semaine prochaine

   _____

5. il / falloir / faire très attention / vendredi 13

   _____

6. il / devenir / très vulnérable / après le 21 de ce mois

   _____

7. elle / savoir / comment résoudre (*resolve*) vos problèmes

   _____

8. ils / être / très heureux / samedi prochain

   _____

3 **L'avenir** Complete this paragraph by choosing the best verb and writing its correct form in the future tense.

En juin, je (1) _____ (recevoir / prendre / apercevoir) mon diplôme et

je/j' (2) _____ (être / avoir / savoir) 21 ans le mois suivant. Avant l'été,

je/j' (3) _____ (vouloir / pouvoir / envoyer) mon C.V. pour trouver un

emploi. Je pense que ça (4) _____ (faire / venir / aller) bien et que

je/j' (5) _____ (pouvoir / savoir / avoir) commencer à travailler en septembre.

Pendant l'été, je (6) _____ (retenir / devenir / partir) faire le tour de l'Europe.

Je (7) _____ (savoir / faire / devenir) la connaissance de beaucoup de nouvelles

personnes et peut-être que je/j' (8) _____ (apercevoir / recevoir / rencontrer) même

mon âme sœur (*soulmate*)! En tout cas, je (9) _____ (devenir / revenir / retenir)

avec des souvenirs. Et toi, qu'est-ce que tu (10) _____ (tenir / pouvoir / faire)

pendant ce temps?

4 **La confusion** Your roommate is very confused today. He is telling you about things that will happen as though they have already happened. Correct his mistakes by rewriting each sentence, using the subject in parentheses and putting the verb in the future tense.

1. Ton cousin est venu te rendre visite. (ma sœur)

   _____

2. Ton professeur de français t'a envoyé un e-mail. (mon professeur de français et celui d'espagnol)

   _____

3. Le propriétaire a maintenu notre loyer au même prix. (l'agence immobilière)

   _____

4. Hassan a reçu la visite du doyen (*dean*) de l'université. (Malika et Hassan)

   _____

5. Tu es allé(e) à l'exposition Marc Chagall. (tous les étudiants du cours d'art)

   _____

6. Le professeur de mathématiques est revenu de sa conférence à Toulouse. (le professeur de physique)

   _____

7. Stéphanie a eu un nouveau chat. (nos voisins)

   _____

8. Il faut balayer. (sortir la poubelle)

   _____

Workbook

Unité 12

Savoir-faire

PANORAMA

1   **Photos du Québec**   Label each photo.

1. _____

2. _____

3. _____

4. _____

2   **Les chiffres et les dates**   Complete these sentences with the appropriate date or number.

1. La population française s'installe à Québec en _____.

2. Quinze personnes travaillent pendant _____ mois pour le carnaval d'hiver de la ville de Québec.

3. Il y a eu deux référendums sur l'indépendance du Québec en _____ et en _____.

4. La ville de Montréal a été fondée en _____.

5. _____ % de la population de Montréal est bilingue.

6. Le festival de jazz de Montréal compte _____ concerts gratuits.

7. La ville de Québec a été fondée en _____.

8. Les Français ont perdu le contrôle du Canada en _____.

3   **Répondez**   Answer these questions in complete sentences.

1. D'où vient la majorité des Français qui se sont installés au Québec?

_____

2. Comment est le français parlé par les Québécois?

_____

3. Quelle est la monnaie du Québec?

_____

4. Qui est Julie Payette?

_____

5. Que font les souverainistes?

_____

6. Pourquoi y a-t-il de nombreux étudiants à Montréal?

_____

7. D'où viennent les musiciens du festival de jazz de Montréal?

_____

8. Où les Britanniques ont-ils vaincu les Français et pris le contrôle du Canada?

_____

4 **Vrai ou faux?** Indicate whether these statements are **vrai** or **faux**. Correct the false statements.

1. Les Français qui se sont installés au Québec parlaient uniquement le français de la cour du roi.

   _____

2. Toronto fait partie du Québec.

   _____

3. Bonhomme Carnaval est la mascotte du carnaval d'hiver de la ville de Québec.

   _____

4. Le mouvement souverainiste n'existe plus au Québec aujourd'hui.

   _____

5. Montréal est la deuxième ville francophone du monde après Paris.

   _____

6. Montréal est située sur un rocher au bord du fleuve Saint-Laurent.

   _____

7. Le français est la langue maternelle de 68% des Montréalais.

   _____

8. La ville de Québec est la seule ville d'Amérique du Nord à avoir conservé ses fortifications.

   _____

5 **Les mots en désordre** Unscramble the words according to the cues.

1. RISITIVORSÈRE- _____

   (C'est le nom d'une des trois grandes villes du Québec.)

2. NOIVAUSTEIRES _____

   (C'est l'autre nom du mouvement indépendantiste du Québec.)

3. GLEIBUIN _____

   (C'est la particularité de 57% de la population montréalaise.)

4. PERENILAIN _____

   (C'est là où les concerts gratuits du festival de jazz de Montréal ont lieu.)

5. TACFROITOISNIF _____

   (Québec est la seule ville d'Amérique du Nord à les avoir conservées.)

6. SLEIRTTANNAU- _____

   (C'est le nom du célèbre fleuve québécois.)

7. AHÂUCETTANCRONEF _____

   (C'est le nom du célèbre hôtel de la ville de Québec.)

8. MAARHAB _____

   (C'est le nom d'une plaine où une bataille importante dans l'histoire du Québec a eu lieu.)

Unité 13

ESPACE CONTEXTES

Leçon 25

1   **Choisissez**   Complete these sentences by selecting the appropriate expressions.

1. Thomas gagne un salaire _____ (élevé / modeste). Il est homme d'affaires.

2. Leïla a obtenu un _____ (poste / domaine) de vendeuse au magasin du Monde.

3. Vous allez l'embaucher? Mais il n'a pas de _____ (références / conseil)!

4. Nathalie veut faire un(e) _____ (stage / messagerie) dans la finance.

5. Un bon patron donne des _____ (conseils / combinés) à ses employés de temps en temps.

6. C'est une entreprise qui _____ (embauche / postule) beaucoup de personnes.

7. Je refuse de _____ (patienter / faire des projets) plus de cinq minutes au téléphone.

8. Il y a combien de _____ (candidats / chefs du personnel) pour le poste de secrétaire?

2   **Complétez les phrases**   Complete these sentences with appropriate expressions from the lesson.

1. Hassan a pris _____ avec le chef du personnel pour passer un entretien.

2. Yoline a appelé son ancien (*former*) patron pour demander une lettre _____.

3. Gilles ne trouve pas de travail parce qu'il n'a pas d'_____ professionnelle.

4. Vous avez reçu plusieurs _____ à l'université? C'est impressionnant (*impressive*).

5. Et votre _____, c'est le management?

6. Christelle a trouvé un _____! On va faire la fête ce soir.

7. Dans quel _____ est-ce que vous voulez travailler?

8. Et vous avez fait un stage dans quelle _____?

3   **À la recherche d'un travail**   Describe these illustrations that show steps one often takes to find work. Use expressions from the lesson.

> **Modèle**
> *On doit appeler le chef du personnel.*

Je voudrais me proposer comme candidate...

Vous êtes disponible mercredi?

   1.   2.   3.   4.

1. _____

2. _____

3. _____

4. _____

4   **Un appel téléphonique** Put this phone conversation in order by numbering the lines.

_____ Le chef du personnel n'est pas là en ce moment, mais je peux lui laisser un message. Quel est votre numéro de téléphone?

_____ C'est Hélène Bonnaire à l'appareil.

_____ Euh, oui, c'est ça.

_____ C'est de la part de qui?

_____ Très bien. Au revoir, mademoiselle.

_____ Allô?

_____ Bonjour, je peux parler au chef du personnel, s'il vous plaît?

_____ C'est le zéro, un, dix-sept, quatre-vingts, quatorze, vingt.

_____ Merci, au revoir monsieur.

_____ Alors, vous appelez pour prendre rendez-vous avec lui, c'est ça?

5   **Répondez** Answer some typical questions that one encounters while looking for work. Use complete sentences and provide some information besides a simple *yes* or *no* answer. The expressions listed might be helpful to you.

Coup de main

les affaires *business*	le produit *product*
l'éducation *education*	la restauration *the restaurant business*
la finance *finance*	la santé *healthcare*
le marketing *marketing*	les ventes *sales*

1. Vous avez une expérience professionnelle? Dans quels domaines?

   _____

   _____

2. Qu'avez-vous comme références?

   _____

   _____

3. Pourquoi voulez-vous travailler pour notre compagnie?

   _____

   _____

4. Qu'avez-vous envoyé avec votre C.V.?

   _____

   _____

5. Qui est à l'appareil?

   _____

   _____

6. Vous voulez laisser un message?

   _____

   _____

ESPACE STRUCTURES

25.1 Le futur simple with quand and dès que

1 **Complétez** There are several possible logical endings for each of these sentences. Pick the most appropriate one for each sentence so that each answer is used only once.

_____ 1. J'irai chez Cédric pour regarder un film...

_____ 2. Je dirai «Joyeux anniversaire» à maman...

_____ 3. J'aurai un château et une collection de voitures de sport...

_____ 4. On ira au concert...

_____ 5. Léna viendra nous chercher à la gare...

_____ 6. On prendra des leçons de conduite (*driving lessons*) à l'auto-école...

_____ 7. On mangera au restaurant chinois...

_____ 8. Je donnerai des bonbons aux enfants...

a. quand elle m'appellera ce soir.

b. dès que papa nous donnera la permission d'y aller.

c. quand on aura dix-huit ans.

d. dès qu'il m'appellera pour dire qu'il est rentré.

e. quand je serai riche!

f. quand ils seront plus gentils avec moi.

g. dès que le train arrivera.

h. quand on ira à San Francisco.

2 **Qu'est-ce qu'ils feront?** Use the illustrations as a reference to complete these sentences.

1. Elle décrochera dès que _____.

2. Elle _____ quand elle aura le nouveau logiciel.

3. Elle nous téléphonera dès qu'elle _____.

4. Elle _____ dès qu'elle aura le journal de ce matin.

3 **Faites des phrases** Use these cues to write sentences. Make sure to conjugate the verbs and make other changes (add articles, make contractions, etc.) so that the sentences are grammatically correct.

1. elle / donner / C.V. / à / chef du personnel / quand / elle / être / à / bureau

_____

2. je / écrire / lettre de recommandation / dès que / je / avoir / temps

_____

3. je / parler / à / Thierry / de / salaire / quand / je / le / appeler

_____

4. il / chercher / travail / quand / il / avoir / voiture

_____

5. elle / avoir / salaire / élevé / dès que / elle / obtenir / nouveau / poste

_____

6. Thomas / prendre / rendez-vous / quand / il / appeler

_____

7. je / acheter / télécarte / quand / je / être / en / ville

_____

8. Amir / raccrocher / dès que / il / entendre / message

_____

Workbook

4 **Quel temps?** Complete these sentences by choosing verbs in the correct tense.

1. En général, quand elle _____ (se dispute / se disputera) avec son copain au téléphone,

   elle lui _____ (raccroche / raccrochera) au nez.

2. Il _____ (laisse / laissera) un message pour réserver une chambre à l'hôtel dès qu'il

   _____ (entend / entendra) le bip sonore (*beep*).

3. D'habitude, les employés _____ (se mettent / se mettront) à travailler quand le patron

   _____ (arrive / arrivera).

4. Je _____ (passe / passerai) un entretien dès que je _____ (prends / prendrai)

   rendez-vous avec le chef du personnel.

5. Les Ducasse _____ (visitent / visiteront) des médinas quand ils

   _____ (sont / seront) au Maroc, en avril.

6. Le plus souvent (*Most often*), Alex ne _____ (travaille / travaillera) que quand il

   _____ (a / aura) envie de se détendre.

5 **Des pronostics** Make predictions about what these people are going to do. Use complete
sentences with **quand** and **dès que**.

> **Modèle**
> Bientôt, Cédric aura son diplôme.
> Dès qu'il aura son diplôme, il trouvera un travail.

1. Bientôt, Mme Djebali obtiendra un nouveau poste avec un salaire élevé.

   _____

2. Dans deux ans, Charles sera marié.

   _____

3. Lundi prochain, j'arriverai à Alger.

   _____

4. Bientôt, M. Jeunet sera de retour de vacances.

   _____

5. Le week-end prochain, nous achèterons un lecteur de DVD.

   _____

6. Bientôt, M. Le Floch aura une promotion.

   _____

7. Le mois prochain, j'aurai un abonnement (*subscription*) au *Journal du soir*.

   _____

8. Dans quelques semaines, j'enverrai mon C.V. au chef du personnel.

   _____

25.2 The interrogative pronoun **lequel**

1 **Lequel?** Match each image to an appropriate caption. Pay attention to the gender and number.

a. b. c. d.

e. f. g. h.

_____ 1. Lequel est ton cousin?

_____ 2. Laquelle avez-vous écrite, M. Lemeur?

_____ 3. Lesquels sont pour la poste aérienne (*air mail*)?

_____ 4. Lesquelles vont avec ces chaussettes?

_____ 5. Lequel est-ce que tu vas prendre?

_____ 6. Laquelle est la meilleure de l'équipe?

_____ 7. Lesquels est-ce que tu vas lire ce semestre?

_____ 8. Lesquelles sont pour la soupe?

---

2 **Rédigez les phrases** Use forms of **lequel** to replace the underlined words so that these sentences are less repetitive.

> **Modèle**
>
> Il y a deux profs dans le couloir. <u>Quel prof</u> est ton prof de français?
> Lequel

1. On a interviewé deux candidates ce matin. <u>Quelle candidate</u> avez-vous préférée? _____

2. Je veux travailler dans le domaine des affaires. Dans <u>quel domaine</u> est-ce que vous voulez travailler? _____

3. On a reçu des lettres de recommandation hier. <u>Quelles lettres</u> est-ce que vous voulez lire cet après-midi? _____

4. Des employés sont arrivés en retard. <u>Quels employés</u> sont arrivés après midi? _____

5. Mais il y a plusieurs numéros de téléphone écrits sur cette feuille de papier. <u>Quel numéro</u> est le tien (*yours*)? _____

6. Les C.V. sont sur mon bureau. <u>Quels C.V.</u> est-ce qu'on va mettre à la poubelle? _____

Workbook

3   **Complétez**   Complete these conversations overheard at the office with appropriate forms of **lequel**.

1. **CATHERINE**   Je veux faire un stage à Tahiti.

     LE PATRON   Mais _____? Je ne connais aucun stage proposé à Tahiti.

2. **GILLES**   Ce candidat a travaillé pour plusieurs compagnies informatiques.

     LE PATRON   Pour _____? Il habitait en Californie, n'est-ce pas?

3. **CATHERINE**   Sa lettre de recommandation dit qu'il a reçu plusieurs mentions.

     LE PATRON   _____ avez-vous vue? Je n'ai vu aucune lettre de recommandation.

4. **SAMIR**   Ce candidat a laissé dix messages sur le répondeur.

     LE PATRON   _____ avez-vous gardés? C'est un peu agressif, non?

5. **SAMIR**   Gilles a cassé un des combinés en raccrochant (*while hanging up*) avec trop de force.

     LE PATRON   _____ a-t-il cassé? Mais dites-lui de se calmer!

6. **GILLES**   Le candidat nous a donné ses références.

     LE PATRON   _____ a-t-il données? Sa mère et son père? Il n'a pas d'expérience professionnelle!

4   **Des questions**   Write a set of two questions for each answer that say the same thing. The first question should use the formula **quel(le)(s)** + *noun* and the second should use a form of **à** + **lequel** or **de** + **lequel**.

> **Modèle**
>
> Je rêve d'un poste à Tahiti.
> **De quel poste est-ce que tu rêves?**
> **Duquel est-ce que tu rêves?**

1. J'ai répondu aux questions faciles!

     _____

     _____

2. Il s'intéresse aux métiers de médecin et de vétérinaire.

     _____

     _____

3. On parle de l'employée habillée en rouge.

     _____

     _____

4. Il a peur du chef qui a une moustache.

     _____

     _____

5. Je pense à la lettre de recommandation qu'on a lue ce matin.

     _____

     _____

Unité 13

ESPACE CONTEXTES

Leçon 26

Workbook

1   **Qu'est-ce qu'ils font dans la vie?** Complete these statements by indicating what these people do according to their job description.

1. Il sauve des personnes lors d'accidents et il lutte contre le feu (*fights fires*). Il est _____.

2. Elle transporte des clients dans son taxi. Elle est _____.

3. Elle est à la tête d'une grande entreprise. Elle est _____.

4. Il a beaucoup de responsabilités envers ses subordonnés (*subordinates*), mais il n'est ni cadre ni chef d'entreprise. Il est _____.

5. Ma mère travaille à la maison. Elle n'a pas de salaire, sa récompense est le bonheur de notre famille. Elle est _____.

6. Il dirige une compagnie avec d'autres personnes de même niveau. Il est _____.

7. Elle a un travail manuel. Elle est _____.

8. Il donne des conseils dans un domaine spécifique. Il est _____.

2   **Quel métier?** Write a caption to indicate what each person pictured does as a profession. Use the wording in the model.

> **Modèle**
> **Elle est vétérinaire.**

1. _____

2. _____

3. _____

4. _____

5. _____

6. _____

3 **Des énigmes** Solve these riddles with expressions from the lesson.

1. C'est un synonyme de «profession». _____

2. Cette personne ne travaille pas, mais elle n'est pas en vacances. _____

3. C'est un groupe qui s'oppose souvent aux cadres. _____

4. Ça arrive quand plusieurs personnes se mettent ensemble pour parler. _____

5. C'est un synonyme de «succès». _____

6. Quand on travaille 40 heures par semaine, on a un emploi de ce type. _____

7. Les gérants font ça. _____

8. Quand quelqu'un est déjà mort, il est trop tard pour en trouver. _____

4 **Évaluez la situation** Indicate what these people need according to their situations. Use expressions from the lesson.

> **Modèle**
>
> Maman travaille trop. *Elle a besoin de prendre un congé.*

1. Antoine est mal payé.

_____

2. Mme Ménard travaille au même poste depuis des années.

_____

3. Papa ne trouve pas le temps de s'occuper de nous parce qu'il travaille 40 heures par semaine.

_____

4. M. Fournet a des problèmes de santé et il n'arrive pas à payer ses factures (*bills*).

_____

5. Depuis quelques temps, Caroline a envie de travailler pour une autre compagnie.

_____

5 **Votre carrière** Write a paragraph about your present or future career. Give your job title, a description of job tasks, your schedule, and any other relevant information. You may find the expressions listed useful.

> ### Coup de main
> dans (nombre) ans *in (number) years*
> être au plus haut niveau *to be at the top level*
> je suis / serai (poste) *I am / will be a(n) (job title)*

_____

_____

_____

_____

_____

_____

ESPACE STRUCTURES

26.1 Le conditionnel

1 **Soyons sympas** Fill in the blanks with the conditional forms of these verbs.

1. Je _____ (vouloir) une baguette, s'il vous plaît.

2. Est-ce que vous _____ (avoir) la gentillesse (*kindness*) de m'envoyer une brochure?

3. Dis, tu n' _____ (avoir) pas un stylo? Je n'en ai pas.

4. Bonjour, madame. Est-ce que je _____ (pouvoir) parler à Jean-Yves?

5. On _____ (aimer) regarder un film ce soir. Papa, est-ce qu'on peut aller au cinéma?

6. Mme Ducharme, est-ce que vous _____ (venir) nous chercher à la gare?

7. Tu ne _____ (devoir) pas mettre la sonnerie de ton portable si fort. Ça fait mal aux oreilles.

8. Nous _____ (vouloir) des jeux vidéo pour Noël (*Christmas*).

9. J' _____ (aimer) savoir pourquoi tu es parti sans me dire au revoir.

10. Vous _____ (devoir) mettre un costume pour l'entretien.

2 **Écrivez des légendes** Write a caption for each illustration telling what the person or people would do if there were one more day of vacation a year.

> **Modèle**
> Tu nettoierais ta chambre.

1.   2.   3.

4.   5.

1. Je _____

2. Tu _____

3. Nous _____

4. Amira et son frère Hassan _____

5. Vous _____

Workbook

3 **Complétez** Complete these sentences telling what people would do if they won the lottery. Conjugate the verbs from the list so that they are in the conditional.

acheter	construire	dîner	partager
aider	démissionner	donner	voyager

1. Vous _____ tous les jours au restaurant.
2. On _____ les chats et les chiens de notre ville qui n'ont pas de maison.
3. Patrick et moi _____ le gros lot (*jackpot*) 50/50.
4. Je _____ et je ferais du travail bénévole (*charity*).
5. Tu _____ en Chine et au Japon.
6. Mes frères _____ une nouvelle télé et un lecteur de DVD.
7. Sœur Marie-Thérèse _____ tout l'argent à des organismes de charité.
8. Les Jacob _____ une nouvelle maison.

4 **Réécrivez** Rewrite these sentences so that they are set in the past by putting the first verb in either the **passé composé** or the **imparfait** and the second verb in the conditional. For some sentences, both the **imparfait** or the **passé composé** are correct.

> **Modèle**
>
> Il dit qu'il arrivera par le train de 6h00.
> Il a dit qu'il arriverait par le train de 6h00.

1. Le patron dit que nous aurons une augmentation en janvier.

   _____

2. Nous pensons que le chef du personnel aura une promotion cette année.

   _____

3. Papa dit souvent que nous ferons un travail important plus tard.

   _____

4. Je pense que Marlène trouvera un travail très vite.

   _____

5. J'explique au chef du personnel que j'enverrai mon C.V. plus tard.

   _____

6. Mon gérant dit que je pourrai prendre un congé ce mois-ci.

   _____

5 **Des scénarios** Complete each of these statements by indicating what would or should happen in each scenario. Use verbs in the conditional, and remember that the verb **devoir** in the conditional means *should*.

1. Dans un monde idéal, il n'y… _____.
2. Vous avez perdu votre chien? À votre place (*In your place*), je/j'… _____.
3. Lundi est férié. Nous… _____.
4. Dans un monde parfait, les gens… _____.
5. C'est ton anniversaire aujourd'hui! Tu… _____.

26.2 Si clauses

1 **Trouvez des terminaisons** There are several possible logical endings for each of these sentences. Pick the most appropriate one for each sentence so that each answer is used only once.

_____ 1. Si vous ne faites pas vos devoirs, …

_____ 2. Si on va au restaurant ce soir, …

_____ 3. Si nous achetons un château, …

_____ 4. S'ils arrêtent de manger des éclairs, …

_____ 5. Si ton cousin vient à Paris en août, …

_____ 6. Si vous prenez des leçons de conduite (*driving lessons*) cet été, …

_____ 7. Si je ne téléphone pas à ma mère, …

_____ 8. Si tu donnes des bonbons aux enfants, …

a. elle sera en colère contre moi.

b. il ne pourra pas faire les magasins parce qu'ils seront tous fermés pour les vacances.

c. ils auront des caries (*cavities*) dans un an.

d. nous aurons des dettes (*debts*).

e. vous aurez de mauvaises notes.

f. vous aurez votre permis à l'automne.

g. ils maigriront.

h. on pourra manger les fameuses crêpes.

2 **Complétez les légendes** Complete the captions for these illustrations with appropriate expressions. Note that some verbs are in the present tense and others are in the future.

> **Modèle**
> Si tu lis *ce livre* trop longtemps, tu auras mal aux yeux!

1.

2.

3.

4.

5.

1. Si on _____, on aura des problèmes de santé plus tard.

2. Si je n'étudie pas pour cet examen, je/j' _____.

3. Si vous _____, vous aurez un accident!

4. Si nous ne mettons pas nos manteaux, nous _____.

5. Si tu _____ ce soir, tu te réveilleras tôt demain matin.

3 **Logique ou illogique?** Decide whether each sentence is **logique** or **illogique**.

	logique	illogique
1. Si je perdais mon travail, j'aurais plus d'argent.	○	○
2. Si vous étiez plus sympa avec vos collègues, ils seraient plus sympas avec vous.	○	○
3. Si le patron nous donnait une augmentation, on pourrait acheter plus de cadeaux.	○	○
4. Si tu arrivais à l'heure tous les matins, le patron se mettrait en colère.	○	○
5. Si vous aviez moins de travail, vous auriez plus de temps pour faire de l'exercice.	○	○
6. Si elle parlait anglais, elle aurait moins de possibilités professionnelles.	○	○
7. Si M. Ibrahim était mieux payé, il ne pourrait pas avoir une voiture aussi chère.	○	○
8. Si nous revenions plus tôt au bureau après le déjeuner, on pourrait partir plus tôt le soir.	○	○

4 **Mettez des verbes** Provide verbs for this evaluation that Mr. Buisson made of his subordinates by providing appropriate verbs in the **imparfait**.

KHALIL, ABDEL: Cet employé doué (*talented*) fait bien son travail. S'il
(1) _____ au bureau avant midi, il serait un meilleur employé.

SOUBISE, ADRIEN: C'est un employé moyen (*average*) qui ne s'intéresse pas beaucoup au travail. Il est pourtant (*however*) très capable dans le domaine de l'informatique. Si on lui
(2) _____ un meilleur ordinateur, il accepterait de nouvelles responsabilités.

LAMARTINE, NOÉMIE: Une performance catastrophique dans le dernier trimestre de l'année. Elle est souvent absente et ne présente pas d'excuse. Si elle (3) _____ au bureau de temps en temps, elle pourrait éventuellement s'excuser.

COULIBALY, ADAMA: La qualité de son travail est exceptionnelle. S'il (4) _____ un stage dans un pays anglophone pour perfectionner son anglais, il irait loin!

NGUYEN, MARIE-ANGE: Un travail très assidu (*diligent*). Elle se dispute pourtant avec ses collègues. Si elle (5) _____ mieux avec les autres, elle pourrait monter au plus haut niveau.

LECLERC, HÉLÈNE: Cette employée a beaucoup de talent mais elle a aussi trop de responsabilités pour son rang (*rank*). Si elle (6) _____ moins de travail à faire, elle accepterait peut-être plus facilement qu'on ne lui donne pas de promotion cette année-ci.

5 **À vous!** Complete these sentences in an appropriate way. Note that some verbs should be in the future and some in the conditional.

1. Si j'étais riche, ... _____.

2. S'il pleut demain, ... _____.

3. Si nous n'avons pas cours lundi prochain, ... _____.

4. Si les chats pouvaient voler (*fly*), ... _____.

5. Si on avait plus de jours de vacances, ... _____.

6. Si je parlais couramment le français, ... _____.

7. Si je peux rentrer plus tôt que prévu (*expected*) aujourd'hui, ... _____.

8. Si je trouvais une lettre d'amour dans la rue, ... _____.

Workbook

Unité 13

Savoir-faire

PANORAMA

---

1 **Le Maghreb** Answer these questions on the Maghreb in complete sentences.

1. Dans quelle partie de l'Afrique se trouve le Maghreb?

_____

2. De quels pays le Maghreb se compose-t-il?

_____

3. À quelle époque les Arabes se sont-ils installés au Maghreb?

_____

4. En quelle année les pays du Maghreb ont-ils retrouvé leur indépendance?

_____

5. Avant de gagner leur indépendance, les pays du Maghreb étaient des colonies de quel pays?

_____

6. La population du Maghreb se compose de quels groupes ethniques?

_____

7. Qui étaient les premiers résidents du Maghreb?

_____

8. Comment s'appelle l'union politique et économique du Grand Maghreb?

_____

---

2 **Nommez-en quatre** Name four examples for each category.

Des villes du Maghreb:	Des industries du Maghreb:	Des traditions maghrébines:
1. _____	1. _____	1. _____
2. _____	2. _____	2. _____
3. _____	3. _____	3. _____
4. _____	4. _____	4. _____

---

3 **Vrai ou faux?** Indicate whether each of these statements about the Maghreb is **vrai** or **faux**.

	Vrai	Faux
1. Les langues officielles de la région sont l'espagnol et l'arabe.	○	○
2. Assia Djebar a écrit un roman qui s'appelle *La Soif*.	○	○
3. Les hammams sont des bains privés (*private*), où l'on peut être seul (*alone*).	○	○
4. Le Maroc est un pays voisin de l'Espagne.	○	○
5. Il y a des sources d'eau en dessous du sable du Sahara.	○	○
6. Casablanca est une ville d'Algérie.	○	○
7. Ce sont les Romains qui ont inventé le «bain turc», ou hammam.	○	○
8. L'océan Pacifique se trouve au nord des pays maghrébins.	○	○

---

4 **Sélectionnez les légendes** Select an appropriate caption for each photo.

a.   b.   c.

d.   e.

_____ 1. Des Berbères assistent chaque année au festival du Sahara de Douz, en Tunisie.

_____ 2. La Mosquée Hassan II se trouve à Casablanca, au Maroc.

_____ 3. On apprécie beaucoup les terrasses de café, en Algérie.

_____ 4. Les habitants du Sahara ont développé un système d'irrigation qui leur permet de cultiver des tomates, des abricots et des oranges en plein désert.

_____ 5. Les hammams sont des lieux de rencontre pour les Maghrébins.

5 **Choisissez** Choose the name of the famous North African that each statement describes.

_____ 1. C'est un chanteur algérien.
  a. Saïd Aouita   b. Khaled   c. Assia Djebar   d. Juliette Smája-Zerah

_____ 2. C'est une femme écrivain et cinéaste qui donne le point de vue des Algériennes dans ses œuvres.
  a. Saïd Aouita   b. Khaled   c. Assia Djebar   d. Juliette Smája-Zerah

_____ 3. Elle est devenue la première avocate de Tunisie.
  a. Saïd Aouita   b. Khaled   c. Assia Djebar   d. Juliette Smája-Zerah

_____ 4. C'est un coureur de fond marocain.
  a. Saïd Aouita   b. Khaled   c. Assia Djebar   d. Juliette Smája-Zerah

6 **La ville de Marrakech** Complete this passage about Marrakech with appropriate expressions.

La ville de Marrakech est reconnue avant tout comme un bel exemple de l'architecture médiévale du

(1) _____. C'est surtout dans la vieille ville, ou (2) _____,

que les amateurs d'architecture peuvent apprécier le caractère médiéval de cette ville fondée en

(3) _____. Dans la vieille ville, on trouve (4) _____ et

(5) _____. La mosquée est un joyau de l'architecture, et sur la place Djema'a

el-Fna on peut voir des (6) _____ et des vendeurs. Elle contient un grand marché

couvert, ou (7) _____, où on peut sentir des odeurs de

(8) _____, d'épices et de pâtisseries au miel. Le vieux centre de la ville est

entouré de (9) _____ et il est fermé aux (10) _____.

Unité 14

Leçon 27

ESPACE CONTEXTES

1 **Cherchez** Find eleven more environmentally related words listed in the grid, looking backward, forward, vertically, horizontally, and diagonally.

D	R	R	S	A	U	V	O	N	A	S	E	C	P	L
A	É	I	E	P	L	A	N	B	E	R	G	A	L	T
E	E	C	A	R	J	I	O	J	R	O	A	T	U	F
E	G	F	H	N	O	L	B	E	V	E	R	A	I	W
É	P	A	M	E	I	I	S	M	L	L	U	S	E	Y
C	C	R	L	R	T	E	L	X	S	S	T	T	A	X
J	T	O	O	L	D	S	L	É	N	N	I	R	C	I
V	Y	I	L	T	I	W	T	P	M	L	O	O	I	Q
A	C	F	E	O	E	P	E	O	N	A	V	P	D	D
M	U	F	H	G	G	C	S	X	X	E	O	H	E	V
L	F	E	L	T	I	I	T	A	Y	I	C	E	G	L
E	H	H	U	F	W	W	Q	I	G	I	Q	E	P	N
G	Z	T	Q	O	J	R	J	U	O	U	Q	U	I	J
B	F	U	R	J	X	I	U	F	E	N	Y	N	E	D
E	N	V	I	R	O	N	N	E	M	E	N	T	K	S

- abolir
- améliorer
- catastrophe
- covoiturage
- déchets toxiques
- écologique
- effet de serre
- en plein air
- environnement
- gaspillage
- pluie acide
- protection

2 **Que recyclent-ils?** Look at this illustration and write a complete sentence to indicate what each person is recycling.

1. _____

2. _____

3. _____

3 **Chassez l'intrus** Indicate the word that does not belong in each group.

1. améliorer, gaspiller, préserver, sauver
2. une catastrophe, l'effet de serre, un glissement de terrain, le recyclage
3. l'écologie, une centrale nucléaire, la surpopulation, des déchets toxiques
4. la pluie acide, le recyclage, le ramassage des ordures, un emballage
5. écologique, propre, sale, pur
6. le gaspillage, la pollution, une solution, la surpopulation
7. un trou dans la couche d'ozone, un nuage de pollution, un glissement de terrain, l'effet de serre
8. l'écologie, la protection, une solution, polluer

Workbook

4 **À chaque problème sa solution** Match each problem with its solution in complete sentences.

les problèmes

la pollution de l'air
les glissements de terrain
les déchets toxiques
la surpopulation
le gaspillage
la pollution

les solutions

prévenir les incendies de forêts
recycler plus
développer des emballages écologiques
donner une amende aux pollueurs
faire du covoiturage
éviter une population croissante

Modèle

l'effet de serre / interdire la pollution de l'air
Pour trouver une solution au problème de l'effet de serre, on doit commencer par interdire la pollution de l'air.

1. _____
_____

2. _____
_____

3. _____
_____

4. _____
_____

5. _____
_____

6. _____
_____

5 **En 2050** A new scientific study has revealed some of the problems that are facing us in the future. Fill in the blanks with a word or expression from the list. Make all the necessary changes and agreements. Note that not all the words will be used.

abolir	énergie	gouvernement	réchauffement
catastrophe	environnement	population croissante	sauver
effet de serre	espace	protection	solution

Le (1) _____ de la Terre peut conduire à une véritable (2) _____ d'ici

2050. Si (3) _____ ne développent pas une politique de (4) _____ de

l'environnement, nous ne sauverons pas la planète.

L'(5) _____ est un des principaux problèmes. Nous devons avoir plus

d' (6) _____ propres comme l'énergie solaire. Ce problème est lié à (*linked to*) une

(7) _____ : elle a été multipliée par 2,5 en 50 ans.

On doit rapidement penser à une (8) _____ si nous voulons (9) _____

la planète. L'(10) _____ nous concerne tous.

ESPACE STRUCTURES

27.1 Demonstrative pronouns

1 **La réunion** You are attending a student committee meeting on the environment for the first time. Your friend Bertrand is explaining to you who people are and what is going on. Fill in the blanks with the appropriate demonstrative pronoun.

1. L'étudiant à droite, _____ avec l'écharpe marron, c'est Cédric.

2. La personne qui parle en ce moment, c'est _____ qui dirige l'association.

3. Les étudiants les plus actifs, ce sont _____ que tu vois (*see*) là-bas.

4. La question la plus importante ce soir, c'est _____ du recyclage sur le campus.

5. Les débats les plus importants, ce sont _____ qui ont lieu (*take place*) à l'assemblée (*meeting*) générale.

6. _____ qui porte des lunettes, c'est Anne-Marie Lombard.

7. On ne sait toujours pas qui sera élu (*elected*) président cette année. Peut-être que ce sera l'ancien secrétaire, _____ qui est parti étudier l'Amazonie pendant un an.

8. Moi, je suis plutôt d'accord avec _____ qui pensent qu'il faut proposer une loi au directeur de l'université.

2 **Les problèmes écologiques** Rewrite these sentences using demonstrative pronouns to avoid repetitions.

> **Modèle**
> Je pense à tes idées et aux idées de Nouria.
> *Je pense à tes idées et à celles de Nouria.*

1. Le recyclage du papier est plus important que le recyclage du verre.

   _____

2. L'augmentation de la pollution en Europe est moins grande que l'augmentation de la pollution aux États-Unis.

   _____

3. Le problème de l'effet de serre est lié (*linked*) au problème du trou de la couche d'ozone.

   _____

4. Les amendes que l'industrie paie sont moins importantes que les amendes que le gouvernement donne.

   _____

5. Les produits d'aujourd'hui sont moins polluants que les produits des années cinquante.

   _____

6. Le danger causé par les déchets toxiques est aussi grave que le danger causé par la pluie acide.

   _____

7. Le ramassage des ordures du campus est meilleur que le ramassage des ordures de la ville.

   _____

8. La loi sur la protection de l'environnement est plus sévère que la loi contre le gaspillage de l'énergie.

   _____

Workbook

3 **Lequel?** You have just come back from your semester abroad and you need to do some catching up with your roommate about what has been going on in your absence. Choose the appropriate demonstrative pronoun.

1. Ce bâtiment, c'est _____ (celui de / celui que / celui qui) avait été détruit par le feu.

2. Les examens, _____ (celles de / ceux de / ceux que) décembre, étaient très difficiles.

3. Le professeur de physique, _____ (celui qui / celle qui / celle-ci) a reçu un prix, va être mon prof le semestre prochain.

4. Les soirées de la maison française sont _____ (celles qui / celles que / celles de) j'ai le plus fréquentées.

5. L'étudiant sénégalais, _____ (celui en / celui qui / celui de) l'étage du dessous, est parti pour un semestre en Argentine.

6. J'ai perdu mon portefeuille (*wallet*) en cuir, _____ (celui de / celui que / celui-là) que tu m'as donné pour mon anniversaire.

7. J'ai lu deux romans d'Émile Zola, _____ (celui qui / ceux dont / ceux que) tu m'as tant parlé.

8. La nouvelle directrice du département de français est d'origine canadienne. Elle est très différente de _____ (celle-là / celle qu' / celle d') avant.

4 **Au café** Complete the conversation from a café terrace with the appropriate demonstrative pronoun and any other necessary elements.

SYLVIE Dis, tu connais cet étudiant?

DAMIEN Lequel? (1) _____ avec le pull rouge ou (2) _____ avec la veste noire?

SYLVIE Mais non, (3) _____, à l'entrée de la librairie.

DAMIEN Non, désolé. Est-ce que tu as lu les livres pour la classe de français?

SYLVIE J'ai lu (4) _____ Victor Hugo, mais pas (5) _____ George Sand a écrit en 1846.

MALIKA Moi, j'ai aimé la nouvelle (*short novel*). Tu sais, (6) _____ est intitulée *La fille aux yeux d'or*.

DAMIEN Ah oui, c'est de Maupassant.

MALIKA Mais non, (7) _____, elle est de Balzac.

SYLVIE Moi, je n'aime pas les livres qu'on nous a demandé de lire. Je préfère (8) _____ je choisis.

Workbook

27.2 The subjunctive (Part 1)

1   **Les obligations**   Your friend Patrice is planning a party. Complete the sentences with the subjunctive forms of the verbs in parentheses to know how the planning is going.

1. Farida ne peut pas venir parce qu'il est indispensable qu'elle _____ (finir) son devoir de français.

2. Il faut que Michel me _____ (dire) à quelle heure il peut venir.

3. Il faut que j'_____ (attendre) la réponse de Karim.

4. Il est possible que les invités _____ (apporter) de la nourriture.

5. Il vaut mieux que mes colocataires _____ (prévenir—*to tell*) les voisins.

6. Il est dommage que Mariam ne _____ (prendre) pas un train plus tôt.

7. Il est nécessaire que j'_____ (acheter) des boissons.

8. Il est essentiel que nous _____ (recycler) les verres en plastique.

2   **Avant les vacances**   You and your housemates are about to go on spring break, but there are still a few things that you need to do before leaving. Write complete sentences with the elements provided to know who has to do what. Make all necessary changes and agreements.

1. il / être / important / Mathilde / parler / professeur de français

   _____

2. il / être / nécessaire / Florence / et / son petit ami / acheter / leurs billets d'avion

   _____

3. il / être / bon / je / partir / mercredi matin / au plus tard

   _____

4. il / être / essentiel / tu / vendre / ta vieille voiture

   _____

5. il / falloir / nous / nettoyer / la maison

   _____

6. il / valoir mieux / vous / appeler / le propriétaire

   _____

7. il / être / important / Farid / enlever / son vélo / du garage

   _____

8. il / être / essentiel / je / obtenir / un visa / pour la Tunisie

   _____

3   **Les résolutions** The student committee on the environment on campus has written a pledge. It is asking students to follow certain rules to help preserve the environment. Complete the sentences with the present subjunctive of the verbs from the list.

comprendre	éviter	partager	préserver	ne pas réduire
éteindre	ne pas interdire	prendre	recycler	remplir

Il est maintenant essentiel que les étudiants (1) _____ l'environnement. Si nous voulons sauver la planète, il faut que nous (2) _____ le gaspillage et que nous (3) _____ le papier et les emballages en plastique. Il est nécessaire que nous (4) _____ mieux les mécanismes du réchauffement de la Terre si nous voulons changer les choses. La conférence sur le climat de Montréal a montré qu'il vaut mieux qu'on (5) _____ les transports en commun ou que nous (6) _____ notre voiture. Il est également bon que chacun (7) _____ la lumière quand il n'y a personne dans une pièce.

Ici, à l'université, nous pensons qu'il est dommage que le président de l'université (8) _____ l'utilisation des voitures sur le campus et que l'université (9) _____ sa consommation d'eau. Il est essentiel que l'université (10) _____ les conditions de la charte que nous proposons.

4   **Une lettre** Write a letter for the next meeting of the environmental committee using the words and phrases from the list.

améliorer	développer	il est important que	polluer
une catastrophe	écologique	il est nécessaire que	la protection
un danger	un emballage	il faut que	le recyclage

_____

_____

_____

_____

_____

_____

_____

_____

_____

_____

_____

_____

_____

Unité 14

ESPACE CONTEXTES

Leçon 28

1 **Chassez l'intrus** Indicate the word that does not belong in each group.

1. un écureuil, un lapin, un sentier, un serpent
2. un fleuve, une plante, l'herbe, une fleur
3. une côte, un fleuve, une falaise, un lac
4. un lapin, une vache, un écureuil, un serpent
5. une étoile, le ciel, une région, la Lune
6. un arbre, un bois, une pierre, l'herbe
7. la chasse, détruire, un écotourisme, jeter
8. la préservation, une espèce menacée, une extinction, un lac

2 **Classez** Label these words as belonging to one or more of these categories: **le ciel**, **la terre**, or **l'eau**.

	le ciel	la terre	l'eau
1. **une côte**	_____	_____	_____
2. **une étoile**	_____	_____	_____
3. **une falaise**	_____	_____	_____
4. **un fleuve**	_____	_____	_____
5. **un lac**	_____	_____	_____
6. **la Lune**	_____	_____	_____
7. **une pierre**	_____	_____	_____
8. **une rivière**	_____	_____	_____
9. **une vallée**	_____	_____	_____
10. **un volcan**	_____	_____	_____

3 **La randonnée** Read this letter from your friend Camille about her latest walk in the **Parc naturel de la Chartreuse.** Fill in the blanks with an appropriate word or expression. Notice that not all the words or expressions will be used. Make all the necessary changes and agreements.

le ciel	une falaise	un lac	une plante	un sentier
détruire	une forêt	la nature	une région	une vallée
un écureuil	jeter	un pique-nique	une rivière	

Le week-end dernier, j'ai fait une randonnée dans le Parc naturel de la Chartreuse. C'est une réserve naturelle dans (1) _____ de Grenoble. Là, la protection de (2) _____, c'est une chose sérieuse. Il faut marcher sur (3) _____ pour ne pas (4) _____ les (5) _____. Il est bien sûr interdit de (6) _____ des ordures par terre. Alors, quand on a fait (7) _____ à midi, nous avons gardé nos déchets.

On a traversé (8) _____ de pins. Je voulais voir (*to see*) des (9) _____ mais, ici, il est difficile de les voir. Ce sont des animaux sauvages. Néanmoins (*Nevertheless*), la vue sur (10) _____ est magnifique. Ensuite, nous avons dû traverser (11) _____ sur un tronc d'arbre, mais je n'ai pas perdu l'équilibre. Nous avons fini la randonnée au (12) _____ de Paladru où nous avons un peu nagé.

4 **Le mot mystère** Using these definitions, fill in the corresponding spaces in the grid to find out the mystery word.

1. C'est l'endroit où Tarzan habite.
2. C'est un endroit où il n'y a pas beaucoup de plantes et où il pleut très peu.
3. C'est un petit animal qui vit (*lives*) dans les arbres.
4. C'est l'action de protéger la nature et les ressources naturelles.
5. On en parle quand une espèce est menacée.
6. Il y en a 22 en France, par exemple, la Normandie et l'Alsace.
7. C'est un synonyme du mot «environnement».
8. C'est quand on tue (*kills*) les animaux pour le sport où pour les manger.
9. C'est le côté d'une haute montagne près de la mer ou de l'océan.
10. Il y en a des milliers pour les animaux et les plantes.
11. C'est l'action de couper les arbres de la forêt.
12. C'est un synonyme du mot «chemin».

Le mot mystère, c'est le nom d'une forme de vacances qui ne détruit pas la nature. _____

5 **Décrivez** Describe these photos, giving as many details as possible.

1. _____
   _____
   _____

2. _____
   _____
   _____

3. _____
   _____
   _____

4. _____
   _____
   _____

ESPACE STRUCTURES

28.1 The subjunctive (Part 2)

1   **La réunion**   You are reading the minutes from last week's student meeting on student activities. Complete the sentences with the subjunctive of the verb in parentheses to find out what students have suggested.

1. Solange suggère qu'on _____ (organiser) plus de randonnées en montagne.

2. Damien désire que plus d'étudiants _____ (venir) aux réunions.

3. Isabelle souhaite que les sorties _____ (être) plus fréquentes.

4. Thao recommande que nous _____ (visiter) les grottes (*caves*) qui sont près d'ici.

5. Sophie veut que l'association _____ (faire) plus de publicité (*advertisement*).

6. Pavel propose que nous _____ (être) plus actifs.

7. Malik demande que le président de l'université _____ (soutenir) (*to support*) nos actions.

8. Renée exige que de nouvelles élections _____ (avoir) lieu (*take place*) bientôt.

2   **Le film**   You are writing a movie review for the college newspaper on the latest French movie released at your local movie theater. You have interviewed people at the end of the movie. Use these cues to write complete sentences using the subjunctive.

1. Je / aimer / le film / finir / bien

    _____

2. Je / regretter / les acteurs / ne pas être / plus connus

    _____

3. Je / être surpris / le film / remplir (*to fill*) / la salle

    _____

4. Nous / être heureux / un film français / venir / dans notre ville

    _____

5. Elles / être triste / les acteurs / ne pas discuter du film / avec le public

    _____

6. Il / être désolé / il / ne pas y avoir / de sous-titres (*subtitles*)

    _____

7. Elle / avoir peur / les gens / ne pas comprendre / toutes les références culturelles

    _____

8. Ils / être content / l'histoire / faire / rire

    _____

Workbook

3 **Les nouvelles** You have just received your former high school's newsletter. Express your emotions about the news, using the cues provided.

Modèle

> Martine part vivre en France. (surpris) *Je suis surpris(e) que Martine parte vivre en France.*

1. Catherine a un bébé de deux mois. (content)

   _____

2. Sylvain est prof de maths. (heureux)

   _____

3. Marie fait des compétitions de ski. (surpris)

   _____

4. Notre professeur de français n'est plus là. (regretter)

   _____

5. La directrice travaille maintenant au Japon. (triste)

   _____

6. L'équipe de foot perd le championnat. (furieux)

   _____

4 **Qui est-ce?** You are talking to some friends, but you keep on mixing up their names. Write new sentences, using the new subject given in parentheses for the second verb to find who actually does what or how people feel. Be careful! Not all sentences will use the subjunctive.

Modèle

> Isabelle souhaite faire un pique-nique. (nous)   Jacques souhaite qu'ils aillent au parc.
> *Isabelle souhaite que nous fassions un*   (Jacques)
>   *pique-nique.*   *Jacques souhaite aller au parc.*

1. Je suis heureux de faire quelque chose pour l'environnement. (vous)

   _____

2. Ils veulent que je fasse une randonnée en montagne. (ils)

   _____

3. Vous désirez prévenir les incendies. (elle)

   _____

4. Vous êtes contents qu'ils recyclent plus d'emballages. (vous)

   _____

5. Elles préfèrent interdire les voitures sur le campus. (le président de l'université)

   _____

6. Tu veux abolir l'énergie nucléaire. (le gouvernement)

   _____

7. Nous n'aimons pas que les gens aient des animaux domestiques. (nous)

   _____

8. Il est surpris de ne pas être contre le déboisement. (vous)

   _____

28.2 Comparatives and superlatives of nouns

1 **L'urbanisme** You have been asked to write a paper tracing the evolution of your city over the last fifty years. Here are some notes you have written when doing research in the library. Put these cues back in order to write complete sentences.

1. 1960 / a / il / habitants / qu' / y / d' / plus / en

   _____

2. autant / animaux domestiques / qu' / ont / les habitants / avant / d'

   _____

3. en / a / écureuils / le parc / qu' / plus / d' / 1960

   _____

4. moins d' / le tourisme de masse / l'écotourisme / que / avait / adeptes (*enthousiasts*)

   _____

5. arbres / sur le bord / y / il / dans le parc / des routes / que / d' / plus / a

   _____

6. voitures / vélos / la ville / plus / que / de / a / de / maintenant

   _____

7. avant / le parc / sentiers / plus / qu' / de / a

   _____

8. toujours / vaches / la ville / habitants / a / de / que / plus / d'

   _____

2 **Le stage** You are about to do an internship and you have to choose between two offers. One is from a big software company, **Logiciel**, and the other is from a local environmental lobby group, **Nature**. Look at the table and use it to write six comparisons between them.

Catégories	Logiciel	Nature
les employés	150	20
les heures de travail	60	45
les semaines de vacances	1	2
les stagiaires (*trainees*)	3	3
l'influence sur la société	X	✓
les problèmes avec l'environnement	X	X

1. _____
2. _____
3. _____
4. _____
5. _____
6. _____

3 **Votre camarade de chambre** Your family wants to know more about your roommate. Before writing the letter, you have written elements of comparison. Write a comparison based on the elements provided.

> **Modèle**
> Je dors six heures. Il dort 10 heures.
> *Il dort plus d'heures que moi.*

1. J'ai beaucoup de livres. Il a beaucoup de livres aussi.

   _____

2. J'ai une sœur et deux frères. Il a une sœur et un frère.

   _____

3. Je prends quatre cours ce semestre. Il prend deux cours ce semestre.

   _____

4. Je reçois trois e-mails de mes amis chaque semaine. Il reçoit trois e-mails de ses amis chaque semaine.

   _____

5. J'ai beaucoup de devoirs chaque jour. Il fait seulement ses devoirs pendant une heure par jour.

   _____

6. J'ai beaucoup de patience. Il a beaucoup de patience.

   _____

7. Je n'ai pas beaucoup d'humour. Il a beaucoup d'humour.

   _____

8. J'ai du temps libre. Il a du temps libre.

   _____

4 **La nouvelle étudiante** You have just met a new exchange student from Côte d'Ivoire, Diarietou. You have never been there but you would like to know more about her country and her background. Choose the correct word from those in parentheses to complete the comparisons in the most logical way. Make all the necessary changes.

Il y a (1) _____ (autant de / moins de / le plus de) étudiants à l'Université de

Bouaké qu'ici parce que les deux universités sont de la même taille. Néanmoins (*However*), il y a

(2) _____ (moins de / plus de / le moins de) étudiants étrangers ici. En Côte d'Ivoire,

je n'ai rencontré qu'une fois un étudiant de Nice.

Pour ce qui est des cours, j'en prenais quatre le semestre dernier, et maintenant, j'en prends cinq. J'ai

donc (3) _____ (moins de / plus de / le moins de) travail maintenant et

(4) _____ (le plus de / plus de / moins de) temps libre qu'avant.

Comme je suis nouvelle ici et que mes amis sont au pays, j'ai (5) _____ (le plus de /

le moins de / moins de) amis que la plupart des étudiants. Néanmoins, je suis celle qui reçoit

(6) _____ (le plus de / le moins de / moins de) e-mails de mes amis: certains jours,

j'en reçois dix!

Workbook

Unité 14

PANORAMA

Savoir-faire

1   **La carte**   Label the map of West Africa. Write the name of the country and its capital city.

1. _____
   _____

2. _____
   _____

3. _____
   _____

4. _____
   _____

5. _____
   _____

2   **L'Afrique centrale**   Write the name of the capital of these countries. Note that not all words will be used.

Bangui	Bujumbura	Kigali	Libreville	Port-Gentil
Brazzaville	Douala	Kinshasa	N'Djamena	Yaoundé

1. le Burundi: _____

2. le Cameroun: _____

3. le Congo: _____

4. le Gabon: _____

5. la République centrafricaine:

   _____

6. la République démocratique du Congo:

   _____

7. le Rwanda: _____

8. le Tchad: _____

3   **Complétez**   Complete these sentences with a word or expression from the section **Panorama**.

1. Françoise Mbango-Etone est née au _____ .

2. L'exploitation du _____ , qui est utilisé dans la fabrication des portables,

   met en danger _____ .

3. Léopold Sédar Senghor est un des fondateurs du mouvement littéraire de _____ .

4. Léopold Sédar Senghor a été élu _____ en 1983.

5. _____ est le plus célèbre des chanteurs ivoiriens de reggae.

6. Le reggae ivoirien est chanté en anglais, en français et _____ .

7. _____ est une des plus anciennes forêts tropicales humides du monde.

8. Le FESPACO a été créé en _____ .

Workbook

4 **Vrai ou faux?** Indicate whether these statements are **vrai** or **faux**. Correct the statements that are **faux**.

1. Le coltan est utilisé dans la fabrication des ordinateurs portables.

   _____

2. Léopold Sédar Senghor a été le premier président de la Côte d'Ivoire.

   _____

3. La Négritude est un mouvement littéraire qui examine et valorise l'identité culturelle des Africains et des Antillais.

   _____

4. Léopold Sédar Senghor est docteur honoris causa de l'Académie française.

   _____

5. Le reggae africain est identique au reggae jamaïcain.

   _____

6. Alpha Blondy fait souvent des commentaires sociopolitiques dans sa musique.

   _____

7. Le parc national Korup se trouve à l'est de la République démocratique du Congo.

   _____

8. Le FESPACO est le Festival Panafricain du Cinéma et de la télévision de Ouagadougou.

   _____

5 **Les mots en désordre** Unscramble the words according to the cues.

1. ETUAMIANRI _____

   (C'est le nom d'un pays d'Afrique de l'Ouest.)

2. ÉNTAK _____

   (C'est le nom de famille d'un chanteur africain.)

3. ABGIEHIAKZU- _____

   (C'est le nom d'un parc national.)

4. NORESONB _____

   (C'est le nom d'une des universités qui a honoré un écrivain sénégalais.)

5. URSIODANSE _____

   (C'est l'espèce animale dont on a découvert des empreintes.)

6. UVEUTORRE _____

   (C'est la cérémonie qui réunit 40.000 spectateurs.)

7. KRADA _____

   (C'est le lieu du premier Festival mondial des arts nègres.)

8. UDOYNAÉ _____

   (C'est la capitale d'un pays d'Afrique centrale.)

Unité 15

ESPACE CONTEXTES

1 **Quelle forme d'art?** Look at these illustrations and say which art form they represent.

1. _____

2. _____

3. _____

4. _____

2 **Chassez l'intrus** Indicate the word that does not belong in each group.

1. jouer de la batterie, jouer de la guitare, faire de la musique, jouer un rôle
2. un billet, une place, un membre, un spectacle
3. une sorte, un concert, un compositeur, un orchestre
4. une comédie musicale, une danseuse, un orchestre, le début
5. un personnage, une séance, un membre, un dramaturge
6. une chanson, un chœur, un compositeur, un metteur en scène
7. une troupe, une tragédie, une comédie, une pièce de théâtre
8. un réalisateur, un spectateur, un metteur en scène, un genre

3 **Les définitions** Write the word or expression that corresponds to each definition in the space provided.

1. C'est quand une pièce de théâtre ou un concert s'arrête pendant quelques minutes et que les spectateurs peuvent sortir pour une boisson ou pour bavarder. _____

2. C'est la personne qui écrit des pièces de théâtre. _____

3. C'est un groupe de personnes qui chantent. _____

4. C'est là où on s'assied dans un théâtre. _____

5. C'est une sorte de spectacle qui combine le théâtre, la danse et la musique. _____

6. C'est l'instrument joué par Eric Clapton et Jimmy Hendrix. _____

7. C'est ce qu'on fait à la fin d'un concert. _____

8. C'est l'instrument joué par Ringo Starr et Tommy Lee. _____

Workbook

4 **Cherchez** In the grid, find eleven more art-related words from the list, looking backward, forward, vertically, horizontally, and diagonally.

applaudir	compositeur	jouer un rôle	pièce de théâtre
célèbre	dramaturge	metteur en scène	spectacle
chœur	entracte	orchestre	tragédie

```
E  Q  D  L  H  M  L  E  V  O  Z  A  E  A  E
F  N  S  R  C  S  R  F  R  P  E  P  I  T  R
E  Q  È  E  A  B  B  C  M  U  X  P  D  N  T
E  T  N  C  È  M  H  M  Q  P  R  L  É  A  Â
T  W  C  L  S  E  A  F  R  U  W  A  G  S  É
F  F  É  A  S  N  T  T  E  P  F  U  A  K  H
Q  C  W  T  R  B  E  T  U  N  Z  D  R  D  T
O  I  R  R  W  T  I  R  C  R  L  I  T  H  E
I  E  Z  P  Y  S  N  K  U  C  G  R  L  X  D
D  E  N  Z  O  G  W  E  U  E  Z  E  J  B  E
L  D  B  P  C  H  O  E  U  R  T  X  J  J  C
R  I  M  M  X  M  E  S  F  S  B  T  L  F  È
J  O  U  E  R  U  N  R  Ô  L  E  O  E  E  I
C  E  L  C  A  T  C  E  P  S  L  N  Z  M  P
D  C  B  B  H  U  V  M  B  L  B  J  U  M  P
```

5 **Le film** Your French penpal, Séverine, has just emailed you about the latest movie she has seen, but your computer cannot display her message accurately. Fill in the blanks with an appropriate word or expression to know exactly what she wrote to you.

Hier soir, je voulais aller à (1) _____ de 22h00 pour voir (*to see*) le dernier film de François Ozon. Comme il a fallu du temps pour acheter mon (2) _____ et trouver une (3) _____, j'ai manqué (4) _____ du film. J'ai été surprise qu'il y ait autant de (5) _____ à cette heure-là.

J'aime beaucoup les films de ce (6) _____, François Ozon. Melvil Poupaud était (7) _____, Romain, un jeune photographe de 30 ans. Jeanne Moreau (8) _____ de sa grand-mère. Je ne me souviens plus du titre de (9) _____ à (10) _____ du film, juste avant le générique (*credits*), mais elle est vraiment bien; j'adore cette sorte de musique.

Je sais que ce n'est pas (11) _____ de film que tu préfères, mais je suis sûre que tu vas l'aimer. Tu devrais aussi (12) _____ l'occasion pour voir d'autres films de lui.

ESPACE STRUCTURES

29.1 The verbs **voir** and **croire**

1 **Les verbes** Write the missing present-tense forms of each verb.

voir et croire					
je	tu	il/elle	nous	vous	ils/elles
1. vois	_____	_____	_____	_____	_____
2. _____	crois	_____	_____	_____	_____

2 **Les vacances** All the students from your dorm are back after vacation. You want to know what everyone has done but you have missed the reunion. Write complete sentences using the **passé composé** for the main verb and the cues given to find out what everybody has done.

1. je / voir / mes amis / tous les jours

   _____

2. les endroits / nous / voir / être magnifique

   _____

3. Marc et Jérôme / croire / ils / ne jamais voir le soleil

   _____

4. elle / croire / mourir de faim / dans l'avion

   _____

5. tu / voir / beaucoup de films français

   _____

6. les amies / vous / voir / être maintenant à la Martinique

   _____

7. les films / elle / revoir / dater des années 1950

   _____

8. il / croire / il / ne pas pouvoir / revenir à temps

   _____

3 **Le spectacle** Your roommate needs advice about a complicated situation. Complete this paragraph with the correct forms of **croire** or **voir** and any other necessary elements.

La semaine dernière, j'(1) _____ un film français. Je ne (2) _____ pas qu'il y aurait autant de spectateurs. J'espère que tu le (3) _____ aussi. Il est vraiment bien.

Tu ne devineras (guess) jamais qui j'(4) _____: le petit ami de Mélanie. Je ne pensais pas le (5) _____ là-bas car (because) je (6) _____ qu'il passait un semestre à Montréal. Il ne m' (7) _____, mais je (8) _____ qu'il était avec une autre fille.

Je ne sais pas ce que je vais faire la prochaine fois que je (9) _____ Mélanie. Je me demande si elle me (10) _____ si je lui dis ce qui s'est passé.

Workbook

4 **Répondez** You are preparing for an interview for your semester abroad. Your roommate is asking you questions. Answer these questions using the cues provided.

1. Croyez-vous que vous soyez un bon candidat? (je / croire / être un(e) excellent(e) candidat(e))

   _____

2. Avez-vous déjà vu les étudiants qui ont participé au programme? (non / je / voir / pas encore)

   _____

3. Quand vous serez là-bas, que voudrez-vous faire? (voir les principaux monuments et musées)

   _____

4. Pourquoi devons-nous vous choisir? (vous / croire / je / être le/la meilleur(e) candidat(e))

   _____

5. Quand allons-nous nous revoir? (nous / revoir / la semaine prochaine)

   _____

6. Où verrez-vous les anciens étudiants du programme? (je / voir / au café)

   _____

7. Comment voyez-vous votre avenir? (je / se voir / travailler / dans une entreprise internationale)

   _____

8. Quels sont vos défauts? (je / croire / je / être trop perfectionniste)

   _____

5 **Les lunettes** Your friends have come to meet you at an art festival, but they have all forgotten their glasses. Describe their perceptions according to the cues given.

> **Modèle**
> je
> Je ne vois pas qui c'est. Je crois que ce sont des danseurs.

1. Vous _____

   _____

2. Elle _____

   _____

3. Ahmed _____

   _____

4. Nous _____

   _____

29.2 The subjunctive (Part 3)

1 **Le pessimiste** Your friend Marc has a very pessimistic outlook on life. He has many academic and social pressures. Plus, he is organizing a film festival. Complete these sentences with the present subjunctive or indicative form of the verbs in parentheses to know exactly what he thinks.

1. Il doute que nous _____ (réussir) notre examen final.

2. Il croit que je _____ (ne pas pouvoir) partir en France l'été prochain.

3. Il ne pense pas qu'elles _____ (vouloir) venir à notre réveillon (*party*) du Nouvel An.

4. Pour Marc, il est douteux que les professeurs _____ (aller) au festival du film français que nous organisons.

5. Pour lui, il est évident que nous _____ (aller) avoir des difficultés.

6. Marc doute que les spectateurs _____ (venir) nombreux.

7. Pour Marc, il est sûr que le festival _____ (être) un désastre.

8. Il n'est pas certain que les étudiants _____ (savoir) que le festival existe.

2 **Le festival** You have just come out of a movie at the film festival Marc organized. You are listening to what people have to say about it. Use these cues to write complete sentences using the subjunctive or indicative and find out everybody's opinion.

1. je / douter / ce film / réussir ici

   _____

2. nous / croire / ce / être / le meilleur film / de l'année

   _____

3. il / être certain / les acteurs / être / des professionnels

   _____

4. il / ne pas être vrai / le personnage principal / pouvoir / être sympathique

   _____

5. elle / ne pas penser / beaucoup de spectateurs / aller voir / le film

   _____

6. vous / savoir / le réalisateur / vouloir / faire une tournée de promotion ici

   _____

7. il / ne pas être sûr / le traducteur / savoir / comment traduire / tous les mots d'argot (*slang*).

   _____

8. il / être douteux / ce film / ne pas pouvoir / gagner un oscar

   _____

3 **Le Nouvel An** You are at a New Year's party. Many of your friends are making resolutions and wishes for the New Year. Write complete sentences using the cues provided and the subjunctive or the future tense to know the opinion of other people on those resolutions.

> **Modèle**
>
> Nadja souhaite pouvoir aller en vacances à la Martinique. (Martin / croire)
> **Martin croit que Nadja pourra aller en vacances à la Martinique.**

1. Je souhaite aller en Côte d'Ivoire pendant un semestre. (Il / ne pas être sûr)

   _____

2. Malika souhaite partir au Maroc. (Il / être évident)

   _____

3. Nous souhaitons savoir parler couramment français en juin. (Tarik / douter)

   _____

4. Vous voulez faire un régime. (Je / ne pas penser)

   _____

5. Ils veulent pouvoir travailler à Montréal pendant l'été. (Tu / ne pas penser)

   _____

6. Tu souhaites avoir un nouveau camarade de chambre. (Il / être douteux)

   _____

7. Stéphanie et Martine souhaitent venir aux soirées de la maison française. (Il / ne pas être vrai)

   _____

8. Martin veut acheter un nouvel ordinateur. (Il / être sûr)

   _____

4 **Le concours** Your younger sister wants to be a singer and she is eager to participate in a local contest. Complete this paragraph with the most appropriate verb from the list.

aller	être	finir	pouvoir	venir
avoir	faire	gagner	savoir	vouloir

Ma sœur veut être chanteuse. Je sais que c'(1) _____ difficile et qu'il faut qu'elle
(2) _____ de la chance.

Elle souhaite que nous (3) _____ à un concours pour jeunes talents. Je doute
qu'elle (4) _____ vraiment combien de personnes vont venir, mais je pense qu'elle
(5) _____ y aller quand même (*anyway*). Il est sûr que certaines personnes
(6) _____ gagner ce concours facilement et qu'elles (7) _____ tout
pour gagner.

Il n'est pas certain que ma petite sœur (8) _____ rivaliser (*compete*) avec elles.
Je ne crois pas qu'elle (9) _____ parmi les finalistes, mais il est vrai qu'elle
(10) _____ juste d'avoir la grippe. Enfin, on verra bien. Que le meilleur gagne!

Unité 15

ESPACE CONTEXTES

Leçon 30

1 **Quel genre de film?** Label the type of movie shown on each screen.

1. _____

2. _____

3. _____

4. _____

---

2 **Quelle émission?** Write each item on the list under the type of program where you would most likely hear them.

les beaux-arts	une exposition	la météo
un chef-d'œuvre	un feuilleton	les nouvelles
un dessin animé	les infos	une œuvre
un documentaire	un jeu télévisé	les variétés

une émission d'informations	une émission de divertissement	une émission culturelle
_____	_____	_____
_____	_____	_____
_____	_____	_____
_____	_____	_____

---

3 **Chassez l'intrus** Circle the word that does not belong in each group.

1. un conte, un magazine, une histoire, une peinture
2. un peintre, une publicité, une poétesse, un sculpteur
3. à la télévision, une œuvre, une émission, un programme
4. faire les musées, les beaux-arts, un tableau, un conte
5. publier, littéraire, un peintre, une femme écrivain
6. un roman, une œuvre, une peinture, un jeu télévisé
7. un feuilleton, un drame psychologique, les nouvelles, un film policier
8. un tableau, une histoire, une sculpture, une peinture

4 **Anagrammes** Unscramble these words using the clues provided.

1. TUICÉPIBL _____
   (C'est un film très court qui nous présente des produits à acheter.)

2. TSAFROINNOIM _____
   (C'est une émission qui nous présente ce qui se passe dans notre pays et dans le monde.)

3. MEURTODINACE _____
   (C'est une émission qui traite de (*be about*) la nature, de l'histoire ou de la géographie, par exemple.)

4. TRAITUG _____
   (C'est quand il n'est pas nécessaire de payer.)

5. EPSOSTEÉ _____
   (C'est une femme qui écrit des vers.)

6. EPSOSITINOX _____
   (Elles sont permanentes ou temporaires dans les musées.)

7. DUFOVERHECE _____
   (C'est une œuvre d'art exceptionnelle.)

8. NEFLOTEUIL _____
   (C'est une histoire en plusieurs épisodes.)

5 **La sortie** Complete this conversation about two friends' plans with the most appropriate word or expression.

SOLANGE Je me demande ce qu'on peut faire ce week-end. J'aimerais bien (1) _____,
mais je ne sais pas quelles expositions il y a en ce moment.

FATIMA J'ai acheté (2) _____ hier et j'ai lu (3) _____ sur
une exposition spéciale au musée Rodin.

SOLANGE C'est une bonne idée, je préfère (4) _____ à la peinture et je n'ai
jamais vu *le Penseur*.

FATIMA En plus, comme c'est le premier dimanche du mois, c'est (5) _____.
C'est idéal pour moi parce que j'ai dépensé beaucoup d'argent la semaine dernière.

SOLANGE Qu'est-ce qu'on pourrait bien faire après?

FATIMA J'ai le programme du câble ici. Il y a (6) _____ intéressant, *La marche
des pingouins*. Ça commence à 9h00, juste après (7) _____.

SOLANGE Il n'y a rien d'autres?

FATIMA Si, il y a (8) _____ sur plusieurs chaînes, mais ce n'est pas très
intéressant puisque nous n'avons pas vu les épisodes précédents.

SOLANGE D'accord. C'est décidé: le musée Rodin et *La marche des pingouins*!

ESPACE STRUCTURES

30.1 The subjunctive (Part 4)

1 **Les conditions** You would like to organize a night out with some of your friends but they all seem to have some issue with the plans. Put the verbs in parentheses in the subjunctive or the infinitive to know under which conditions they will come.

1. Salim viendra avec moi à condition que je le _____ (conduire) jusqu'au rendez-vous.

2. Pavel veut travailler un peu avant de _____ (venir).

3. Djamila ne viendra pas à moins que nous _____ (inviter) aussi sa camarade de chambre.

4. Stéphanie va d'abord aller à la bibliothèque pour _____ (étudier).

5. Véronique veut que nous commencions la soirée plus tard pour qu'elle _____ (ne pas être) trop en retard.

6. Henri pense apporter quelque chose à manger pour que nous _____ (ne pas avoir) faim.

7. Cédric veut pouvoir venir plus tard sans que Maryse _____ (faire) de commentaires.

8. Daniel veut partir avant qu'il _____ (être) trop tard.

2 **Les critiques** You are reading some movie reviews. Choose the best conjunction for these sentences from the options given.

1. Je ne reverrais pas ce film _____ (avant qu' / pour qu' / à moins qu') on me paie.

2. C'est le film idéal _____ (avant / à condition que / pour) faire plaisir aux enfants.

3. Je recommande ce film _____ (pour que / à condition que / à moins que) vous parliez couramment anglais.

4. Lisez le roman _____ (pour que / avant de / avant que) voir le film, vous ne serez pas déçu.

5. Je ne raconterai pas la fin du film _____ (jusqu'à ce que / sans que / pour que) vous soyez pleinement surpris.

6. Allez voir ce film _____ (pour / sans / avant de) attendre.

7. Le film est un peu lent _____ (jusqu'à ce que / à condition que / pour que) le personnage principal fasse une chose incroyable.

8. Il faut absolument aller voir ce film _____ (pour qu' / avant qu' / sans qu') il ne soit plus à l'affiche (*on the bill*).

3 **L'appartement** You would like to move into a new apartment, but you first have to go through an interview with the people you will be living with. Answer these questions, using the cues provided. Make all the necessary changes and agreements.

1. Allez-vous payer le loyer à temps? (oui / à condition / vous / accepter / les chèques)

   _____

2. Avez-vous besoin d'une place de parking? (non / à moins / elle / être / gratuit)

   _____

3. Utilisez-vous Internet? (oui / pour / étudier)

   _____

4. Quand voulez-vous emménager? (avant / mon propriétaire / faire / des travaux)

   _____

5. Est-ce que vous prenez votre douche le matin? (oui / avant / prendre mon petit-déjeuner)

   _____

6. Est-ce que vous cuisinez souvent? (tous les jours / à moins / je / avoir trop de travail)

   _____

7. Jusqu'à quand pensez-vous rester? (jusqu'à / mon/ma petit(e) ami(e) / obtenir / son diplôme)

   _____

8. De combien de clés avez-vous besoin? (deux / pour / mes parents / pouvoir / en avoir une / en cas d'urgence)

   _____

4 **Samedi** Alexandra and Anatole are planning what they are going to do this coming Saturday. Fill in the blanks with the most appropriate verb from this list. Make all the necessary changes and agreements. Note that not all the verbs will be used.

avoir	être	parler	passer	pouvoir	savoir
connaître	finir	partir	payer	prendre	trouver

ALEXANDRA Je peux aller au cinéma samedi après-midi, à condition que tu (1) _____ me chercher chez moi après le déjeuner.

ANATOLE Pas de problème. Je serai là-bas avant, à moins qu'il n'y (2) _____ des embouteillages (*traffic jams*). Est-ce que tu sais où il y a un parking à proximité du cinéma?

ALEXANDRA Je pense que tu peux te garer au parking Ferry sans (3) _____ si on arrive tôt. Autrement, on peut rouler dans le quartier jusqu'à ce que nous (4) _____ une place gratuite.

ANATOLE Est-ce que tu peux apporter un plan du quartier pour que je (5) _____ exactement où aller? Il y a tellement de sens uniques (*one-way streets*)! À moins que tu ne (6) _____ bien le quartier.

ALEXANDRA Pas vraiment. Avant de (7) _____ de chez toi, est-ce que tu peux vérifier les horaires (*schedule*)?

ANATOLE Bien sûr. Je voudrais amener un ami. Je voulais te prévenir (*tell*) parce que je n'aime pas inviter des gens sans t'en (8) _____ avant.

ALEXANDRA Pas de problème. Sans que cela (9) _____ indiscret, je peux te demander qui c'est?

ANATOLE C'est mon cousin. Il vient d'arriver du Cameroun. Je ne veux pas le laisser seul jusqu'à ce qu'il (10) _____ se débrouiller (*to get by*) tout seul en ville.

30.2 Review of the subjunctive

1 **Le séjour** Your friend Élisabeth is planning to spend some time in France, but she is asking herself a lot of questions. Combine elements from column A with elements from column B to know exactly what she is thinking.

A

1. Comme mon français n'est pas très bon, j'ai peur… _____

2. Je vais visiter les principaux monuments, à moins… _____

3. Mon français va s'améliorer, à condition… _____

4. Je compte faire les magasins pour… _____

5. Je veux aller au Maroc aussi, mais je doute… _____

6. Mon petit ami va rester ici. Je suis triste… _____

7. Comme je veux goûter aux spécialités locales, il est nécessaire… _____

8. Avant de revenir, il est essentiel… _____

B

a. que je voyage dans différentes régions de France.

b. que je fasse un effort pour parler uniquement en français.

c. que mon séjour soit assez long pour ça.

d. de ne pas pouvoir communiquer facilement.

e. que j'achète des cadeaux pour tout le monde chez moi.

f. qu'ils soient fermés.

g. qu'il ne puisse pas venir avec moi.

h. acheter de nouveaux vêtements.

2 **Le dernier jour** This is the last day of class. You are gathered with your friends and you are reflecting on what people might be doing in the future. Conjugate the verb in parentheses in the future tense, the present tense, or the subjunctive to express your thoughts.

1. Hélène veut travailler dans le cinéma. Je ne doute pas qu'elle _____ (réussir).

2. Patrice adore le français. Il est possible qu'il _____ (habiter) à la Guadeloupe.

3. Farida est partie au Sénégal. Je crois qu'elle _____ (être) médecin là-bas.

4. Axelle aime beaucoup cuisiner, mais je ne pense pas qu'elle _____ (vouloir) ouvrir son propre restaurant.

5. Hakim adore la sculpture. Je souhaite qu'il _____ (faire) bientôt des expositions de ses propres œuvres.

6. Josie ne sait pas quoi faire après ses études. Je pense qu'il est important qu'elle _____ (prendre) une décision rapidement.

7. Chuyen compte devenir chanteuse. Je pense qu'elle _____ (pouvoir) le faire.

8. Alexandre veut voyager pendant un an. Je sais qu'il _____ (aller) à Tahiti en premier.

3 **Les beaux-arts** The local art school is opening its doors for the weekend. You and some friends are walking about the school, looking at the students' work. Write complete sentences using the cues provided to know what everybody said. Make all the necessary changes and agreements.

1. je / penser / l'École des beaux-arts / être / très sélectif

_____

2. nous / ne pas croire / les étudiants / pouvoir / vendre leurs œuvres

_____

3. il / être nécessaire / les étudiants / savoir / bien dessiner

_____

4. elle / vouloir / elle / prendre / des cours de sculpture

_____

5. il / être possible / nous / aller / à la réception / ce soir

_____

6. vous / croire / les visiteurs / vouloir / connaître le sculpteur / ?

_____

7. tu / vouloir / l'artiste / savoir / tu / adorer / ses tableaux

_____

8. il / être essentiel / je / faire la connaissance / de cette artiste

_____

4 **La conseillère** You are applying for an internship abroad, but you are afraid you have made some mistakes with your application. You are meeting with a counselor to get help. Choose the best option to fill in the blank. Conjugate the verbs in the indicative present or the subjunctive.

à moins que	croire	être essentiel que	ne pas croire que	prendre
avoir peur de	être	finir	préférer	savoir

L'ÉTUDIANT(E) Il faut que je/j' (1) _____ de remplir le formulaire pour mon stage.

LA CONSEILLÈRE Bien sûr. Tout d'abord, il est essentiel que vous (2) _____ que votre dossier (*file*) doit être terminé demain.

L'ÉTUDIANT(E) Je ne pense pas que ce (3) _____ un problème, mais est-ce que vous (4) _____ que vous pourriez le vérifier? Je/J' (5) _____ avoir fait des erreurs.

LA CONSEILLÈRE Pas de problème. D'après ce que je vois, votre demande (*request*) ne peut pas être acceptée, (6) _____ vous ne sachiez parler couramment français. De plus, il (7) _____ vous puissiez rester pendant trois mois.

L'ÉTUDIANT(E) Je sais, mais je/j' (8) _____ ce soit un problème car j'ai un bon niveau de français.

LA CONSEILLÈRE Alors, je propose que vous (9) _____ un café pendant que je vérifie votre dossier.

L'ÉTUDIANT(E) Je/J' (10) _____ attendre ici si cela ne vous dérange (*disturb*) pas.

Workbook

Unité 15

Savoir-faire

PANORAMA

1 La carte Label the map from **les Antilles**. Write the name of each place.

CUBA
Porto Rico 2.
3.
LA 1. 4.
JAMAÏQUE 5.
LE
VENEZUELA LE SURINAM
LA 6.
COLOMBIE
LA GUYANA

1. _____
2. _____
3. _____
4. _____
5. _____
6. _____

2 Les chiffres et les dates Complete these sentences with the appropriate date or number from Panorama.

1. La montagne Pelée est entrée en éruption en _____.

2. L'éruption de la montagne Pelée a laissé _____ survivants.

3. Paul Gauguin a déménagé à Tahiti en _____.

4. Paul Gauguin est mort en _____.

5. Toussaint Louverture a mené une rébellion en _____.

6. Haïti gagne son indépendance en _____.

7. Maryse Condé a commencé sa carrière d'écrivain en _____.

8. On trouve une perle noire dans une huître sur _____.

3 L'agence de voyage Complete this conversation you have overheard at a travel agency with words or expressions from the section **Panorama** to know what the travel agent is suggesting.

AGENT DE VOYAGE Si vous allez en Polynésie, vous pouvez voir des courses (1) _____.

CLIENT Et où est-ce que je peux voir les paysages que (2) _____ a peint?

AGENT DE VOYAGE Ça, c'est à Tahiti. Vous savez que vous pouvez aussi faire du wakeboard dans les îles de la (3) _____ et peut-être même rencontrer (4) _____.

CLIENT Fantastique!

AGENT DE VOYAGE Si vous vous intéressez à (5) _____, vous pourrez acheter des perles noires à Tahiti. Vous savez que (6) _____ est un grand centre de la perliculture.

CLIENT Et la Martinique?

AGENT DE VOYAGE C'est magnifique. Vous pouvez explorer (7) _____.

CLIENT Ce n'est pas dangereux?

AGENT DE VOYAGE Non, les éruptions sont rares, même si (8) _____ a été dévastée en 1902.

Workbook

Workbook

4 **Vrai ou faux?** Indicate whether these statements are **vrai** or **faux**. Correct the false statements.

1. L'île de Saint-Martin est entièrement française.

_____

2. Les historiens doutent de l'authenticité de l'histoire d'un homme qui dit que la prison l'a protégé de l'éruption de la montagne Pelée.

_____

3. Gauguin a fini sa vie en Polynésie française.

_____

4. Gauguin est inspiré par la vie et la science modernes.

_____

5. Les îles Marquises font partie de l'archipel des Antilles.

_____

6. Toussaint Louverture est élu gouverneur d'Haïti et de Saint-Domingue.

_____

7. Haïti est la première République noire du monde.

_____

8. L'industrie perlière a poussé des gens à abandonner certains endroits ruraux pour aller en ville.

_____

5 **Les personnalités** Fill in the crossword puzzle with the names of famous people from **les Antilles** and **la Polynésie française**.

1. C'est le nom d'un ancien esclave qui a mené une rébellion pour l'abolition de l'esclavage.
2. Elle a écrit le roman *Moi, Tituba Sorcière*.
3. C'est le nom d'un chanteur de rap.
4. C'est le nom de la personne qui a proclamé l'indépendance d'Haïti.
5. C'est le nom d'un grand poète des Antilles.
6. Ce peintre est connu pour ses peintures de femmes.
7. Cette actrice est également célèbre aux États-Unis.
8. C'est le nom d'un écrivain martiniquais.

Unité 1, Leçon 1

AU CAFÉ

Avant de regarder

1 **Qu'est-ce qui se passe?** Look at the photo and guess what these people might be saying to one another.

_____

_____

_____

_____

_____

En regardant la vidéo

2 **Identifiez-les!** Match these characters with their names.

1. _____

2. _____

3. _____

4. _____

5. _____

6. _____

7. _____

a. Amina
b. David
c. Sandrine
d. Stéphane
e. Rachid
f. Michèle
g. Madame Forestier

3 **Qui?** Watch the scene on the terrace and indicate which character says these lines. Write **R** for Rachid, **A** for Amina, **S** for Sandrine, or **D** for David.

_____ 1. Ben... ça va. Et toi?

_____ 2. Je vous présente un ami.

_____ 3. Enchanté.

_____ 4. Bienvenue à Aix-en-Provence.

_____ 5. Bon ... à tout à l'heure.

_____ 6. À bientôt, David.

4 **Complétez** Watch as Valérie takes a phone call from her son's school and complete the conversation with the missing words from the list.

au revoir	bonjour	problème
beaucoup	Madame	

1. Allô. Oui. _____, Madame Richard.

2. Il y a un _____ au lycée?

3. Oui, merci, merci _____ Richard.

4. Merci _____!

5. De rien, _____!

Après la vidéo

5 **Vrai ou faux?** Indicate whether these statements are **vrai** or **faux**.

	Vrai	Faux
1. David is a university student.	○	○
2. David is Canadian.	○	○
3. Madame Richard is a political science teacher.	○	○
4. Stéphane is a college student.	○	○
5. Rachid rushes off to his French class.	○	○

6 **Expliquez** In English, explain what is happening in this photo.

_____

_____

_____

_____

_____

7 **À vous!** Imagine that Rachid is introducing you to one of his friends. Write a short dialogue in which you greet one another, exchange names, and talk briefly before saying good-bye.

_____

_____

_____

_____

_____

_____

_____

_____

_____

Video Manual: *Roman-photo*

Unité 1, Leçon 2

Roman-photo

LES COPAINS

Avant de regarder

1 **Qu'est-ce qui se passe?** In this video module, David asks about the people he has just met. In preparation for watching the video, make a list of adjectives you might hear.

_____

_____

_____

_____

_____

En regardant la vidéo

2 **Mettez-les en ordre!** Watch the first scene and number these nationalities in the order in which they are mentioned.

_____ a. anglais

_____ b. américain

_____ c. canadien

_____ d. français

_____ e. italien

3 **Oui, maman!** Watch the scene between Stéphane and his mother and complete the paragraph with the missing words.

brillant	classe	filles	livre
cahier	fenêtres	intelligent	professeur

Stéphane! Tu es (1) _____, mais tu n'es pas

(2) _____! En (3) _____,

on fait attention au (4) _____, au

(5) _____ et au (6) _____!

Pas aux (7) _____. Et pas aux

(8) _____!

4 **Qui?** Watch the scene as Amina and David chat on the terrace and indicate which character says these lines. Write **A** for Amina, **D** for David, or **V** for Valérie.

_____ 1. Bon, elle est chanteuse, alors, elle est un peu égoïste.

_____ 2. Et Rachid, mon colocataire? Comment est-il?

_____ 3. Michèle! Un stylo, s'il vous plaît! Vite!

_____ 4. Tu es de quelle origine?

_____ 5. Oh! Rachid! C'est un ange!

_____ 6. D'origine sénégalaise.

Après la vidéo

5 **Identifiez-les!** According to the video, which characters do these statements describe? Each description may fit more than one character.

1. Il/Elle est agréable. _____

2. Il/Elle est d'origine sénégalaise. _____

3. Il/Elle est sociable. _____

4. Il/Elle est patient(e). _____

5. Il/Elle est américain(e). _____

6. Il/Elle est d'origine algérienne. _____

7. Il/Elle est égoïste. _____

8. Il/Elle est modeste. _____

9. Il/Elle est français(e). _____

10. Il/Elle est réservé(e). _____

6 **Vrai ou faux?** Indicate whether these statements are **vrai** or **faux**.

	Vrai	Faux
1. Rachid est un excellent camarade de chambre.	○	○
2. Stéphane est brillant.	○	○
3. Sandrine est chanteuse.	○	○
4. Madame Forestier est calme.	○	○
5. Michèle est optimiste.	○	○
6. Il y a un touriste américain.	○	○

7 **À vous!** In this episode, you see the contents of Stéphane's backpack. In French, list as many items as you can that you carry in your school bag.

Dans mon sac à dos, il y a... _____

_____

_____

_____

_____

_____

Unité 2, Leçon 3

TROP DE DEVOIRS!

Roman-photo

Avant de regarder

1   **Qu'est-ce qui se passe?** In this video, the characters talk about their classes and what they think about them. What words and expressions do you think they might say?

_____
_____
_____
_____
_____

En regardant la vidéo

2   **Qui?** Watch the first scene and indicate which character says these lines. Write **An** for Antoine, **R** for Rachid, or **D** for David.

_____ 1. Les études, c'est dans la tête.

_____ 2. Est-ce que tu oublies ton coloc'?

_____ 3. On a rendez-vous avec Amina et Sandrine.

_____ 4. Je déteste le cours de sciences po.

_____ 5. Le P'tit Bistrot? Sympa.

_____ 6. Je n'aime pas tellement le prof, Monsieur Dupré,
         mais c'est un cours intéressant et utile.

_____ 7. Ah oui? Bon, ben, salut Antoine!

_____ 8. Moi, je pense que c'est très difficile, et il y a beaucoup de devoirs.

3   **Finissez-les!** Watch the scene as the four friends discuss their day. Match the first half of these sentences with their completions according to what you hear.

1. Je suis chanteuse, … _____

2. C'est cool, … _____

3. Donne-moi… _____

4. Comme j'adore… _____

5. C'est différent de l'université
américaine, … _____

6. J'aime bien les cours… _____

7. Bon, Pascal, … _____

8. Demain, on étudie… _____

a. j'adore Dumas.

b. au revoir, chéri.

c. *Les Trois Mousquetaires* d'Alexandre
Dumas.

d. de littérature et d'histoire françaises.

e. mais c'est intéressant.

f. mais j'adore les classiques de la littérature.

g. penser à toi!

h. le sac à dos, Sandrine.

4 **Les matières** Place a check mark next to the subjects Stéphane is studying.

❏ 1. les maths
❏ 2. la physique
❏ 3. l'anglais
❏ 4. le droit
❏ 5. le français

❏ 6. le stylisme
❏ 7. l'histoire-géo
❏ 8. les sciences politiques
❏ 9. la chimie
❏ 10. la psychologie

Après la vidéo

5 **Vrai ou faux?** Indicate whether these statements are **vrai** or **faux**.

	Vrai	Faux
1. Rachid déteste le cours de sciences po.	○	○
2. Rachid et Antoine partagent un des appartements du P'tit Bistrot.	○	○
3. Rachid n'aime pas Monsieur Dupré.	○	○
4. Rachid pense que le cours de sciences po est très difficile.	○	○
5. Rachid pense que le cours de sciences po est utile.	○	○
6. Stéphane n'étudie pas l'anglais.	○	○
7. Stéphane déteste les maths.	○	○
8. Stéphane pense que Madame Richard donne trop de devoirs.	○	○
9. Stéphane adore l'histoire-géo.	○	○
10. Stéphane n'aime pas Monsieur Dupré.	○	○

6 **Expliquez** What is happening in this photo? In English, describe the events leading up to this moment.

_____
_____
_____
_____
_____
_____
_____
_____
_____

7 **À vous!** Give your opinion about four of your classes. Use a variety of adjectives to describe them.

1. Mon cours de/d'_____, c'est _____.

2. Mon cours de/d'_____, c'est _____.

3. Mon cours de/d'_____, c'est _____.

4. Mon cours de/d'_____, c'est _____.

Video Manual: *Roman-photo*

Unité 2, Leçon 4

ON TROUVE UNE SOLUTION

Roman-photo

Avant de regarder

1   **Qu'est-ce qui se passe?**   Look at the title of this episode and the photo below. What problem do you think Rachid and Stéphane are discussing? What solution might they find?

_____

_____

_____

_____

_____

En regardant la vidéo

2   **Qui?**   Indicate which character says these lines. Write **R** for Rachid, **As** for Astrid, **S** for Sandrine, **D** for David, or **St** for Stéphane.

_____ 1. Quel jour sommes-nous?

_____ 2. Alors, cette année, tu as des cours difficiles, n'est-ce pas?

_____ 3. C'est un examen très important.

_____ 4. C'est difficile, mais ce n'est pas impossible.

_____ 5. Euh, n'oublie pas, je suis de famille française.

_____ 6. Mais le sport, c'est la dernière des priorités.

_____ 7. Tu as tort, j'ai très peur du bac!

_____ 8. Il n'est pas tard pour commencer à travailler pour être reçu au bac.

3   **Complétez**   Watch the conversation between Astrid and Stéphane and complete the conversation with the missing words.

copains	envie	oublient
d'accord	livres	passer

Je suis (1) _____ avec toi, Stéphane! Moi non

plus, je n'aime pas (2) _____ mes journées et

mes week-ends avec des (3) _____.

J'ai (4) _____ de passer les week-ends avec

mes (5) _____... des copains qui

n'(6) _____ pas les rendez-vous!

4 **Mettez-les en ordre!** Number these events in the order in which they occur in the video.

_____ a. Astrid et Rachid parlent du bac.

_____ b. Stéphane parle de ses problèmes.

_____ c. Rachid présente David à Astrid.

_____ d. Rachid propose une solution.

_____ e. Astrid et Rachid trouvent Stéphane au parc.

Après la vidéo

5 **Qui est-ce?** Select the person each statement describes.

1. Il/Elle a cours de stylisme.
   - a. Sandrine b. Amina c. Astrid d. Rachid e. Stéphane
2. Il/Elle ne fait pas ses devoirs.
   - a. Sandrine b. Amina c. Astrid d. Rachid e. Stéphane
3. Il/Elle a cours de chant.
   - a. Sandrine b. Amina c. Astrid d. Rachid e. Stéphane
4. Il/Elle n'écoute pas les profs.
   - a. Sandrine b. Amina c. Astrid d. Rachid e. Stéphane
5. Il/Elle travaille avec Stéphane le mercredi.
   - a. Sandrine b. Amina c. Astrid d. Rachid e. Stéphane

6 **Vrai ou faux?** Indicate whether these statements are **vrai** or **faux**.

	Vrai	Faux
1. Le cours de stylisme est à quatre heures vingt.	○	○
2. Aujourd'hui, c'est mercredi.	○	○
3. On a rendez-vous avec David demain à cinq heures.	○	○
4. Le cours de chant est le mardi et le jeudi.	○	○
5. Stéphane n'assiste pas au cours.	○	○
6. Stéphane a rendez-vous avec Rachid dimanche.	○	○

7 **À vous!** In this episode, you heard the characters discuss their classes and when they have them. Complete these sentences to tell what days you have classes. Use the words listed and any other words you know.

anglais	maths
français	sciences
histoire	

lundi	jeudi
mardi	vendredi
mercredi	samedi

Modèle

J'ai cours de physique le lundi et le mercredi.

1. J'ai cours de/d' _____ le _____.

2. J'ai cours de/d' _____ le _____.

3. J'ai cours de/d' _____ le _____.

4. J'ai cours de/d' _____ le _____.

Video Manual: *Roman-photo*

Unité 3, Leçon 5

L'ALBUM DE PHOTOS

Avant de regarder

1 **Examinez le titre** Look at the title of the video module. Based on the title and the video still below, what do you think you will see in this episode? Use your imagination and answer in French.

_____

_____

_____

_____

_____

En regardant la vidéo

2 **Les photos de tante Françoise** As the characters look at the family photos, check off each family member you see or hear described.

❑ 1. Stéphane's younger cousin, Bernard
❑ 2. Valérie's older brother, Henri
❑ 3. Valérie's sister-in-law
❑ 4. Valérie's sister
❑ 5. Stéphane's least favorite cousin, Charles

❑ 6. Stéphane's dog, Socrates
❑ 7. Charles' dog, Socrates
❑ 8. Françoise's daughter, Sophie
❑ 9. Sophie's brother, Bernard
❑ 10. Henri's oldest son, Charles

3 **Associez** Match each person with the adjective(s) used to describe them in this video segment. Some adjectives may be used for more than one person.

a. heureux/heureuse
b. sérieux/sérieuse
c. brillant(e)
d. intelligent(e)
e. timide
f. sociable
g. joli(e)
h. curieux/curieuse

_____ 1. Amina
_____ 2. Michèle
_____ 3. Henri
_____ 4. Charles

_____ 5. Sophie
_____ 6. Françoise
_____ 7. Rachid
_____ 8. Stéphane

4 **Vrai ou faux?** Indicate whether each statement is **vrai** or **faux**.

	Vrai	Faux
1. Amina connaît (*knows*) bien Cyberhomme.	O	O
2. Michèle et Amina sont amies.	O	O
3. Valérie pense que Stéphane doit (*should*) étudier davantage (*more*).	O	O
4. Stéphane pense qu'il étudie beaucoup.	O	O
5. Stéphane ne comprend (*understand*) pas comment utiliser un CD-ROM.	O	O
6. Stéphane et Valérie regardent des photos sur l'ordinateur d'Amina.	O	O
7. Michèle est une amie de Sophie.	O	O
8. Stéphane n'aime pas Socrates.	O	O
9. Valérie pense que Rachid est un bon (*good*) étudiant.	O	O
10. Amina pense que préparer le bac avec Rachid est une mauvaise idée.	O	O

Après la vidéo

5 **Corrigez** Each statement below contains one piece of false information. Underline the incorrect word(s), and write the correct one(s) in the space provided.

1. Cyberhomme est le cousin d'Amina. _____

2. Michèle est timide. _____

3. Stéphane a vingt-quatre ans. _____

4. Stéphane adore ses cours. _____

5. Stéphane a un dictionnaire espagnol-français. _____

6. Il a aussi un cahier pour le cours de littérature. _____

7. Henri a quarante-sept ans. _____

8. Henri est célibataire. _____

9. Il y a un chat sur la photo. _____

10. Amina aime l'idée de Stéphane; elle est pessimiste. _____

6 **Répondez** Answer these questions in complete sentences.

1. Amina mange-t-elle?

_____

2. Qu'est-ce qu'Amina a besoin de faire (do)?

_____

3. Qu'est-ce qu'il y a dans le sac à dos de Stéphane?

_____

4. Quel (Which) cousin est-ce que Stéphane n'aime pas?

_____

5. Combien d'enfants Henri et Françoise ont-ils?

_____

6. Pourquoi est-ce une idée géniale de préparer le bac avec Rachid?

_____

7 **À vous!** In your own words, describe the people in the family photo according to what you heard in the video episode. Include names, relationship to Valérie, Stéphane, or each other, and any other details you remember, such as age, appearance, or personality.

_____
_____
_____
_____
_____
_____
_____
_____

Video Manual: *Roman-photo*

Unité 3, Leçon 6

ON TRAVAILLE CHEZ MOI!

Avant de regarder

1

La famille de Rachid Look at this photo and use your imagination to write a brief description of Rachid's family. Who are the people? What do they look like? What are their personalities like? What are their professions?

_____

_____

_____

_____

_____

En regardant la vidéo

2

Qui? As you watch this episode, indicate which person says each statement. Write **A** for Amina, **R** for Rachid, **D** for David, **S** for Sandrine, and **St** for Stéphane.

_____ 1. Il n'est pas dans ton sac à dos?

_____ 2. Mais non! La table à côté de la porte.

_____ 3. Numéro de téléphone 06.62.70.94.87. Mais qui est-ce?

_____ 4. Tu n'es pas drôle!

_____ 5. On travaille chez moi!

_____ 6. Sandrine est tellement pénible.

_____ 7. J'ai besoin d'un bon café.

_____ 8. Allez, si *x* égale 83 et *y* égale 90, la réponse c'est...

3

Les professions Match the profession in the right column to the person in the left column. There are more professions than you will need.

_____ 1. Stéphane

_____ 2. Valérie

_____ 3. le père de Rachid

_____ 4. la mère de Rachid

a. coiffeur

b. propriétaire

c. avocate

d. journaliste

e. architecte

f. médecin

4

Ce n'est pas vrai! Place a checkmark beside the actions that do *not* occur in each scene.

Au café...

❑ 1. Rachid aide Sandrine à trouver son téléphone.

❑ 2. Stéphane va (*goes*) étudier chez Rachid.

❑ 3. Sandrine parle avec Pascal.

❑ 4. Sandrine demande où est David.

❑ 5. Un téléphone sonne (*rings*).

Chez David et Rachid...

❑ 6. David demande où est Sandrine.

❑ 7. David dit (*says*) qu'il a envie de manger quelque chose.

❑ 8. David va au café.

❑ 9. Rachid parle avec sa famille.

❑ 10. Stéphane donne la bonne réponse.

Après la vidéo

5 **Choisissez** Select the option that best completes each statement.

1. Sandrine ne trouve pas _____.
   a. son palm   b. son téléphone   c. son sac à dos

2. Stéphane pense que Sandrine est _____.
   a. pénible   b. belle   c. naïve

3. David a envie d'aller (*to go*) au café parce que _____ y (*there*) est.
   a. Amina   b. Valérie   c. Sandrine

4. Rachid pense que _____ est pénible.
   a. Stéphane   b. David   c. Valérie

5. Les _____ de Rachid habitent en Algérie.
   a. parents   b. sœurs   c. grands-parents

6. Ses _____ habitent à Marseille.
   a. cousins   b. parents   c. deux frères

7. Le père de Rachid est _____.
   a. travailleur   b. occupé   c. nerveux

8. La mère de Rachid est _____.
   a. vieille   b. agréable   c. active

6 **Répondez** Answer these questions in complete sentences.

1. Quand Sandrine cherche son téléphone, où est-il?

   _____

2. Qui appelle (*is calling*) Sandrine au téléphone?

   _____

3. Pourquoi est-ce que Stéphane pense que Sandrine est pénible?

   _____

4. Comment est la famille de Rachid?

   _____

5. Pourquoi est-ce que Stéphane et Rachid préparent le bac?

   _____

7 **À vous!** In your own words, write a list of the principal actions that occur in this episode in chronological order. Include as many details as you can. Your list should include at least six actions.

_____

_____

_____

_____

_____

_____

Video Manual: *Roman-photo*

Unité 4, Leçon 7

STAR DU CINÉMA

Roman-photo

Avant de regarder

1 **Examinez le titre** Look at the title of the video module. Based on the title and the video still below, what do you think Sandrine, Amina, and David are saying? Use your imagination.

_____

_____

_____

_____

_____

En regardant la vidéo

2 **Qui?** Indicate which character says these lines. Write **D** for David, **A** for Amina, **S** for Sandrine, or **P** for Pascal.

_____ 1. Et quand est-ce que tu vas rentrer?

_____ 2. Je vais passer chez Amina pour bavarder avec elle.

_____ 3. Bon, moi, je vais continuer à penser à toi jour et nuit.

_____ 4. Elle est là, elle est là!

_____ 5. C'est une de mes actrices préférées!

_____ 6. Mais elle est où, cette épicerie?

_____ 7. Il n'y a pas d'église en face du parc!

_____ 8. Oh, elle est belle!

_____ 9. Elle est vieille?!

_____ 10. Tu es complètement fou!

3 **Qu'est-ce qu'elle va faire?** Watch the telephone conversation between Pascal and Sandrine. Then place a check mark beside the activities Sandrine mentions.

❑ 1. étudier
❑ 2. déjeuner
❑ 3. passer chez Amina
❑ 4. aller au cinéma
❑ 5. penser à Pascal jour et nuit
❑ 6. bavarder avec Amina
❑ 7. aller danser
❑ 8. dépenser de l'argent

Video Manual: *Roman-photo*

4 **Complétez** Complete these sentences with the missing words you hear in this video segment.

1. Mais, _____ est là?

2. _____?!? Qui?!? Où?!?

3. Mais elle est _____, cette épicerie?

4. Elle est à l'épicerie _____ l'église, _____ du parc.

5. Et _____ d'églises est-ce qu'il y a à Aix?

6. Bon, ben, l'église _____ la place.

7. Elle est ici au _____ ou en _____?

8. _____ est-ce qu'elle ne fréquente pas le P'tit Bistrot?

Après la vidéo

5 **Une vraie star!** For items 1–7, fill in the missing letters in each word. Unscramble the letters in the boxes to find the answer to item 8.

1. Pascal adore b __ __ __ ☐ __ __ __ au téléphone.

2. Sandrine va déjeuner au c __ __ ☐ __ __-__ __ __ __ __.

3. Pascal est le p __ __ __ ☐ __ __ de Sandrine.

4. David pense que Juliette Binoche est à une é __ __ ☐ __ __ __ __ à Aix-en-Provence.

5. Il n'y a pas d'é __ __ ☐ __ __ en face du parc.

6. Amina pense que Juliette Binoche est c __ __ ☐.

7. Sandrine pense que Juliette Binoche est j __ __ __ ☐.

8. Juliette Binoche est _____.

6 **Mettez-les en ordre!** Number these events in the order in which they occur.

_____ a. David pense qu'il voit (*sees*) Juliette Binoche.

_____ b. Amina, Sandrine et David découvrent (*discover*) que la femme à l'épicerie n'est pas Juliette Binoche.

_____ c. Amina, Sandrine et David trouvent l'épicerie.

_____ d. Sandrine et Pascal parlent au téléphone.

_____ e. Amina, Sandrine et David cherchent Juliette Binoche.

7 **À vous!** Complete the chart with activities you plan to do this week. Then indicate when and where you will do each activity.

Activité	Quand?	Où?

Unité 4, Leçon 8

Roman-photo

L'HEURE DU DÉJEUNER

Avant de regarder

 Au café What kinds of things do you say and do when you have lunch in a café?

_____

_____

_____

_____

En regardant la vidéo

2 **Qui?** Watch this segment and indicate who these statements describe. Write **A** for Amina, **D** for David, **R** for Rachid, and **S** for Sandrine.

1. _____ et _____ ont envie
   de manger un sandwich.

2. _____ a envie d'une bonne boisson.

3. _____ a envie de dessiner un peu.

4. _____ a un examen de sciences po.

5. _____ et _____ vont au café.

6. _____ et _____ rentrent.

3 **Qu'est-ce qu'elles commandent?** Watch this video segment and check the boxes to indicate whether Sandrine, Amina, or no one (**personne**) is having these foods and beverages.

	Sandrine	Amina	personne
1. la soupe de poisson	_____	_____	_____
2. un éclair	_____	_____	_____
3. de l'eau minérale	_____	_____	_____
4. un sandwich au fromage	_____	_____	_____
5. du pain	_____	_____	_____
6. un sandwich jambon-fromage	_____	_____	_____
7. une limonade	_____	_____	_____
8. des frites	_____	_____	_____

Video Manual: _Roman-photo_

4 **Qu'est-ce qui se passe?** Match the actions in the left column with the people who do them. Some actions apply to more than one person.

_____ 1. prendre un sandwich   a. Valérie

_____ 2. ne pas comprendre l'addition   b. Michèle

_____ 3. commander un café et des croissants   c. Sandrine

_____ 4. faire (*commit*) une erreur   d. Amina

_____ 5. ne pas boire de limonade   e. les clients de la table 7

_____ 6. prendre du jus d'orange uniquement le matin   f. les clients de la table 8

Après la vidéo

5 **Corrigez** Each statement below contains one piece of false information. Underline the incorrect word(s), and write the correct one(s) in the space provided.

1. Amina a envie de manger un croissant. _____

2. David et Sandrine vont au café. _____

3. Rachid a un examen d'histoire. _____

4. Valérie sert (*serves*) une soupe de fromage. _____

5. Amina et Sandrine boivent du coca. _____

6. Valérie explique l'erreur de l'addition aux clients. _____

6 **Sélectionner** Select the words that correctly complete each statement.

1. Sandrine a _____.
   a. froid   b. soif   c. peur

2. David a envie _____.
   a. d'étudier   b. de dessiner   c. d'aller au cinéma

3. Sandrine voudrait (*would like to*) apprendre à préparer _____.
   a. des éclairs   b. des frites   c. des croissants

4. La boisson gazeuse de la table huit coûte _____.
   a. 1,25 €   b. 1,50 €   c. 1,75 €

5. Les clients de la table sept commandent _____.
   a. un thé   b. une limonade   c. une bouteille d'eau minérale

7 **À vous!** What might you order to eat and drink in a café? Complete these statements according to the situations described.

1. **Vous avez très faim:** Moi, je vais prendre _____ et _____.

2. **Vous avez froid:** Je vais manger _____. Comme boisson, je vais prendre _____.

3. **Vous n'avez pas très faim:** Je vais prendre _____ ou peut-être _____.

4. **Vous avez soif:** Comme boisson, je vais prendre _____.

5. **Vous avez sommeil:** Comme boisson, je vais prendre _____.

6. **Vous avez chaud:** Je vais boire _____. Je ne vais pas prendre _____.

Unité 5, Leçon 9

AU PARC

Roman-photo

Avant de regarder

1 **Les loisirs** Look at the photo and consider the title of this video episode. What do you think this episode will be about?

_____
_____
_____
_____
_____
_____
_____

En regardant la vidéo

2 **Qui?** Watch the first scene and indicate which character says these lines. Write **D** for David, **R** for Rachid, or **S** for Sandrine.

_____ 1. Oh, là, là… On fait du sport aujourd'hui!

_____ 2. Je joue au foot très souvent et j'adore!

_____ 3. Mon passe-temps favori, c'est de dessiner la nature.

_____ 4. Oh, quelle belle journée! Faisons une promenade!

_____ 5. Je n'ai pas beaucoup de temps libre avec mes études.

_____ 6. J'ai besoin d'être sérieux.

3 **Les activités** Check off the activities that are mentioned in the video.

❑ 1. faire du vélo
❑ 2. jouer au football
❑ 3. aller à la pêche
❑ 4. dessiner
❑ 5. jouer au volleyball
❑ 6. jouer aux échecs
❑ 7. sortir

❑ 8. faire du ski
❑ 9. jouer au baseball
❑ 10. jouer aux cartes
❑ 11. faire de la planche à voile
❑ 12. jouer au basket
❑ 13. jouer au football américain
❑ 14. jouer au tennis

Video Manual: *Roman-photo*

4 **Complétez** Watch the segment with Rachid and Stéphane and complete these sentences with the missing words.

STÉPHANE Pfft! Je n'aime pas (1) _____.

RACHID Mais, qu'est-ce que tu aimes, à part (2) _____?

STÉPHANE Moi? J'aime presque tous (3) _____. Je fais (4) _____,
(5) _____, du vélo… et j'adore (6) _____.

5 **David et Sandrine** Watch the conversation between David and Sandrine, then choose the best answer for these questions.

1. Selon David, les sports favoris des Américains sont _____.
   a. le baseball et le basket   b. le football et le volley-ball   c. le football et le tennis
2. Les Américains adorent regarder _____ à la télé.
   a. le basket   b. le football américain   c. le baseball
3. Sandrine aime bien _____ le week-end.
   a. faire du sport   b. dessiner   c. sortir
4. Sandrine aime _____.
   a. aller au cinéma   b. aller à des concerts   c. aller au cinéma et à des concerts
5. Sandrine adore _____.
   a. danser   b. regarder des films   c. chanter
6. David aime _____.
   a. jouer au basket   b. dessiner   c. bricoler

Après la vidéo

6 **J'aime…** Complete the chart with the activities, pastimes, or sports that you enjoy participating in. Also, indicate when and where you do each activity.

Mes loisirs préférés	Quand?	Où?

7 **À vous!** Answer these questions in French.

1. Est-ce que vos amis sont sportifs? Quels sont leurs sports préférés?

   _____

   _____

2. Qu'est-ce que vous aimez faire avec vos amis quand vous avez du temps libre?

   _____

   _____

3. Qu'est-ce que vous allez faire ce week-end? Mentionnez au moins trois choses.

   _____

   _____

Video Manual: *Roman-photo*

Unité 5, Leçon 10

QUEL TEMPS!

Roman-photo

Avant de regarder

1   **Le temps**   In this video episode, the characters talk about seasons, the date, and weather. What kinds of expressions do you think they might say?

_____

_____

_____

_____

_____

En regardant la vidéo

2   **Les mois de l'année**   Which months are mentioned in this video episode?

❑ 1. janvier   ❑ 7. juillet

❑ 2. février   ❑ 8. août

❑ 3. mars   ❑ 9. septembre

❑ 4. avril   ❑ 10. octobre

❑ 5. mai   ❑ 11. novembre

❑ 6. juin   ❑ 12. décembre

3   **Quel temps fait-il?**   In what order are these weather conditions mentioned in the video?

_____ a. Il fait bon.

_____ b. Il pleut.

_____ c. Il fait chaud.

_____ d. Il fait beau.

_____ e. Il neige.

_____ f. Il fait froid.

4   **Qui?**   Watch the scene in Rachid and David's apartment and indicate which character says these lines. Write **D** for David, **R** for Rachid, or **S** for Sandrine.

_____ 1. Je sors même quand il fait très froid.

_____ 2. Je déteste la pluie. C'est pénible.

_____ 3. Cette année, je fête mes vingt et un ans.

_____ 4. Oh là là! J'ai soif.

_____ 5. C'est vrai, David, tu as vraiment du talent.

_____ 6. Mais… qu'est-ce que vous faites, tous les deux?

Video Manual: *Roman-photo*

5 **Descriptions** Indicate which person these statements describe.

1. _____ Il/Elle étudie Napoléon.
   a. Rachid   b. David   c. Stéphane   d. Sandrine
2. _____ Son anniversaire, c'est le 15 janvier.
   a. Rachid   b. David   c. Stéphane   d. Sandrine
3. _____ Il/Elle préfère l'été.
   a. Rachid   b. David   c. Stéphane   d. Sandrine
4. _____ Il/Elle aime regarder les sports à la télé.
   a. Rachid   b. David   c. Stéphane   d. Sandrine
5. _____ Il/Elle célèbre ses dix-huit ans samedi prochain.
   a. Rachid   b. David   c. Stéphane   d. Sandrine

Après la vidéo

6 **Vrai ou faux?** Indicate whether these statements are **vrai** or **faux**.

	Vrai	Faux
1. À Washington, il pleut souvent à l'automne et en hiver.	○	○
2. Stéphane a dix-neuf ans.	○	○
3. Le Tour de France commence au mois d'août.	○	○
4. L'anniversaire de Sandrine est le 20 juillet.	○	○
5. Sandrine va préparer une omelette pour David et Rachid.	○	○
6. Pour célébrer son anniversaire, Sandrine invite ses amis au restaurant.	○	○

7 **À vous!** Answer these questions in French.

1. C'est quand, votre anniversaire?

   _____

   _____

   _____

2. Quelle est votre saison préférée? Pourquoi? _____

   _____

   _____

   _____

3. Qu'est-ce que vous aimez faire quand il fait beau? _____

   _____

   _____

   _____

4. Qu'est-ce que vous aimez faire quand il pleut? _____

   _____

   _____

   _____

Unité 6, Leçon 11

LES CADEAUX

Roman-photo

Avant de regarder

1   **Qu'est-ce qui se passe?**   Look at the video still. What are the people doing? Consider the title and the photo, and guess what will happen in this episode.

_____

_____

_____

_____

_____

En regardant la vidéo

2   **Les desserts**   Watch Sandrine's phone call and place a check mark next to the desserts Sandrine mentions to Pascal.

- ❏   1. de la glace
- ❏   2. une mousse au chocolat
- ❏   3. un gâteau d'anniversaire
- ❏   4. une tarte aux pommes
- ❏   5. des biscuits
- ❏   6. des éclairs
- ❏   7. des bonbons

3   **Qui dit...?**   Indicate which character says these lines. Write S for Sandrine or V for Valérie.

_____ 1. On organise une fête surprise au P'tit Bistrot.

_____ 2. Mais non, il n'est pas marié.

_____ 3. Stéphane va bientôt arriver.

_____ 4. Oh là là! Tu as fait tout ça pour Stéphane?

_____ 5. Tu es un ange!

_____ 6. J'adore faire la cuisine.

_____ 7. Je t'aide à apporter ces desserts?

_____ 8. Désolée, je n'ai pas le temps de discuter.

Video Manual: _Roman-photo_

4 **À la boutique** Choose the option that correctly completes each sentence.

1. Astrid a acheté _____ comme cadeau pour Stéphane.

    a. un stylo   b. un gâteau   c. une calculatrice

2. Astrid a aussi acheté _____ pour Stéphane.

    a. des livres   b. des bonbons   c. des bandes dessinées

3. Ces cadeaux sont _____.

    a. de vrais cadeaux   b. une blague   c. très chers

4. La montre que Rachid et Astrid achètent coûte _____.

    a. 40 €   b. 50 €   c. 100 €

5. La vendeuse fait _____.

    a. un paquet cadeau   b. la fête   c. une erreur d'addition

Après la vidéo

5 **Vrai ou faux?** Indicate whether each of these statements is vrai or faux.

	Vrai	Faux
1. Stéphane a 18 ans.	○	○
2. Rachid a l'idée d'acheter une montre pour Stéphane.	○	○
3. Amina apporte de la glace au chocolat à la fête.	○	○
4. Stéphane pense qu'il va jouer au foot avec Rachid.	○	○
5. Astrid et Amina aident à décorer.	○	○
6. Stéphane va aimer tous ses cadeaux.	○	○

6 **Sommaire** Briefly describe the events in this episode from the different perspectives of the people listed below. Write at least two sentences for each one.

Sandrine: _____

_____

_____

Valérie: _____

_____

_____

Astrid: _____

_____

_____

7 **À vous!** Make a list of things you do to throw a party. Mention at least six different activities.
Pour préparer une fête, ...

_____

_____

_____

_____

_____

_____

Unité 6, Leçon 12

L'ANNIVERSAIRE

Roman-photo

Avant de regarder

1 **À la fête** List the kinds of things people might do and say at a birthday party.

_____

_____

_____

_____

_____

En regardant la vidéo

2 **Complétez** Watch this video segment and complete these sentences with words from the list.

Aix-en-Provence	jupe	robe	soie
coton	Paris	Sandrine	Washington

1. C'est _____ qui a presque tout préparé pour la fête.

2. David n'est pas à la fête parce qu'il visite _____ avec ses parents.

3. Les parents de David sont de _____.

4. Amina va emprunter la _____ de Sandrine.

5. Sandrine va emprunter la _____ d'Amina.

6. La jupe d'Amina est en _____.

3 **Qui dit...?** Indicate which character says these lines. Write **A** for Amina, **As** for Astrid, **R** for Rachid, **S** for Sandrine, **St** for Stéphane, or **V** for Valérie.

_____ 1. Alors là, je suis agréablement surpris!

_____ 2. Bon anniversaire, mon chéri!

_____ 3. On a organisé cette surprise ensemble.

_____ 4. Alors cette année, tu travailles sérieusement, c'est promis?

_____ 5. Dix-huit ans, c'est une étape importante dans la vie!

_____ 6. Et en plus, vous m'avez apporté des cadeaux!

_____ 7. David est désolé de ne pas être là.

_____ 8. Cet ensemble, c'est une de tes créations, n'est-ce pas?

_____ 9. Ces gants vont très bien avec le blouson! Très à la mode!

_____ 10. La littérature, c'est important pour la culture générale!

_____ 11. Une calculatrice? Rose? Pour moi?

_____ 12. C'est pour t'aider à répondre à toutes les questions en maths.

_____ 13. Tu as aimé notre petite blague?

_____ 14. Vous deux, ce que vous êtes drôles!

Video Manual: Roman-photo

4   **De quelle couleur?** What color are these objects from the video?

1. Les gants de Stéphane sont _____.

2. Le tee-shirt d'Amina est _____.

3. La robe de Sandrine est _____.

4. Le blouson de Stéphane est _____.

5. Le chemisier de Valérie est _____.

6. La jupe d'Amina est _____.

7. La calculatrice de Stéphane est _____.

8. Les ballons sont _____.

Après la vidéo

5   **Mettez-les en ordre** Number these events in the order in which they occur in the video.

_____ a. On souhaite à Stéphane un joyeux anniversaire.

_____ b. Stéphane ouvre ses cadeaux.

_____ c. Amina admire la robe de Sandrine.

_____ d. Stéphane arrive au P'tit Bistrot.

_____ e. On coupe le gâteau d'anniveraire.

6   **Que font-ils?** What do these people give to Stéphane or do for him for his birthday?

1. Sandrine: _____

_____

2. Valérie: _____

_____

3. Rachid et Astrid: _____

_____

7   **À vous!** Write a description of a birthday party you've had or that you've attended. Desrcibe the people who were there and what they did. What foods were served? What did people wear? What gifts were given?

_____

_____

_____

_____

_____

_____

_____

Unité 7, Leçon 13

DE RETOUR AU P'TIT BISTROT

Roman-photo

Avant de regarder

1 **À Paris** In this video episode, David has just returned from a vacation in Paris. What do you think he might have seen and done there?

_____
_____
_____
_____
_____

En regardant la vidéo

2 **Les vacances à Paris** Watch this video segment and place a check mark beside the activities David says he did in Paris.

David …

❑ 1. est allé (*went*) à la tour Eiffel.

❑ 2. a pris un bateau-mouche sur la Seine.

❑ 3. a visité la cathédrale de Notre-Dame.

❑ 4. a pris un taxi.

❑ 5. a visité le musée du Louvre.

❑ 6. est allé à Montmartre.

❑ 7. a visité la ville en voiture.

❑ 8. est allé aux Galeries Lafayette.

❑ 9. a dîné dans une brasserie.

❑ 10. a visité le musée d'Orsay.

❑ 11. a pris le métro.

❑ 12. a visité les monuments.

3 **Vrai ou faux?** Indicate whether each of these statements is **vrai** or **faux**.

	Vrai	Faux
1. David pense que Paris est la plus belle ville du monde.	O	O
2. David n'a pas oublié l'anniversaire de Stéphane.	O	O
3. Les parents de David n'aiment pas conduire.	O	O
4. David a acheté des vêtements à Paris.	O	O
5. David n'a pas passé de bonnes vacances.	O	O
6. Stéphane n'a pas aimé ses cadeaux d'anniversaire.	O	O
7. Sandrine a l'intention de passer ses vacances d'hiver à Albertville.	O	O
8. David ne fait pas de ski.	O	O

4 **Les vacances** For items 1–5, fill in the missing letters in each word. Unscramble the letters in the boxes to find the answer to item 6.

1. David est parti pour Paris avec une v ☐ __ __ __ __.

2. Les p __ __ __ __ __ ☐ de David sont arrivés des États-Unis.

3. Ils ont pris une c __ __ __ __ ☐ __ dans un bel hôtel.

4. Ils sont venus chercher David à la gare v__ __ __ __ __ __ ☐ soir.

5. Ils aiment conduire à la c __ __ ☐ __ __ __ __, mais pas en ville.

6. Où est-ce que David aime passer ses vacances? _____

Video Manual: *Roman-photo*

5 **Mettez-les en ordre!** Number these events in the order in which they occur.

_____ a. David raconte ses vacances à Rachid.

_____ b. David arrive à la gare d'Aix-en-Provence.

_____ c. Sandrine demande à David de revenir au café demain.

_____ d. David raconte ses vacances à Stéphane.

_____ e. David surprend Sandrine au café.

_____ f. Stéphane raconte sa fête à David.

Après la vidéo

6 **Répondez** Answer these questions in French. Use complete sentences.

1. Quand est-ce que les parents de David sont arrivés (*arrived*) des États-Unis?

_____

2. Combien de temps est-ce que David a passé à Paris?

_____

3. Pour Stéphane, quelles sont les vacances idéales?

_____

4. Qu'est-ce que David a donné à Stéphane?

_____

5. Que pense David de Sandrine?

_____

6. Pourquoi est-ce que Sandrine doit (*must*) partir sans boire son café?

_____

7 **À vous!** List four places you'd like to go on vacation. Then list two activities you might do in each place. Mention eight different activities.

Lieu de vacances	Activité	Activité
1. _____	_____	_____
2. _____	_____	_____
3. _____	_____	_____
4. _____	_____	_____

Unité 7, Leçon 14

LA RÉSERVATION D'HÔTEL

Avant de regarder

1   **À l'agence de voyage**   What might you say at a travel agency? When making travel arrangements, what information might a travel agent need from you?

_____

_____

_____

_____

_____

En regardant la vidéo

2   **Complétez**   Choose the words that complete the sentences below according to what Sandrine says in the video.

1. J'ai besoin d'une _____ d'hôtel, s'il vous plaît.

    a. réservation   b. chambre   c. auberge

2. Nous allons _____.

    a. en Suisse   b. à Paris   c. à Albertville

3. Il nous faut _____ chambre(s) individuelle(s).

    a. une   b. deux   c. trois

4. Disons du _____ décembre au 2 janvier

    a. 24   b. 25   c. 26

5. C'est vraiment trop _____.

    a. loin   b. gentil   c. cher

3   **Les prix des hôtels**   What are the prices for a single room at these hotels?

1. l'hôtel le Vieux Moulin: _____

2. l'hôtel le Mont Blanc: _____

3. l'auberge de la Costaroche: _____

4   **Qui?**   Whom do these statements describe? Write **S** for Sandrine or **A** for Amina.

_____ 1. Elle fête Noël en famille.

_____ 2. Elle ne réussit (_succeed_) pas à faire une réservation.

_____ 3. Elle correspond avec Cyberhomme.

_____ 4. Elle trouve un hôtel pas cher à Albertville.

_____ 5. Elle cherche un Cyberhomme.

5   **Cyberhomme**   Choose the best answer for these questions.

1. Qui est Cyberhomme?

    a. le petit ami de Sandrine   b. l'ami virtuel d'Amina   c. un étudiant à l'université

2. Combien de messages électroniques est-ce qu'il a envoyés?

    a. 2   b. 10   c. 12

3. Pourquoi est-ce qu'Amina ne lit pas le message à Sandrine?

    a. c'est personnel   b. c'est ennuyeux   c. c'est trop long

4. Comment est Cyberhomme?

    a. petit, mais beau   b. sympa, mais timide   c. sportif, mais sérieux

Après la vidéo

6   **Répondez**   Answer these questions in French. Use complete sentences.

1. Où est-ce que Sandrine a envie de passer ses vacances d'hiver?

_____

2. Pourquoi est-ce que Sandrine ne fait pas de réservation à l'agence de voyages?

_____

3. Après sa visite à l'agence de voyages, qu'a besoin de faire Sandrine?

_____

4. Qui fait une réservation pour Sandrine?

_____

5. Qui téléphone à Sandrine? Pourquoi?

_____

6. Pourquoi est-ce que Sandrine est fâchée (_angry_)?

_____

7   **À vous!**   In this episode, Pascal says "Elle n'est pas très heureuse maintenant, mais quelle surprise en perspective!" What surprise do you think he has planned? How do you think Sandrine will respond?

_____

_____

_____

_____

_____

_____

Unité 8, Leçon 15

LA VISITE SURPRISE

Roman-photo

Avant de regarder

1 **La surprise** Look at the photo and consider the title of this video episode. Who is in this picture? How do you think Sandrine will react when she sees him? What do you think will happen in this episode?

_____
_____
_____
_____
_____

En regardant la vidéo

2 **Chez Sandrine** Check off the items that Sandrine has at her place.

❏ 1. un escalier
❏ 2. une chambre
❏ 3. une douche
❏ 4. un miroir
❏ 5. une baignoire
❏ 6. une cave

❏ 7. une cuisine
❏ 8. un jardin
❏ 9. un salon
❏ 10. une salle à manger
❏ 11. un lavabo
❏ 12. un sous-sol

3 **Identifiez-les** Label the rooms that are pictured.

1. _____

2. _____

3. _____

4. _____

5. _____

4 **Qui dit...?** Indicate which character says these lines. Write **D** for David or **R** for Rachid.

_____ 1. C'est grand chez toi!

_____ 2. Heureusement, Sandrine a décidé de rester.

_____ 3. Tu as combien de pièces?

_____ 4. Dis, c'est vrai, Sandrine, ta salle de bains est vraiment grande.

_____ 5. Chez nous, on a seulement une douche.

_____ 6. Et elle a une baignoire et un beau miroir au-dessus du lavabo!

5 **Complétez** Complete these sentences with the missing words.

SANDRINE Je te fais (1) _____?

RACHID Oui, merci.

SANDRINE Voici la (2) _____.

RACHID Ça, c'est une (3) _____ très importante pour nous, les invités.

SANDRINE Et puis, la (4) _____.

RACHID Une pièce très importante pour Sandrine...

DAVID Évidemment!

SANDRINE Et voici ma (5) _____.

RACHID Elle est (6) _____!

SANDRINE Oui, j'aime le vert.

Après la vidéo

6 **Une dispute** Describe what is happening in this photo. Explain the events leading up to this moment.

_____

_____

_____

_____

_____

7 **À vous!** What rooms do you have in your home? Write at least five sentences describing them.

_____

_____

_____

_____

_____

_____

_____

_____

_____

Video Manual: *Roman-photo*

Unité 8, Leçon 16

LA VIE SANS PASCAL

Roman-photo

Avant de regarder

1   **Chez moi**   In this video episode, you will hear people talking about chores. In preparation, make a list of household chores in French.

_____

_____

_____

_____

_____

En regardant la vidéo

2   **Les tâches ménagères**   Check off the chores mentioned or seen in the video.

❏ 1. faire le lit   ❏ 7. mettre la table

❏ 2. balayer   ❏ 8. faire la vaisselle

❏ 3. sortir les poubelles   ❏ 9. faire la lessive

❏ 4. repasser le linge   ❏ 10. débarrasser la table

❏ 5. ranger la chambre   ❏ 11. enlever la poussière

❏ 6. passer l'aspirateur   ❏ 12. essuyer la table

3   **Sélectionnez**   Watch the scenes in the café and choose the words that complete each sentence according to what you hear.

1. Je débarrasse _____?

     a. la poubelle   b. la lessive   c. la table

2. Apporte-moi _____, s'il te plaît.

     a. l'addition   b. le thé   c. le balai

3. Tu dois faire _____ avant de sortir.

     a. la lessive   b. la vaisselle   c. les devoirs

4. Il faut sortir _____ ce soir!

     a. le chien   b. le balai   c. les poubelles

5. Il est l'heure de préparer _____.

     a. le dîner   b. les biscuits   c. le petit-déjeuner

6. Est-ce que tu as ranger _____?

     a. le lit   b. la table   c. ta chambre

4 **Les réponses** Watch the scene in Sandrine's apartment and choose the response to each statement or question you hear in the video.

_____ 1. Mmmm. Qu'est-ce qui sent bon?   a. Un peu, oui.

_____ 2. Tu as soif?   b. Toi, tu as de la chance.

_____ 3. Tu vas le rencontrer un de ces jours?   c. Il y a des biscuits au chocolat dans le four.

_____ 4. Ne t'en fais pas, je comprends.   d. Oh… Je ne sais pas si c'est une bonne idée.

_____ 5. Je ne le connais pas vraiment, tu sais.   e. Comme d'habitude, tu as raison.

Après la vidéo

5 **Qui?** Who did these chores? Write **M** for Michèle, **St** for Stéphane, **V** for Valérie, or **X** if no one did it.

_____ 1. faire le lit   _____ 5. passer l'aspirateur

_____ 2. ranger sa chambre   _____ 6. repasser le linge

_____ 3. faire la lessive   _____ 7. sortir les poubelles

_____ 4. débarrasser la table   _____ 8. essuyer la table

6 **Expliquez** Answer these questions in French. Use complete sentences.

1. Pourquoi est-ce que Sandrine est de mauvaise humeur?

_____

_____

2. Pourquoi est-ce que Sandrine pense qu'Amina a de la chance?

_____

_____

3. Quand Sandrine parle d'un petit ami artistique, charmant et beau, à qui pense-t-elle? Comment est-ce que vous le savez?

_____

_____

7 **À vous!** Imagine that you are dividing household chores with your roommate. Write a conversation in which you discuss which chores you will each do. Talk about at least six different things.

_____

_____

_____

_____

_____

_____

_____

_____

Unité 9, Leçon 17

Roman-photo

AU SUPERMARCHÉ

Avant de regarder

1 **On fait les courses!** What do you think might happen in a video episode that takes place in a grocery store? What kinds of words and expressions do you expect to hear?

_____
_____
_____
_____
_____

En regardant la vidéo

2 **Complétez** Watch the first exchange between David and Amina and complete these sentences with the missing words.

AMINA Mais quelle heure est-il?

DAVID Il est (1) _____.

AMINA Sandrine devait être là à (2) _____. On l'attend depuis (3) _____ minutes!

DAVID Elle va arriver!

AMINA Mais pourquoi est-elle (4) _____?

DAVID Elle vient peut-être juste (5) _____ de la fac.

3 **La nourriture** Check off the foods that are mentioned in the video.

- ❑ 1. les bananes
- ❑ 2. le bœuf
- ❑ 3. les carottes
- ❑ 4. les fraises
- ❑ 5. les œufs
- ❑ 6. les champignons
- ❑ 7. les fruits de mer
- ❑ 8. les haricots verts
- ❑ 9. les oignons
- ❑ 10. les oranges
- ❑ 11. les pommes de terre
- ❑ 12. le porc
- ❑ 13. les poulets
- ❑ 14. le riz
- ❑ 15. les tomates

Video Manual: Roman-photo

4 **Qu'est-ce qu'on va manger?** Listen to Sandrine describe the recipes for the dishes she is considering. Write down the ingredients she mentions for each one.

Les crêpes

_____

_____

_____

_____

_____

Le bœuf bourguignon

_____

_____

Le poulet à la crème

_____

_____

_____

_____

5 **Qui?** Indicate which character says these lines. Write **A** for Amina, **D** for David, **S** for Sandrine, or **St** for Stéphane.

_____ 1. Qu'est-ce qu'on peut apporter?

_____ 2. Je suis vraiment pressée!

_____ 3. Tu vas nous préparer un bon petit repas ce soir.

_____ 4. Bon, on fait les courses?

_____ 5. Génial, j'adore les crêpes!

_____ 6. Voilà exactement ce qu'il me faut pour commencer!

_____ 7. Tu peux devenir chef de cuisine si tu veux!

_____ 8. C'est nous qui payons!

Après la vidéo

6 **Vrai ou faux?** Indicate whether these statements are **vrai** or **faux**.

	Vrai	Faux
1. On doit (*should*) arriver pour le repas chez Sandrine à 8h00.	○	○
2. Valérie va apporter une salade.	○	○
3. Sandrine va préparer un bœuf bourguignon.	○	○
4. Les provisions coûtent 165 euros.	○	○
5. Sandrine va préparer un repas pour six personnes.	○	○
6. Amina et David paient.	○	○

7 **À vous!** Answer these questions in French in complete sentences.

1. Qui fait les courses chez vous?

_____

_____

2. Où allez-vous pour acheter de la nourriture?

_____

_____

3. Qu'est-ce que vous achetez normalement au supermarché? En général, combien est-ce que vous payez au supermarché?

_____

_____

Unité 9, Leçon 18

Roman-photo

LE DÎNER

Avant de regarder

1   **Un repas sympa** This video episode takes place at Sandrine's place, where she has prepared a special meal for her friends. What words and expressions do you expect to hear before and during a meal?

_____

_____

_____

_____

_____

_____

_____

En regardant la vidéo

2   **Qui?** Watch the scenes leading up to the dinner. Indicate which character says these lines. Write **D** for David, **R** for Rachid, or **S** for Sandrine.

_____ 1. Qu'est-ce que tu as fait en ville aujourd'hui?

_____ 2. Ah, tu es jaloux?

_____ 3. Il ne fallait pas, c'est très gentil!

_____ 4. J'espère qu'on n'est pas trop en retard.

_____ 5. Venez! On est dans la salle à manger.

_____ 6. Je ne savais pas que c'était aussi difficile de choisir un bouquet de fleurs.

_____ 7. Tu est tombé amoureux?

_____ 8. Vous pouvez finir de mettre la table.

3   **Assortissez-les!** Match these images with their captions.

_____ 1. Je suis allé à la boulangerie et chez le chocolatier.

_____ 2. Tiens, c'est pour toi.

_____ 3. Est-ce qu'on peut faire quelque chose pour t'aider?

_____ 4. Je vous sers autre chose? Une deuxième tranche de tarte aux pommes peut-être?

_____ 5. À Sandrine, le chef de cuisine le plus génial!

_____ 6. Moi, je veux bien!

a.   b.   c.

d.   e.   f.

Video Manual: *Roman-photo*

4 **Qu'est-ce qui s'est passé?** In what order do these events occur in the video?

_____ a. On prend du poulet aux champignons.

_____ b. On met la table.

_____ c. David cherche un cadeau pour Sandrine.

_____ d. Rachid et David arrivent chez Sandrine.

_____ e. Rachid rencontre David en ville.

Après la vidéo

5 **Descriptions** Indicate which person these statements describe.

1. Il/Elle aide dans la cuisine.

   a. Rachid   b. David   c. Stéphane   d. Sandrine   e. Valérie   f. Amina

2. Il/Elle donne des chocolats à Sandrine.

   a. Rachid   b. David   c. Stéphane   d. Sandrine   e. Valérie   f. Amina

3. Il/Elle donne des fleurs à Sandrine.

   a. Rachid   b. David   c. Stéphane   d. Sandrine   e. Valérie   f. Amina

4. Il/Elle met le sel et le poivre sur la table.

   a. Rachid   b. David   c. Stéphane   d. Sandrine   e. Valérie   f. Amina

5. Il/Elle met les verres sur la table.

   a. Rachid   b. David   c. Stéphane   d. Sandrine   e. Valérie   f. Amina

6. Il/Elle est au régime.

   a. Rachid   b. David   c. Stéphane   d. Sandrine   e. Valérie   f. Amina

6 **Expliquez** Answer these questions in French.

1. Pourquoi est-ce que David ne choisit pas les roses comme cadeau pour Sandrine?

   _____

   _____

2. Pourquoi est-ce que David ne choisit pas les chrysanthèmes comme cadeau pour Sandrine?

   _____

   _____

3. Pourquoi est-ce que David ne choisit pas le vin comme cadeau pour Sandrine?

   _____

   _____

7 **À vous!** Imagine that you have been invited to a French friend's home for dinner. What will you bring as a gift for your host or hostess? Explain your choice in French.

_____

_____

_____

_____

_____

Unité 10, Leçon 19

Roman-photo

DRÔLE DE SURPRISE

Avant de regarder

1 **Examinez le titre** Look at the title of the video module. Based on the title and the video still below, what do you think the surprise might be?

_____

_____

_____

_____

_____

2 **On fait sa toilette** With what objects do you associate these activities? Use each object only once.

_____ 1. se brosser les dents	a. les vêtements
_____ 2. se brosser les cheveux	b. le shampooing
_____ 3. se laver	c. le réveil
_____ 4. se raser	d. la serviette de bain
_____ 5. se sécher	e. le miroir
_____ 6. se laver les cheveux	f. la brosse
_____ 7. se lever	g. le maquillage
_____ 8. s'habiller	h. le dentifrice
_____ 9. se maquiller	i. le savon
_____ 10. se regarder	j. le rasoir

En regardant la vidéo

3 **Qui?** Indicate which character says these lines. Write **D** for David or **R** for Rachid.

_____ 1. On doit partir dans moins de vingt minutes.

_____ 2. Tu veux bien me passer ma brosse à dents?

_____ 3. Ce n'est pas facile d'être beau.

_____ 4. Euh, j'ai un petit problème.

_____ 5. Est-ce que tu as mal à la gorge?

_____ 6. Lis le journal si tu t'ennuies.

4 **Les activités** Place a check mark beside the activities David and Rachid mention.

- ☐ 1. se brosser les cheveux
- ☐ 2. se brosser les dents
- ☐ 3. se coiffer
- ☐ 4. se coucher
- ☐ 5. se déshabiller
- ☐ 6. s'endormir
- ☐ 7. s'intéresser
- ☐ 8. se laver
- ☐ 9. se lever
- ☐ 10. se maquiller
- ☐ 11. prendre une douche
- ☐ 12. se raser
- ☐ 13. se regarder
- ☐ 14. se réveiller
- ☐ 15. se sécher

5 **Une vraie star!** For items 1–7, fill in the missing letters in each word. Unscramble the letters in the boxes to find the answer to item 8. One letter will not be used.

1. Je finis de me brosser les d __ __ __ ☐.
2. Attends, je ne trouve pas le p __ ☐ __ __ __.
3. Tu n'as pas encore pris ta d __ __ __ __ ☐?
4. P ☐ __ __ __ __ __ __, cher ami.
5. Est-ce que tu as mal à la g __ __ ☐ __?
6. Je vais examiner tes y__ __ ☐.
7. Téléphone au médecin pour prendre un r__ __ __ __ __ -☐ __ __ __.
8. David a un problème sur le _____.

Après la vidéo

6 **Vrai ou faux?** Indicate whether these statements are **vrai** or **faux**.

	Vrai	Faux
1. Rachid doit aller à son cours d'histoire.	○	○
2. Rachid a besoin de se raser.	○	○
3. David se maquille.	○	○
4. David a mal au ventre.	○	○
5. David n'a pas fini sa toilette.	○	○
6. On s'est réveillé à l'heure aujourd'hui.	○	○
7. Rachid trompe (tricks) David.	○	○
8. David va téléphoner à la pharmacie.	○	○

7 **À vous!** Describe your morning routine by completing these sentences with the verbs below.

se brosser	se coucher	se laver	se maquiller	se raser
se coiffer	s'habiller	se lever	prendre une douche	se réveiller

1. D'abord, je _____.

2. Puis, je _____.

3. Ensuite, je _____.

4. Après ça, je _____.

5. Finalement, je _____.

Unité 10, Leçon 20

L'ACCIDENT

Roman-photo

Avant de regarder

1   **Aïe!** In this episode, Rachid has an accident and has to go to the doctor's office. What words and expressions do you expect to hear?

_____
_____
_____
_____
_____

En regardant la vidéo

2   **Qui?** Indicate which character says these lines. Write **A** for Amina, **B** for Dr. Beaumarchais, **D** for David, **R** for Rachid, or **St** for Stéphane.

_____ 1. Tu t'es blessé? Où est-ce que tu as mal?

_____ 2. Essaie de te relever.

_____ 3. Alors, expliquez-moi ce qui s'est passé.

_____ 4. Vous pouvez tourner le pied à droite?

_____ 5. Tu peux toujours jouer au foot?

_____ 6. Je vais guérir rapidement et retrouver la forme.

_____ 7. Qu'est-ce qui t'est arrivé?

_____ 8. Bon, on va mettre de la glace sur ta cheville.

_____ 9. Tu fais le clown ou quoi?

_____ 10. C'est juste une allergie.

3   **Qu'est-ce qu'ils disent?** Match these photos with their captions.

1.   2.   3.   4.   5.

_____ a. Et où est-ce que vous avez mal?

_____ b. Tiens, donne-moi la main.

_____ c. On m'a fait une piqûre.

_____ d. Rends-moi la télécommande!

_____ e. On m'a donné des médicaments.

Video Manual: *Roman-photo*

4 **David et Rachid** Who do these symptoms and treatments pertain to?

	Rachid	David
1. Il faut mettre de la glace sur une partie de son corps.	○	○
2. Il a une réaction allergique.	○	○
3. Il avait besoin d'aide pour aller aux urgences.	○	○
4. Il doit passer par la pharmacie.	○	○
5. Il a pris des pilules.	○	○
6. Il doit éviter le soleil.	○	○
7. Il ne peut pas jouer au foot pendant une semaine.	○	○
8. Il doit rester à la maison quelques jours.	○	○

5 **Complétez** Listen to the doctor's recommendations to Rachid and complete this paragraph with the missing words you hear.

Alors, voilà ce que vous allez faire: mettre de la (1) _____,

vous (2) _____ et ça veut dire, pas de foot pendant une

(3) _____ au moins et prendre des (4) _____

contre la (5) _____. Je vous prépare une

(6) _____ tout de suite.

Après la vidéo

6 **Vrai ou faux?** Indicate whether these statements are vrai or faux.

	Vrai	Faux
1. Rachid ne peut pas se relever tout seul.	○	○
2. Rachid a mal au genou.	○	○
3. Rachid s'est cassé la jambe.	○	○
4. Rachid s'est foulé la cheville.	○	○
5. David est allé aux urgences.	○	○
6. David a la grippe.	○	○

7 **À vous!** When was the last time you or someone you know had an accident playing sports? Describe the incident. What happened? How was the person hurt? What did he or she do about it?

_____

_____

_____

_____

_____

_____

_____

Unité 11, Leçon 21

Roman-photo

C'EST QUI, CYBERHOMME?

Avant de regarder

1   **Qu'est-ce qui se passe?** Look at the photo and guess what might happen in this video module. What words and expressions do you expect to hear in an episode about technology and electronics?

_____
_____
_____
_____
_____

2   **La technologie** With what do you associate these activities? More than one answer may apply.

un baladeur CD	un fax	un lecteur de DVD	un poste de
un caméscope	un fichier	un logiciel	télévision
un CD	une imprimante	un magnétophone	un téléphone
une chaîne stéréo	un jeu vidéo	un magnétoscope	un site web

1. enregistrer _____

2. surfer _____

3. sauvegarder _____

4. sonner _____

5. imprimer _____

6. télécharger _____

7. écouter _____

8. graver _____

9. regarder _____

10. jouer _____

En regardant la vidéo

3   **Les appareils électroniques** Watch the conversation between David and Rachid in their apartment and place a check mark next to the electronic products mentioned or alluded to.

❏ 1. un caméscope   ❏ 5. un magnétoscope

❏ 2. une télévision   ❏ 6. un baladeur

❏ 3. une imprimante   ❏ 7. une chaîne stéréo

❏ 4. un jeu vidéo   ❏ 8. un magnétophone

Video Manual: _Roman-photo_

Après la vidéo

4 **Au café** Watch the scene in the café and complete the conversation with the missing words.

AMINA Oh, il est super gentil, écoute: chère Technofemme, je ne sais pas comment te dire combien
j'adore lire tes messages. On (1) _____ si bien et on a beaucoup de choses en
commun. J'ai l'impression que toi et moi, on peut tout (2) _____.

SANDRINE Il est adorable, ton Cyberhomme! Continue! Est-ce qu'il veut te rencontrer en personne?

VALÉRIE Qui vas-tu rencontrer, Amina? Qui est ce Cyberhomme?

SANDRINE Amina l'a connu sur Internet. Ils (3) _____ depuis longtemps déjà, n'est-ce pas,
Amina?

AMINA Oui, mais comme je te l'ai déjà dit, je ne sais pas si c'est une bonne idée de (4) _____
en personne. S'écrire des e-mails, c'est une chose; (5) _____ rendez-vous, ça peut
être dangereux.

5 **Qui?** Indicate which character says these lines. Write **A** for Amina, **D** for David, **R** for Rachid, **S** for
Sandrine, or **V** for Valérie.

_____ 1. Je dis que je ne peux pas me concentrer!

_____ 2. Tu as un autre e-mail de Cyberhomme?

_____ 3. Et voilà! J'ai fini ma dissert'.

_____ 4. Mais il est si charmant et tellement romantique.

_____ 5. On ne sait jamais.

_____ 6. Il a effacé les quatre derniers paragraphes!

_____ 7. Peut-être qu'elle peut retrouver la dernière version de ton fichier.

_____ 8. Il faut sauvegarder au moins toutes les cinq minutes.

6 **Expliquez** What is happening in this photo? Describe the events leading up to this moment.

_____

_____

_____

_____

_____

7 **À vous!** Name three technology products and explain how you use them.

1. _____

_____

2. _____

_____

3. _____

Unité 11, Leçon 22

LA PANNE

Roman-photo

Avant de regarder

1   **Qu'est-ce qui se passe?**   Look at the video still. What is Rachid doing? Consider the title and the photo, and guess what will happen in this episode.

_____

_____

_____

_____

_____

_____

En regardant la vidéo

2   **La voiture**   Place a check mark next to the car-related terms mentioned in this episode.

- ❑ 1. l'huile
- ❑ 2. les pneus
- ❑ 3. les freins
- ❑ 4. la ceinture
- ❑ 5. le capot
- ❑ 6. le voyant
- ❑ 7. le pare-brise
- ❑ 8. la station-service
- ❑ 9. les phares
- ❑ 10. le rétroviseur

3   **Qui?**   Indicate which character says these lines. Write **A** for Amina, **G** for the **garagiste, R** for Rachid, **S** for Sandrine, or **V** for Valérie.

_____ 1. Elle est belle, votre voiture!

_____ 2. Je suis un peu pressé en fait.

_____ 3. Une vraie petite histoire d'amour, comme dans les films!

_____ 4. Elle doit être amoureuse.

_____ 5. Arrête de dire des bêtises.

_____ 6. Tiens, c'est pour toi.

_____ 7. Je peux vous aider?

_____ 8. À quelle heure est notre réservation?

Video Manual: _Roman-photo_

4 **Mettez-les en ordre!** Number these events in the order in which they occur.

_____ a. Un voyant est allumé.

_____ b. Rachid a un pneu crevé.

_____ c. Rachid achète de l'essence.

_____ d. Rachid retourne à la station-service.

_____ e. Le garagiste vérifie l'huile.

Après la vidéo

5 **Vrai ou faux?** Indicate whether these statements are **vrai** or **faux**.

	Vrai	Faux
1. À la station-service, le garagiste vérifie la pression des pneus pour Rachid.	○	○
2. La voiture de Rachid est de 2005.	○	○
3. Rachid offre des fleurs à Amina.	○	○
4. À la station-service, Rachid nettoie son pare-brise.	○	○
5. Rachid et Amina ont un accident de voiture.	○	○
6. Rachid va deux fois à la station-service.	○	○
7. Amina est fâchée avec Rachid.	○	○
8. Rachid s'énerve.	○	○

6 **Que c'est romantique!** What happens in this episode that tells you that the relationship between Rachid and Amina has changed? Name at least three things they say or do.

_____

_____

_____

_____

_____

7 **À vous!** Describe a time when you had car trouble. What happened? What did you do?

_____

_____

_____

_____

_____

_____

_____

_____

_____

_____

_____

Video Manual: *Roman-photo*

Unité 12, Leçon 23

Roman-photo

ON FAIT DES COURSES

Avant de regarder

1 **Qu'est-ce qui se passe?** Read the title, look at the photo, and guess what might happen in this video module. What words and expressions do you expect to hear?

_____

_____

_____

_____

_____

En regardant la vidéo

2 **En ville** Place a check mark next to the places mentioned in this video module.

- ❑ 1. un bureau de poste
- ❑ 2. une banque
- ❑ 3. un cybercafé
- ❑ 4. une bijouterie
- ❑ 5. une laverie
- ❑ 6. une brasserie

- ❑ 7. une papeterie
- ❑ 8. un salon de beauté
- ❑ 9. un marchand de journaux
- ❑ 10. une boutique
- ❑ 11. un parc
- ❑ 12. un commissariat de police

3 **Complétez** Watch the first two segments as Amina and Rachid run errands and complete these sentences according to what the characters say. Not all words in the list will be used.

banque	billets	chèque	liquide	salade
bijouterie	boutique	courses	poste	tranches

1. Bonjour, madame, quatre _____ de pâté et de la _____ de carottes pour deux personnes, s'il vous plaît.

2. Ah désolée, monsieur, nous n'acceptons que les paiements en _____ ou par _____.

3. Je dois aller à la _____ pour acheter des timbres et envoyer quelques cartes postales, et puis je voudrais aller à la _____.

4. J'ai quelques _____ à faire plus tard cet après-midi.

5. Et après ça, je dois passer à la _____.

Video Manual: *Roman-photo*

4 **Mettez-les en ordre!** Number these events in the order in which they occur.

_____ a. Les quatre amis se rencontrent.

_____ b. Sandrine invite Rachid et Amina à aller dans une brasserie.

_____ c. Rachid commande des provisions pour un pique-nique.

_____ d. Rachid emprunte de l'argent à Amina.

_____ e. David et Sandrine cherchent un distributeur automatique.

_____ f. David invite Sandrine à aller dans une brasserie.

_____ g. Rachid découvre qu'il n'a pas de liquide.

_____ h. Amina et Rachid arrivent au distributeur automatique.

Après la vidéo

5 **Vrai ou faux?** Indicate whether these statements are **vrai** or **faux**.

	Vrai	Faux
1. La banque est fermée.	○	○
2. Sandrine n'aime pas la cuisine alsacienne.	○	○
3. La charcuterie accepte les cartes de crédit.	○	○
4. Amina veut acheter des cartes postales.	○	○
5. Les quatre amis vont aller dans une brasserie ensemble.	○	○
6. Aujourd'hui, c'est samedi.	○	○

6 **Expliquez** Read the caption and explain what is happening in this photo.

—Alors! On n'a plus besoin de chercher un Cyberhomme?
—Pour le moment, je ne cherche personne.

_____

_____

_____

_____

_____

_____

_____

7 **À vous!** Describe a day in which you ran several errands. Tell where you went and what you did at each place. Mention at least four different places.

1. _____

_____

2. _____

_____

3. _____

_____

4. _____

_____

Unité 12, Leçon 24

CHERCHER SON CHEMIN

Roman-photo

Avant de regarder

1 **Qu'est-ce qui se passe?** Read the title, look at the photo, and guess what might happen in this video module.

_____

_____

_____

_____

_____

2 **Qu'est-ce que c'est?** Check the appropriate column to classify these words as directions (indications) or places (endroits).

	indication	endroit		indication	endroit
1. fontaine	_____	_____	6. rue	_____	_____
2. traverser	_____	_____	7. tourner	_____	_____
3. suivre	_____	_____	8. feu rouge	_____	_____
4. descendre	_____	_____	9. continuer	_____	_____
5. angle	_____	_____	10. boulevard	_____	_____

En regardant la vidéo

3 **Complétez** Watch the scene with the tourist in the café and complete the conversation with the missing words.

à côté de	droite	gauche	tout droit
continuez	en face de	loin	traversez
descendez	feu rouge	tournez	se trouve

TOURISTE Excusez-moi, est-ce que vous savez où (1) _____ le bureau de poste, s'il vous plaît?

RACHID Oui, ce n'est pas (2) _____ d'ici. Vous (3) _____ la rue, juste là, ensuite vous (4) _____ jusqu'au (5) _____ et vous (6) _____ (7) à _____.

DAVID Non! À (8) _____!

RACHID Non, à gauche! Puis, vous continuez (9) _____, vous (10) _____ le cours Mirabeau et c'est juste là, (11) _____ la fontaine de la Rotonde (12) _____ la gare.

Video Manual: *Roman-photo*

4 **Mettez-les en ordre!** Number these people in the order in which they give the tourist directions.

_____ a. Stéphane _____ b. le marchand de journaux _____ c. Rachid _____ d. David

Who finally gives good directions? _____

Après la vidéo

5 **Qu'est-ce qui se passe?** Match these images with their captions.

1. _____

2. _____

3. _____

4. _____

5. _____

6. _____

a. Qu'est-ce que vous allez faire le week-end prochain?
b. Voici cinq, six, sept euros qui font dix.
c. Oui, je l'adore!
d. Euh merci, je…je vais le trouver tout seul.
e. Bonjour, je peux vous aider?
f. Excusez-moi, où est le bureau de poste, s'il vous plaît?

6 **Vrai ou faux?** Indicate whether these statements are **vrai** or **faux**.

	Vrai	Faux
1. Sandrine chante très mal.	○	○
2. M. Hulot ne sait pas où se trouve le bureau de poste.	○	○
3. Le touriste va au café parce qu'il a soif.	○	○
4. Amina aime bien Pauline Ester.	○	○
5. Le bureau de poste est derrière une grande fontaine.	○	○

7 **Comment est-ce qu'on va…?** Give directions from your home to these places.

1. Pour aller de chez moi au parc, … _____

_____

_____

2. Pour aller de chez moi à la banque, … _____

_____

_____

3. Pour aller de chez moi au supermarché, … _____

_____

_____

Unité 12 Roman-photo Activities

Video Manual: *Roman-photo*

Unité 13, Leçon 25

LE BAC

Roman-photo

Avant de regarder

1 **Qu'est-ce qui se passe?** In this video module, Stéphane and Astrid take **le bac** and talk about their future plans. What words and expressions do you expect to hear them say?

_____

_____

_____

_____

_____

En regardant la vidéo

2 **Qui?** Watch as Stéphane talks to his mother and Astrid after **le bac** and indicate which character says these lines. Write **As** for Astrid, **St** for Stéphane, or **V** for Valérie.

_____ 1. Qu'est-ce que tu vas faire une fois que tu auras le bac?

_____ 2. On vient juste de passer le bac, il faut fêter ça!

_____ 3. Je peux emprunter ta télécarte, s'il te plaît?

_____ 4. Qui est à l'appareil?

_____ 5. Tu vas à l'université ou tu vas chercher du travail?

_____ 6. Je suis tellement content aujourd'hui.

_____ 7. Mais bien sûr que je m'inquiète!

_____ 8. L'avenir, l'avenir! Vous n'avez que ce mot à la bouche!

3 **Complétez** Watch the phone call between Stéphane and his mother and complete the conversation with the missing words.

auras	inquiète	réfléchi	saura
été	prendre	réussi	seront

VALÉRIE Stéphane! Alors, comment ça a (1) _____?

Tu penses avoir (2) _____?

STÉPHANE Oui, bien sûr, maman. Ne t' (3) _____ pas!

VALÉRIE En tout cas, on (4) _____ bientôt. Tu sais

quand tu (5) _____ les résultats?

STÉPHANE Ils (6) _____ affichés dans deux semaines.

VALÉRIE En attendant, il faut (7) _____ des décisions

pour préparer l'avenir. Tu y as (8) _____ un peu?

Video Manual: *Roman-photo*

4   **Mettez-les en ordre!**   Number these events in the order in which they occur.

_____ a. Stéphane téléphone à sa mère.

_____ b. Caroline se présente à Valérie.

_____ c. Stéphane et Astrid passent le bac.

_____ d. Stéphane et Astrid parlent de l'avenir.

_____ e. Michèle parle de ses projets au téléphone.

Après la vidéo

5   **Les projets d'avenir**   Which character do these statements describe?

1. Il/Elle va étudier l'architecture.
   a. Stéphane   b. Astrid   c. Michèle   d. Caroline

2. Il/Elle va étudier la médecine.
   a. Stéphane   b. Astrid   c. Michèle   d. Caroline

3. Il/Elle cherche un travail au P'tit Bistrot.
   a. Stéphane   b. Astrid   c. Michèle   d. Caroline

4. Il/Elle cherche un travail comme réceptionniste.
   a. Stéphane   b. Astrid   c. Michèle   d. Caroline

5. Il/Elle veut aller à l'Université de Marseille.
   a. Stéphane   b. Astrid   c. Michèle   d. Caroline

6. Il/Elle va aller à l'Université de Bordeaux.
   a. Stéphane   b. Astrid   c. Michèle   d. Caroline

6   **Expliquez**   Look at this photo and describe the phone conversation between Michèle and a friend.

_____
_____
_____
_____
_____

7   **À vous!**   Based on what has happened so far, what do you think will happen in upcoming episodes? Make predictions for each of these characters.

1. Stéphane: _____
_____
_____

2. Astrid: _____
_____
_____

3. Michèle: _____
_____

4. Valérie: _____
_____

Unité 13, Leçon 26

JE DÉMISSIONNE!

Avant de regarder

1   **Qu'est-ce qui se passe?** Look at this photo. In this episode, Valérie has a very bad day. What do you think might happen?

_____

_____

_____

_____

_____

En regardant la vidéo

2   **Qui?** Indicate which character says these lines. Write **A** for Amina, **As** for Astrid, **M** for Michèle, **S** for Sandrine, **St** for Stéphane, or **V** for Valérie.

_____ 1. Tu as le trac!

_____ 2. Je suis tellement nerveuse. Pas toi?

_____ 3. Je pourrais te préparer un gâteau au chocolat?

_____ 4. Tu as eu les résultats du bac, non?

_____ 5. Quel style de robe est-ce que tu aimerais?

_____ 6. Je ne vous demande pas un salaire très élevé, mais… c'est pour ma famille.

_____ 7. Être serveuse, c'est un métier exigeant, mais les salaires sont modestes!

_____ 8. Si tu as besoin de quoi que ce soit un jour, dis-le-moi.

3   **Complétez** Watch Sandrine and Amina as they shop for fabric and complete the conversation with the missing words.

> faisais   finirait   pourrais   préférerais   serait

AMINA   Que penses-tu de ce tissu noir?

SANDRINE   Oh! C'est ravissant!

AMINA   Oui, et ce (1) _____ parfait pour une robe du soir.

SANDRINE   Bon, si tu le dis. Moi, si je (2) _____ cette robe moi-même, elle (3) _____ sans doute avec une manche courte et avec une manche longue!

AMINA   Je (4) _____ en faire une comme ça, si tu veux.

SANDRINE   Mais non… je (5) _____ une de tes créations. Amina, tu es vraiment super!

Video Manual: *Roman-photo*

4 **Identifiez-les!** Match these images with their captions.

1. _____

2. _____

3. _____

4. _____

5. _____

a. Ce tissu noir est joli.

b. J'irai à l'université, maman.

c. Auriez-vous une petite minute?

d. Oh! Ce n'est pas possible!

e. La confiance en soi, c'est ici dans le cœur et ici dans la tête.

Après la vidéo

5 **Vrai ou faux?** Indicate whether these statements are **vrai** or **faux**.

	Vrai	Faux
1. Au concert, ce sera la première fois que Sandrine chante en public.	○	○
2. Amina propose de faire une robe pour Sandrine.	○	○
3. Astrid est reçue au bac avec mention bien.	○	○
4. Valérie donne une augmentation à Michèle.	○	○
5. Stéphane doit repasser deux parties de l'examen.	○	○

6 **Expliquez** What is happening in this photo? Describe the events leading up to this moment.

_____

_____

_____

_____

_____

7 **À vous!** In this episode, the characters face difficult situations. In your opinion, who has the worst problem: Valérie, Sandrine, Michèle, or Stéphane? Explain your point of view.

_____

_____

_____

_____

_____

_____

Video Manual: *Roman-photo*

Unité 14, Leçon 27

Roman-photo

UNE IDÉE DE GÉNIE

Avant de regarder

1   **Qu'est-ce qui se passe?** Read the title and look at the photo. What do you think might happen in this video module?

_____

_____

_____

_____

_____

En regardant la vidéo

2   **Qui?** Indicate which character says these lines. Write **A** for Amina, **D** for David, **R** for Rachid, **S** for Sandrine, or **V** for Valérie.

_____ 1. Elle ne vient ni aujourd'hui, ni demain, ni la semaine prochaine.

_____ 2. Il faut que je vous parle de cet article sur la pollution.

_____ 3. Oh, David, la barbe.

_____ 4. Je n'ai pas vraiment envie de parler de ça.

_____ 5. Pensons à quelque chose pour améliorer la situation.

_____ 6. Si on allait au mont Sainte-Victoire ce week-end?

_____ 7. J'adore dessiner en plein air.

_____ 8. En effet, je crois que c'est une excellente idée!

3   **Identifiez-les!** Match these images with their captions.

1. _____

2. _____

3. _____

4. _____

a. Plus celui-ci.

b. Tu peux aller recycler ces bouteilles en verre?

c. Il faut que nous passions le reste de mon séjour de bonne humeur, hein?

d. Vous avez lu le journal ce matin?

Video Manual: *Roman-photo*

4 **Complétez** Watch Amina and Rachid convince their friends to go on a hike and complete the conversation with the missing words.

air	campagne	fera	reposer
besoin	devez	pollution	venir

AMINA Allez! Ça nous (1) _____ du bien! Adieu (2) _____ de la ville. À nous, l' (3) _____ pur de la (4) _____! Qu'en penses-tu Sandrine?

SANDRINE Bon, d'accord.

AMINA Super! Et vous, Madame Forestier? Vous et Stéphane avez (5) _____ de vous (6) _____ aussi, vous (7) _____ absolument (8) _____ avec nous!

Après la vidéo

5 **Vrai ou faux?** Indicate whether these statements are **vrai** or **faux**.

	Vrai	Faux
1. Michèle est en vacances.	○	○
2. David rentre aux États-Unis dans trois semaines.	○	○
3. Le concert de Sandrine est dans une semaine.	○	○
4. David adore dessiner en plein air.	○	○
5. Sandrine ne va pas aller à la montagne Sainte-Victoire.	○	○
6. Valérie et Stéphane vont aussi y aller.	○	○

6 **Expliquez!** Answer these questions in French according to what you saw in the video.

1. Pourquoi est-ce que Sandrine est de mauvaise humeur?

_____

2. Pourquoi est-ce que Valérie est de mauvaise humeur?

_____

3. De quoi parle l'article que David a lu?

_____

4. Pourquoi est-ce que Rachid propose d'aller à la montagne Sainte-Victoire?

_____

7 **À vous!** In this episode, Valérie has Stéphane recycle some bottles. What can you do to preserve the environment in which you live?

_____

_____

_____

_____

_____

Unité 14, Leçon 28

LA RANDONNÉE

Roman-photo

Avant de regarder

1 **Qu'est-ce qui se passe?** Look at the photo. In this episode, the characters go to **la montagne** Sainte-Victoire. What words and expressions do you expect to hear them say?

_____

_____

_____

_____

_____

En regardant la vidéo

2 **Qui?** Indicate which character says these lines. Write **A** for Amina, **D** for David, **R** for Rachid, **S** for Sandrine, **St** for Stéphane, or **V** for Valérie.

_____ 1. Regardez ce ciel bleu, le vert de cette vallée.

_____ 2. Nous sommes venus ici pour passer un bon moment ensemble.

_____ 3. C'est romantique ici, n'est-ce pas?

_____ 4. Tiens, et si on essayait de trouver des serpents?

_____ 5. Avant de commencer notre randonnée, je propose qu'on visite la Maison Sainte-Victoire.

_____ 6. Ne t'inquiète pas, ma chérie.

3 **Mettez-les en ordre!** Number these events in the order in which they occur.

_____ a. David dessine.

_____ b. Le groupe visite la Maison Sainte-Victoire.

_____ c. Le groupe fait un pique-nique.

_____ d. Rachid et Amina s'embrassent.

_____ e. Le groupe fait une randonnée.

4 **Complétez** Watch the video segment in which the guide talks about **la montagne Sainte-Victoire**. Complete these sentences with words from the list. Some words may be repeated.

forêt	incendie	préservation	sauvetage
gestion	montagne	prévention	sentier
habitats	musée	protégé	

1. La Maison Sainte-Victoire a été construite après l'_____ de 1989.

2. Oui, celui qui a détruit une très grande partie de la _____.

3. Maintenant, il y a un _____, un _____ de découvertes dans le jardin et la montagne est un espace _____.

4. Et bien, nous nous occupons de la _____ de la _____ et de la _____.

5. Notre mission est la _____ de la nature, le _____ des _____ naturels et la _____ des incendies.

Video Manual: *Roman-photo*

5 **Choisissez** Choose the correct completions for these sentences according to what you hear in the video.

1. Il est essentiel qu'on laisse cet endroit _____!
   a. pur   b. écologique   c. propre

2. J'allais mettre ça à _____ plus tard.
   a. l'environnement   b. la poubelle   c. la pollution

3. Cette _____ est tellement belle!
   a. montagne   b. vallée   c. fleur

4. Merci, elle est très belle, _____.
   a. cette fleur   b. cette forêt   c. ce dessin

5. Tu es plus belle que toutes les fleurs de la _____ réunies!
   a. nature   b. vallée   c. montagne

Après la vidéo

6 **Vrai ou faux?** Indicate whether these statements are **vrai** or **faux**.

	Vrai	Faux
1. Cézanne dessinait souvent à la montagne Sainte-Victoire.	○	○
2. C'est la première fois que David vient à la montagne.	○	○
3. Amina a peur des serpents.	○	○
4. Sandrine aime bien le fromage.	○	○
5. David fait un portrait de Sandrine.	○	○
6. Stéphane suit Amina et Rachid.	○	○

7 **À vous!** Describe a time when you visited a state park or other type of nature preserve. What did you see and do? What rules did you have to follow there?

_____

_____

_____

_____

_____

_____

_____

_____

_____

_____

_____

_____

Unité 15, Leçon 29

APRÈS LE CONCERT

Roman-photo

Avant de regarder

1 **Qu'est-ce qui se passe?** Read the title and look at the photo. What words and expressions do you expect to hear in an episode about Sandrine's concert?

_____

_____

_____

_____

_____

_____

_____

En regardant la vidéo

2 **Finissez-les!** Watch as the friends talk immediately after the concert. Match the first half of each statement with its completion.

1. Moi, je trouve que la robe que tu as faite

   pour Sandrine… _____

2. Et les costumes, … _____

3. Vous avez entendu… _____

4. Devenir une chanteuse célèbre, … _____

5. Amina vient de nous dire que… _____

6. Je n'arrive pas à croire… _____

7. Sandrine, que tu es ravissante… _____

8. Alors, vous avez aimé… _____

a. ces applaudissements?

b. que c'était pour moi!

c. c'était sa comédie musicale préférée.

d. dans cette robe!

e. notre spectacle?

f. était le plus beau des costumes.

g. comment tu les as trouvés, Amina?

h. c'est mon rêve!

3 **Qui?** Watch as David expresses his true feelings about the show. Indicate which character says these lines. Write **D** for David, **S** for Sandrine, or **V** for Valérie.

_____ 1. Tu ne lui as pas dit ça, j'espère!

_____ 2. Tu en as suffisamment dit, David.

_____ 3. Elle a bien joué son rôle, mais il est évident qu'elle ne sait pas chanter.

_____ 4. Alors, c'était comment, la pièce de théâtre?

_____ 5. Je doute qu'elle devienne une chanteuse célèbre!

4 **Complétez** Watch the confrontation between David and Sandrine and complete the sentences with the missing words. Not all words will be used.

chanson	dis	heureuse	suffit
comédie	dommage	spectacle	vouloir

DAVID Et bien, la musique, la (1) _____,... je doute que ce soit ta vocation.

SANDRINE Tu doutes? Et bien moi, je suis certaine... certaine de ne plus jamais (2) _____ te revoir.

DAVID Mais Sandrine, c'est pour ton bien que je (3) _____...

SANDRINE Oh, ça (4) _____. Toi, tu m'écoutes... Je suis vraiment (5) _____ que tu repartes bientôt aux États-Unis. (6) _____ que ce ne soit pas demain!

Après la vidéo

5 **Mettez-les en ordre!** Number these events in the order in which they occur.

_____ a. Sandrine sort du théâtre.

_____ b. Sandrine entend les commentaires de David.

_____ c. Les amis attendent Sandrine au théâtre.

_____ d. Amina admire les danseurs.

_____ e. Rachid fait des compliments à Amina.

_____ f. David parle du concert à Valérie.

_____ g. Sandrine chante à son concert.

_____ h. Sandrine se fâche.

6 **Expliquez** What is happening in this photo? Describe the events leading up to this moment.

_____

_____

_____

_____

_____

7 **À vous!** Imagine that you are giving advice to David. Do you think he handled the situation well? What do you think he should do to make up with Sandrine, or should he try to make up with her at all?

_____

_____

_____

_____

_____

Video Manual: *Roman-photo*

Unité 15, Leçon 30

AU REVOIR, DAVID!

Roman-photo

Avant de regarder

1   **Qu'est-ce qui se passe?** In this video module, David is preparing to return home to the United States. What words and expressions do you expect to hear?

_____

_____

_____

_____

_____

En regardant la vidéo

2   **Finissez-les!** Sandrine and Stéphane have both made some realizations and changes, thanks to their family and friends. Watch the first two scenes and match the first half of these sentences with their completions according to what you hear.

1. J'ai beaucoup réfléchi à… _____
2. Ce que j'aime, non, ce que j'adore,… _____
3. J'ai entendu dire que tu devais… _____
4. Un jour vous vous disputez, vous vous détestez, … _____
5. Oui, je t'assure, les documentaires et les infos… _____
6. David ne peut pas partir… _____
7. Je dois absolument… _____
8. J'étais tellement en colère ce jour-là, mais depuis… _____

a. sans que je lui dise au revoir!
b. réussir cette fois-ci.
c. j'ai beaucoup réfléchi à ce qu'il m'a dit.
d. ce qu'il m'a dit.
e. sont mes nouvelles passions.
f. c'est cuisiner!
g. et quelques jours après vous vous réconciliez.
h. repasser une partie du bac.

3   **Qui?** Watch the party scene and indicate which character says these lines. Write **A** for Amina, **As** for Astrid, **D** for David, **R** for Rachid, **S** for Sandrine, **St** for Stéphane, or **V** for Valérie.

_____ 1. Cet été, Amina participe à un défilé de mode à Paris.

_____ 2. Oui, félicitations!

_____ 3. Toi aussi, tu as de bonnes nouvelles, n'est-ce pas?

_____ 4. Elle est jolie ta jupe Amina. C'est une de tes créations, n'est-ce pas?

_____ 5. Alors, David, comment s'est passée ton année à Aix-en-Provence?

_____ 6. Vas-y, dis-nous tout, avant que je ne perde patience!

_____ 7. Oh, ce n'est pas grand-chose.

_____ 8. Oh ça a été fantastique!

Après la vidéo

4 **Vrai ou faux?** Indicate whether these statements are **vrai** or **faux**.

	Vrai	Faux
1. David repart aux États-Unis dans deux jours.	○	○
2. La vraie passion de Sandrine, c'est la musique.	○	○
3. Rachid a reçu son diplôme avec mention bien.	○	○
4. Amina va participer à un défilé de mode à Paris.	○	○
5. David a l'intention de revenir en France l'année prochaine.	○	○

5 **Expliquez** Look at these photos. How has Sandrine changed? Explain the change of heart she has had in the second photo.

_____

_____

_____

_____

_____

_____

6 **À vous!** Choose three of the main characters in this video and make predictions for them. What will they do in the future? What do you think will become of them?

1. nom du personnage _____

_____

_____

2. nom du personnage _____

_____

_____

3. nom du personnage _____

_____

_____

_____

Unité 1

SALUT!

Flash culture

Avant de regarder

1 **Les salutations** In this video, you're going to learn about French greetings and introductions. In preparation for watching the video, make a list of things you do...

1. when you say hello:

_____

_____

2. when you say good-bye:

_____

_____

3. when you are introduced to a person your age:

_____

_____

4. when you meet a friend's parents for the first time:

_____

_____

En regardant la vidéo

2 **Dans quel ordre?** Number these images as they appear on-screen.

_____ a. two young men shaking hands

_____ b. two older family members kissing on cheeks

_____ c. two couples saying good-bye to each other

_____ d. two women shaking hands

_____ e. four friends (three young men and one young woman) meet

_____ f. a young man introducing a young woman to two friends

_____ g. a wide shot of two girls kissing on the cheek

_____ h. a woman and a small child kissing on the cheek

3 **Les rapports** Classify these people as friends, family, or acquaintances according to the video.

1. _____

2. _____

3. _____

4. _____

Video Manual: *Flash culture*

Après la vidéo

4 **Vrai ou faux?** Indicate whether these statements are **vrai** or **faux**.

	Vrai	Faux
1. When female friends greet one another, they usually kiss on the cheek.	○	○
2. When male friends greet one another, they usually shake hands.	○	○
3. When mutual friends are introduced for the first time, they always shake hands instead of kiss on the cheek.	○	○
4. When formal acquaintances greet one another, they usually shake hands.	○	○
5. Women usually just shake hands when they say good-bye.	○	○
6. Handshaking is not very common in France.	○	○

5 **À vous!** Imagine that you are in France. In English, write what you should do in each of these situations according to French custom.

1. A classmate introduces you to his father.

   _____

2. You greet a girl you met in one of your classes.

   _____

3. You are introduced to a friend's girlfriend.

   _____

4. You arrive for a job interview and meet your potential new boss.

   _____

6 **Vive la différence!** In English, compare greetings and introductions in France and where you live. In what ways are they similar? How do they differ?

_____

_____

_____

_____

_____

_____

_____

_____

_____

Video Manual: *Flash culture*

Unité 2

À LA FAC

Flash culture

Avant de regarder

1   **À l'université française**   In this video, you will learn about college campuses and classes in France. Make a list of French words related to university life, including places on campus and academic subjects.

_____   _____   _____

_____   _____   _____

_____   _____   _____

_____   _____   _____

_____   _____   _____

2   **Qu'est-ce que c'est?**   Check the appropriate column to classify these words as a place on campus (**un endroit**) or a class (**un cours**).

	endroit	cours
1. la librairie	O	O
2. la physique	O	O
3. le resto U	O	O
4. les lettres	O	O
5. la bibliothèque	O	O
6. la salle de classe	O	O
7. le gymnase	O	O
8. la faculté de droit	O	O
9. les mathématiques	O	O
10. l'histoire	O	O
11. la chimie	O	O
12. la philosophie	O	O

En regardant la vidéo

3   **Mettez-les en ordre!**   Number these places around campus in the order in which they are mentioned in the video.

_____ a. la faculté de droit

_____ b. la salle d'études

_____ c. la faculté des lettres

_____ d. le resto U

_____ e. la salle de cours

_____ f. le point de rencontre des étudiants

_____ g. la bibliothèque

Video Manual: _Flash culture_

4 **Choisissez** Watch as Benjamin interviews several students about their classes and place a check mark next to the classes the students mention.

❏ 1. biologie

❏ 2. anglais

❏ 3. français

❏ 4. sciences politiques

❏ 5. histoire-géo

❏ 6. maths

❏ 7. informatique

❏ 8. physique

❏ 9. philosophie

❏ 10. psychologie

5 **Qu'est-ce qu'ils disent?** Match these images with their captions.

1. _____

2. _____

3. _____

4. _____

5. _____

6. _____

a. Bof, ça va.

b. C'est ici qu'ils passent le temps entre les cours.

c. Oui, mais c'est très difficile.

d. C'est un cours d'histoire.

e. Maintenant, nous sommes au resto U.

f. Chut! Nous sommes maintenant dans la bibliothèque.

Après la vidéo

6 **À mon université** List five different places around your campus. Then describe what you usually do at each one.

_____

_____

_____

_____

_____

_____

_____

_____

_____

Unité 3

LA FAMILLE ET LES COPAINS

Flash culture

Avant de regarder

1 **Vocabulaire supplémentaire** Look over these words and expressions before you watch the video; you will hear them in this segment.

la petite	_the little girl_	donner à manger	_to feed_
là-bas	_over there_	Vous pensez que... ?	_Do you think that... ?_
Tiens!	_Oh!_	Eh, regardez!	_Hey, look!_

2 **La famille et les copains** In this video, you will hear descriptions of people and find out about their relationships with others. In preparation, circle the statements that best describe you.

1. Je suis un homme. / Je suis une femme.

2. J'ai 18 ans. / J'ai moins de (_less than_) 18 ans. / J'ai plus de (_more than_) 18 ans.

3. Je suis célibataire. / Je suis fiancé(e). / Je suis marié(e).

4. J'ai un petit ami. / J'ai une petite amie. / Je n'ai pas de petit(e) ami(e).

5. J'ai un chat. / J'ai un chien. / J'ai un oiseau. / J'ai un poisson. / Je n'ai pas d'animaux.

6. J'ai un frère. / Je n'ai pas de frère. / J'ai une sœur. / Je n'ai pas de sœur.

3 **Les catégories** Check the appropriate column to classify these words as **une personne** or **un adjectif**.

	personne	adjectif		personne	adjectif
1. petit	_____	_____	**7. jeune**	_____	_____
2. fils	_____	_____	**8. célibataire**	_____	_____
3. marié	_____	_____	**9. ami**	_____	_____
4. copain	_____	_____	**10. gentil**	_____	_____
5. enfant	_____	_____	**11. fille**	_____	_____
6. garçon	_____	_____	**12. sportif**	_____	_____

Video Manual: _Flash culture_

En regardant la vidéo

4   **Indiquez** Indicate which of these people or animals are mentioned in the video.

☐   1. père   ☐   9. grand-père

☐   2. mère   ☐   10. homme

☐   3. fille   ☐   11. couple

☐   4. fils   ☐   12. chien

☐   5. femme   ☐   13. chat

☐   6. mari   ☐   14. oiseau

☐   7. neveu   ☐   15. poisson

☐   8. nièce

5   **Complétez** Complete these sentences according to what you see and hear in the video.

1. La petite, elle a _____ ou _____ ans, je crois.

2. Les garçons là-bas, ce sont des _____. Ils ont beaucoup d'énergie.

3. Et cette jeune femme, vous pensez qu'elle est _____ ou _____?

4. Un jeune couple. Que c'est _____!

5. Eh, regardez! Une femme avec son _____.

6. C'est mon _____.

Après la vidéo

6   **À vous!** How would you describe your family and friends? Think of three friends, family members and/or pets and complete the descriptions of each. If possible, include a photo.

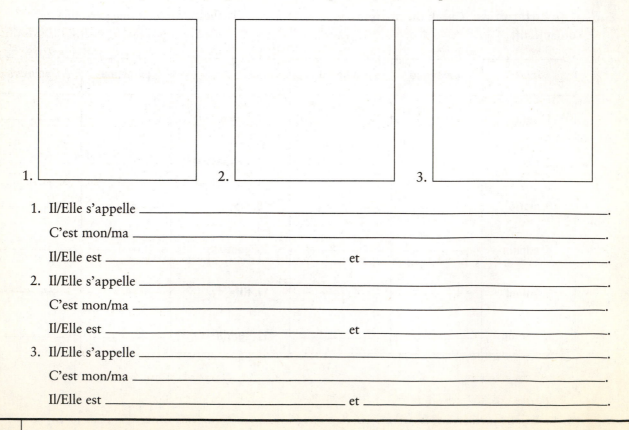

1. Il/Elle s'appelle _____.

    C'est mon/ma _____.

    Il/Elle est _____ et _____.

2. Il/Elle s'appelle _____.

    C'est mon/ma _____.

    Il/Elle est _____ et _____.

3. Il/Elle s'appelle _____.

    C'est mon/ma _____.

    Il/Elle est _____ et _____.

Video Manual: Flash culture

Unité 4

AU CAFÉ

Flash culture

Avant de regarder

1   **Vocabulaire supplémentaire**   Look over these words and expressions before you watch the video.

un coca	*soft drink*
un croque-monsieur	*toasted ham and cheese sandwich*
un hot-dog	*hot dog*
une glace au chocolat	*chocolate ice-cream*

2   **Qu'est-ce qu'on prend?**   In this video, you are going to learn about cafés in France. Make a list of five beverages and five food items a French café might serve.

À boire

_____

_____

_____

_____

À manger

_____

_____

_____

_____

3   **Qu'est-ce que c'est?**   Check the appropriate column to classify these words as a beverage (**boisson**) or food (**nourriture**).

	boisson	nourriture		boisson	nourriture
1. fromage	_____	_____	7. frites	_____	_____
2. éclair	_____	_____	8. eau minérale	_____	_____
3. jus de pomme	_____	_____	9. glace au chocolat	_____	_____
4. croissant	_____	_____	10. croque-monsieur	_____	_____
5. limonade	_____	_____	11. baguette	_____	_____
6. café au lait	_____	_____	12. jambon	_____	_____

En regardant la vidéo

4   **Qu'est-ce qu'il y a?**   Check off the six foods listed below that are mentioned in the video.

❑   1.   des frites

❑   2.   un hot-dog

❑   3.   une soupe

❑   4.   une baguette

❑   5.   un croissant

❑   6.   un croque-monsieur

❑   7.   une eau minérale

❑   8.   un sandwich au jambon

❑   9.   des éclairs

❑ 10.   un pain de campagne

❑ 11.   une glace au chocolat

❑ 12.   un fromage

Video Manual: Flash culture

5 | **Les boissons** What beverages are pictured below?

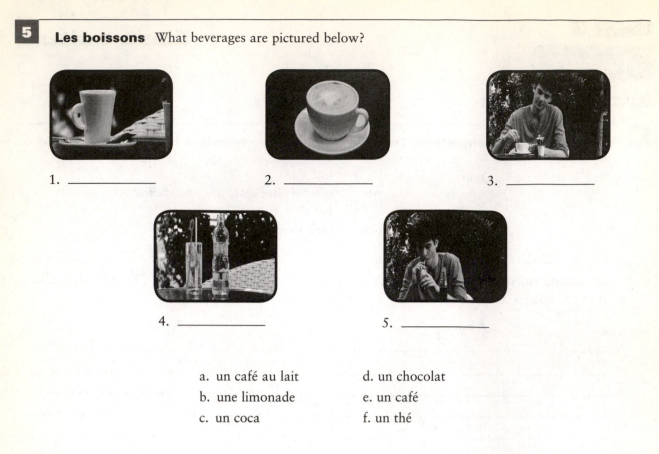

1. _____

2. _____

3. _____

4. _____

5. _____

a. un café au lait
b. une limonade
c. un coca

d. un chocolat
e. un café
f. un thé

Après la vidéo

6 | **Au café** Imagine you are at a café in Aix-en-Provence. Write a brief conversation in which you and a friend each order something to eat and something to drink. You should each order different things. Include what the server says, too.

_____

_____

_____

_____

_____

_____

_____

_____

_____

_____

_____

_____

_____

_____

Unité 5

LES LOISIRS

Flash culture

Avant de regarder

1   **Quels sont vos loisirs préférés?** In this video, you will learn about leisure-time activities in France. Make a list of six things you like to do in your spare time. Then make a list of six things you don't like to do in your spare time.

J'aime…   Je n'aime pas…

_____   _____

_____   _____

_____   _____

_____   _____

_____   _____

_____   _____

2   **Mes loisirs** Circle all of the statements that describe you.

1. J'aime jouer aux cartes / aux échecs.
2. Je joue du piano / de la guitare.
3. J'aime / Je n'aime pas le sport.
4. Je fais de la gym / de l'aérobic / de la danse.
5. Je joue au football / au basket / au baseball.

En regardant la vidéo

3   **Mettez-les en ordre!** In what order does Csilla mention these activities?

_____ a. On joue au basket.

_____ b. On joue à la pétanque.

_____ c. On joue au football.

_____ d. On joue au tennis.

_____ e. On court.

_____ f. On fait du jogging.

_____ g. On fait de la musique.

_____ h. On fait de la gym.

_____ i. On fait de l'aérobic.

_____ j. On fait de la danse.

Video Manual: Flash culture

4 **Écoutez** Write down five activities you see being performed indoors (à l'intérieur) and five you see being performed outdoors (en plein air). Include activities you see but Csilla doesn't mention.

À l'intérieur	En plein air
_____	_____
_____	_____
_____	_____
_____	_____
_____	_____

Après la vidéo

5 **Qu'est-ce que c'est?** Define these terms in English, based on what you saw and heard in the video.

1. la maison des jeunes et de la culture

_____
_____
_____

2. la pétanque

_____
_____
_____

6 **Les activités** How are sports and leisure activities in France different from those practiced in the United States? In what ways are they similar?

_____
_____
_____
_____
_____
_____
_____
_____
_____
_____
_____
_____

Unité 6

LES FÊTES

Flash culture

Avant de regarder

1 **Vocabulaire supplémentaire** Look over these words and expressions before you watch the video.

carnaval	*carnival*	magnifique	*magnificent*
célèbre	*famous*	Noël	*Christmas*
chevaux	*horses*	Pâques	*Easter*
le jour de l'an	*New Year's Day*	partout	*everywhere*
la fête nationale	*national holiday*	presque toutes	*almost all*
incroyable	*incredible*		

2 **Vos fêtes préférées** In this video, you will learn about French holidays and festivals. In preparation, answer these questions about two of your favorite holidays or festivals.

Quelles sont vos fêtes préférées? Comment est-ce que vous célébrez ces fêtes chez vous?

1. fête: _____

   traditions: _____

   _____

   _____

   _____

   _____

2. fête: _____

   traditions: _____

   _____

   _____

   _____

   _____

En regardant la vidéo

3 **Dans quel ordre?** Number these items as they appear on-screen.

_____ a. des chevaux

_____ b. des danseuses

_____ c. des enfants

_____ d. des légumes

_____ e. des musiciens qui jouent

Video Manual: *Flash culture*

4 **Les fêtes** What holidays or festivals does each image represent?

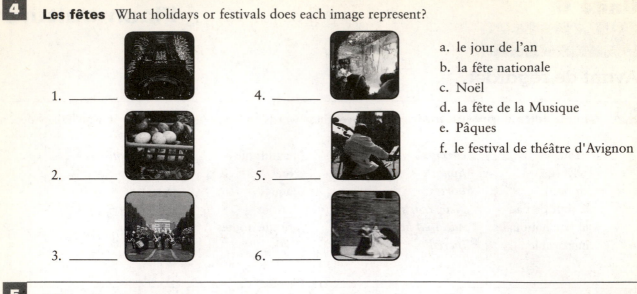

1. _____

2. _____

3. _____

4. _____

5. _____

6. _____

a. le jour de l'an
b. la fête nationale
c. Noël
d. la fête de la Musique
e. Pâques
f. le festival de théâtre d'Avignon

5 **Répondez** Complete these sentences with words from the list according to what Benjamin says.

décembre	juillet	premier
janvier	juin	printemps

1. Le premier _____, c'est le jour de l'an.

2. Au _____, on célèbre Pâques.

3. Le quatorze _____, c'est la fête nationale.

4. Le vingt-cinq _____, c'est Noël.

5. Au mois de _____, on célèbre la fête de la musique.

Après la vidéo

6 **Vrai ou faux?** Indicate whether these statements are **vrai** or **faux**.

	Vrai	Faux
1. On célèbre la fête de la musique seulement à Paris.	○	○
2. Il y a beaucoup de fêtes en France.	○	○
3. Le festival d'Avignon est un festival de danse.	○	○
4. Le festival de théâtre est à Nice.	○	○
5. Chaque année, Aix-en-Provence organise un carnaval.	○	○

7 **À vous!** Imagine that you just visited France during one of the holidays mentioned in the video. Write a short letter to a friend telling him or her about what you saw and did.

_____

_____

_____

_____

_____

Video Manual: *Flash culture*

Unité 7

LES VACANCES

Flash culture

Avant de regarder

1 **Qu'est-ce que vous aimez faire?** In this video, you will learn about vacations in France. Make a list of six things you like to do while on vacation. Then make a list of six things you don't like to do on vacation.

Quand je suis en vacances, j'aime…	**Quand je suis en vacances, je n'aime pas…**
_____	_____
_____	_____
_____	_____
_____	_____
_____	_____
_____	_____

2 **Mes vacances** Circle all of the statements that describe you.

1. J'aime voyager en avion / en train / en voiture.
2. En vacances, j'aime rester dans un hôtel / un camping / une auberge de jeunesse.
3. J'aime visiter les musées / acheter des souvenirs / manger au restaurant.
4. Dans un café, j'aime manger / prendre un verre / regarder les gens qui passent.
5. J'aime bien bronzer à la plage / rouler en voiture / skier.

En regardant la vidéo

3 **Identifiez-les!** Match these images with their captions.

1. _____   2. _____   3. _____   4. _____

5. _____   6. _____   7. _____   8. _____

a. On fait un tour en bateau.
b. Ça, c'est la gare.
c. C'est un camping.
d. Voici la plage de Cassis.

e. C'est un hôtel de luxe.
f. Voici un café.
g. On achète des souvenirs.
h. C'est un hôtel modeste.

4 **Mettez-les en ordre!** In what order does Csilla mention these modes of transportation?

_____ a. le train

_____ b. l'autobus

_____ c. l'avion

_____ d. le taxi

_____ e. la voiture

_____ f. le car

5 **Répondez** Complete these sentences with words from the list according to what Csilla says in the video. Not all words will be used.

activités	autobus	car	manger	taxi
argent	avion	gares	région	TGV
auberges de jeunesse	bateau	gens	routière	verre

1. Pour arriver en Provence, il y a l'_____, ou un train spécial que les Français appellent le _____.

2. C'est une des deux _____ d'Aix-en-Provence où il y a des trains réguliers pour visiter la _____.

3. À la gare _____, on prend le _____ pour aller d'une ville à l'autre.

4. En ville, il y a l'_____ ou le _____.

5. Si vous n'avez pas beaucoup d'_____, il y a toujours des _____.

6. Il est très agréable de _____ dans les cafés ou de prendre un _____ à la terrasse d'un café ou d'un restaurant et de regarder les _____ passer.

Après la vidéo

6 **En vacances** Imagine that you are on vacation in Provence. Write a post card to a friend or family member describing your trip. Tell where you've been and how you got there. Mention at least four different things you've seen or done.

_____

_____

_____

_____

_____

_____

_____

_____

_____

_____

Unité 8

CHEZ NOUS

Avant de regarder

1 **Les habitations** In this video, you are going to learn about housing in France. List as many different types of places to live as you can in French.

_____

_____

_____

_____

_____

_____

2 **Chez moi** Complete these statements about your own home. Remember to use the correct article with each noun. Use words from the list or any other words you know.

appartement	garage	sous-sol
balcon	jardin	studio
cave	maison	terrasse
escalier	résidence universitaire	

1. J'habite dans _____.

2. Chez moi, il y a _____ et _____.

3. Il n'y a pas _____ chez moi.

4. À l'extérieur, il y a _____.

5. Avant, j'habitais dans _____.

6. Il y avait _____ et _____.

7. Il n'y avait pas _____.

8. À l'extérieur, il y avait _____.

En regardant la vidéo

3 **Mettez-les en ordre!** In what order does Benjamin mention these items?

_____ a. un balcon   _____ d. un garage

_____ b. une terrasse   _____ e. un jardin

_____ c. un sous-sol

4 **Chez soi** Match these images with their captions.

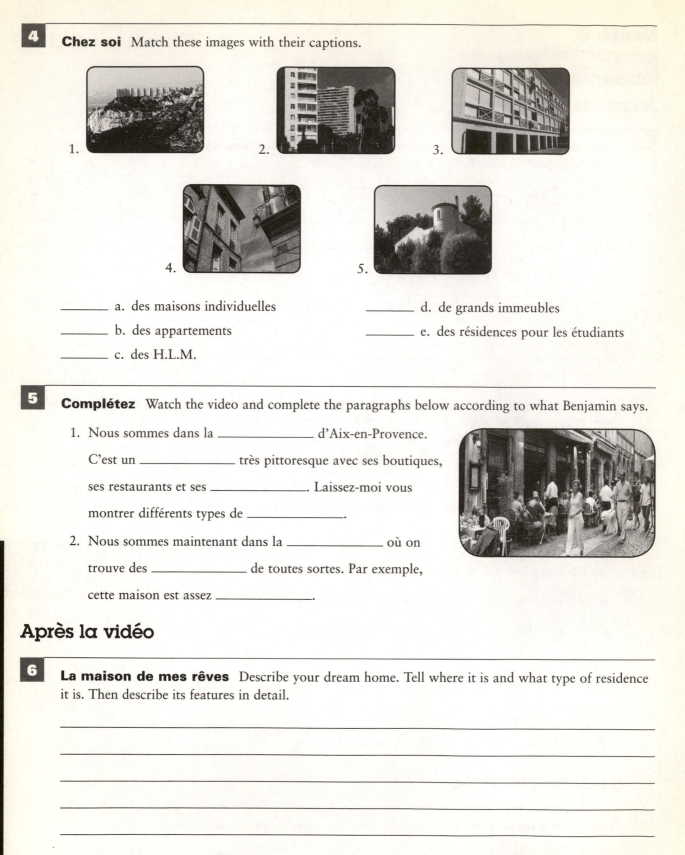

1.

2.

3.

4.

5.

_____ a. des maisons individuelles   _____ d. de grands immeubles

_____ b. des appartements   _____ e. des résidences pour les étudiants

_____ c. des H.L.M.

5 **Complétez** Watch the video and complete the paragraphs below according to what Benjamin says.

1. Nous sommes dans la _____ d'Aix-en-Provence.

   C'est un _____ très pittoresque avec ses boutiques,

   ses restaurants et ses _____. Laissez-moi vous

   montrer différents types de _____.

2. Nous sommes maintenant dans la _____ où on

   trouve des _____ de toutes sortes. Par exemple,

   cette maison est assez _____.

Après la vidéo

6 **La maison de mes rêves** Describe your dream home. Tell where it is and what type of residence it is. Then describe its features in detail.

_____

_____

_____

_____

_____

_____

_____

_____

Video Manual: *Flash culture*

Unité 9

Flash culture

LA NOURRITURE

Avant de regarder

1   **Qu'est-ce qu'on achète?** In this video, you are going to learn about the way that some French people do their shopping: at an open-air market. Make a list of five things you think you could buy there and five things you think you couldn't.

On peut acheter...

_____

_____

_____

_____

_____

On ne peut pas acheter...

_____

_____

_____

_____

_____

2   **La nourriture** You will see and hear descriptions of fruits, vegetables, and other foods at a French market. In preparation, circle the statements that best describe your tastes.

1. J'aime / Je n'aime pas les légumes.

2. J'aime / Je n'aime pas les fruits.

3. J'aime mieux les saucisses / le jambon.

4. Je mange peu de / assez de / beaucoup de fromage.

5. J'aime / Je n'aime pas les fruits de mer.

6. J'aime / Je n'aime pas le poisson.

7. Je mange peu de / assez de / beaucoup de pain.

8. Je mange peu de / assez de / beaucoup de légumes.

En regardant la vidéo

3   **Qu'est-ce qu'il y a?** Check off the eleven items that you see in the video.

❑ 1. des bananes

❑ 2. des carottes

❑ 3. des champignons

❑ 4. des fleurs

❑ 5. du fromage

❑ 6. des fruits de mer

❑ 7. du jambon

❑ 8. des melons

❑ 9. des oignons

❑ 10. du pain

❑ 11. des pâtes

❑ 12. des poivrons verts

❑ 13. des poulets

❑ 14. des saucisses

❑ 15. des tomates

Video Manual: *Flash culture*

4 **Répondez** Complete these sentences with words from the list according to what Csilla says in the video.

délicieuses	légumes	pique-nique
fleurs	marché	place
fromages	pain	tomates

1. Ici, c'est la _____ Richelme.

2. Tous les matins, il y a un _____ aux fruits et légumes.

3. Il y a toutes sortes de _____ ici.

4. Ces _____ sentent tellement bon.

5. Ces fraises ont l'air _____.

6. Sur les marchés, on vend des _____. Moi, j'adore.

7. Je vais acheter deux ou trois petites choses pour préparer un _____.

8. Et bien sûr, n'oublions pas le _____.

Après la vidéo

5 **Au marché** Imagine you just went shopping at the market in Aix. Write a brief paragraph about your experience. Remember to use the **imparfait** to describe the scene and the **passé composé** to tell what you bought and what you did.

_____

_____

_____

_____

_____

_____

_____

_____

_____

_____

_____

_____

_____

_____

_____

Unité 10

LA SANTÉ

Flash culture

Avant de regarder

1 **À la pharmacie** In this video, you are going to learn about pharmacies in France. In French, make a list of items you might buy in a pharmacy.

_____

_____

_____

_____

_____

2 **La santé et l'hygiène** Complete these statements about health and personal hygiene with the words listed.

aspirine	gorge	pharmacie
dentifrice	médicaments	rasoir
douche	miroir	shampooing

1. Quand on se maquille, on se regarde dans le _____.

2. Quand on a mal à la tête, on prend souvent de l' _____.

3. On se déshabille avant de prendre une _____.

4. Quand on a la grippe, le docteur examine la _____.

5. Quand le médecin donne une ordonnance, on va à la _____.

6. Si on a des allergies, on prend quelquefois des _____.

En regardant la vidéo

3 **Complétez** Watch these video segments and complete the paragraphs below according to what Benjamin says.

1. Bonjour! Quand vous êtes (a) _____ ou quand il vous faut des

   (b) _____, il y a la (c) _____. Pour en trouver une, cherchez la

   croix (d) _____! Ici, on vend un peu de tout. Entrons!

2. Il y a d'autres endroits pour (e) _____ bien et (f) _____.

3. Maintenant, vous savez où trouver ce qu'il vous faut pour (g) _____ en pleine

   (h) _____. À la prochaine!

Video Manual: *Flash culture*

4 **Les produits** Watch the segment with Benjamin in the pharmacy. Make a list of at least six items you see in the French pharmacy that you personally use.

_____   _____

_____   _____

_____   _____

_____   _____

_____   _____

_____   _____

5 **Pour la santé** What types of health-related businesses are featured in this video module?

_____

_____

_____

Après la vidéo

6 **Les pharmaciens** In this video, Benjamin talks about the role of pharmacists in France. In what ways is the French system similar to that of the United States? How does it differ?

_____

_____

_____

_____

_____

_____

_____

_____

_____

_____

_____

_____

_____

_____

_____

_____

_____

Unité 11
LA TECHNOLOGIE

Flash culture

Avant de regarder

1 **En ville** In this video, you are going to learn about driving in France. Make a list of French words you associate with cars and traffic.

_____

_____

_____

_____

_____

2 **Les moyens de transport** Circle all of the statements that describe you.

1. J'ai une / Je n'ai pas de voiture.

2. J'ai une / Je n'ai pas de moto.

3. J'ai mon / Je n'ai pas de permis de conduire.

4. J'aime conduire / prendre le bus / prendre le métro.

En regardant la vidéo

3 **Identifiez-les!** Match these images with their captions.

1. _____   2. _____   3. _____   4. _____

5. _____   6. _____   7. _____   8. _____

a. un camion commercial

b. une mobylette

c. une décapotable

d. un péage

e. une moto

f. un monospace

g. une voiture de luxe

h. un feu de signalisation

Video Manual: *Flash culture*

4 **Répondez** Complete these sentences with words from the list, according to what Csilla says in the video. Not all words will be used.

auto-école	essence	péage	route
circulation	se garer	permis	vitesse
conduire	marcher	roule	voiture

1. En ville, il y a beaucoup de _____.

2. Regardez cette petite _____! Elle consomme très peu d'_____.

3. On aime bien _____ les motos ici.

4. C'est facile pour _____ et on _____ plus vite.

5. Pour prendre le _____, il faut payer.

6. Pour avoir un _____ de conduire en France, il faut avoir au moins dix-huit ans.

7. On va à une _____ pour apprendre le code de la _____.

8. Moi, je préfère _____.

Après la vidéo

5 **Mettez-les en ordre!** In what order does Csilla mention these things people do at a service station?

_____ a. vérifier l'huile

_____ b. nettoyer le pare-brise

_____ c. acheter de l'essence

_____ d. vérifier la pression des pneus

6 **En ville** Answer these questions to describe your driving preferences and usual modes of transportation.

1. D'habitude, comment est-ce que vous allez à la fac?

_____

_____

2. Quelle sorte de voiture ou de moto avez-vous?

_____

_____

3. Comment est la voiture de vos rêves (*dreams*)?

_____

_____

_____

_____

_____

Unité 12

EN VILLE

Avant de regarder

1 **Les petits commerçants** In this video, you're going to learn about shopping in small stores in France. In preparation for watching the video, make a list in French of various types of shops and boutiques.

_____   _____

_____   _____

_____   _____

_____   _____

En regardant la vidéo

2 **Complétez** Watch as Benjamin visits a post office and complete the conversation with the words that he says.

argent	commerces
boîte aux lettres	distributeur automatique
bureau de poste	marchand de journaux
cartes postales	timbres

Nous sommes devant le (1) _____. Il est fermé maintenant, mais ce n'est pas

grave, j'ai déjà acheté les (2) _____. J'ai des (3) _____

à envoyer à mes amis. Voici une (4) _____. Bon, maintenant, je dois trouver

un (5) _____ pour retirer de l' (6) _____, et puis

je vais aller chez le (7) _____. Je vais aussi vous montrer d'autres

(8) _____. Allons-y!

3 **Dans quel ordre?** Number these places in the order in which they are mentioned in the video.

_____ a. une laverie   _____ g. une papeterie

_____ b. une boucherie   _____ h. un marchand de journaux

_____ c. une cafétéria   _____ i. une bijouterie

_____ d. un distributeur automatique   _____ j. un salon de coiffure

_____ e. un chocolatier   _____ k. une boulangerie

_____ f. un centre commercial   _____ l. une charcuterie

Video Manual: *Flash culture*

Après la vidéo

4 **Vrai ou faux?** Indicate whether these statements are **vrai** or **faux**.

	Vrai	Faux
1. Les hypermarchés sont très grands.	○	○
2. En général, les centres commerciaux se trouvent au centre-ville.	○	○
3. Pour acheter du jambon, on va à la boucherie.	○	○
4. On peut souvent acheter du papier et des livres dans le même magasin.	○	○
5. Normalement, on trouve une cafétéria dans un centre commercial.	○	○

5 **Où est-ce qu'on va pour...?** Where might you go in France to do these things?

1. envoyer une lettre _____

2. acheter un livre _____

3. se faire couper les cheveux _____

4. acheter du bœuf _____

5. laver les vêtements _____

6. acheter du pain _____

7. avoir une manucure _____

8. acheter un journal _____

6 **À vous!** In this segment, you saw many types of businesses that may be similar to or different from where you live. Which places in this video segment also exist where you live? Which do you regularly frequent? Which types of business are not as common in your area? Do you think they should be?

_____

_____

_____

_____

_____

_____

_____

_____

_____

_____

_____

_____

_____

Video Manual: *Flash culture*

Unité 13

Flash culture

L'AVENIR ET LES MÉTIERS

Avant de regarder

1 **Les métiers** In this video, you're going to learn about professions in France. In French, list as many different professions as you can.

_____ _____ _____

_____ _____ _____

_____ _____ _____

_____ _____ _____

_____ _____ _____

2 **J'aimerais...** Complete these statements telling what professions you would and would not like to have and why or why not.

1. J'aimerais être _____ parce que _____

   _____.

2. J'aimerais être _____ parce que _____

   _____.

3. Je n'aimerais pas être _____ parce que _____

   _____.

4. Je n'aimerais pas être _____ parce que _____

   _____.

En regardant la vidéo

3 **Mettez-les en ordre!** Number these professions in the order in which Csilla mentions them.

_____ a. pompier

_____ b. chef de cuisine

_____ c. dentiste

_____ d. femme d'affaires

_____ e. agent de police

_____ f. banquier

_____ g. homme d'affaires

_____ h. infirmière

_____ i. chauffeur de taxi

_____ j. vétérinaire

Video Manual: Flash culture

4 **Qu'est-ce qu'ils disent?** Match these people with what they say about their jobs.

1. _____ 2. _____ 3. _____ 4. _____

a. C'est plus qu'un travail. C'est un métier.

b. J'adore! La recherche, c'est ma passion.

c. Je suis assez sociable, alors cette profession me convient.

d. C'est une profession exigeante, mais très intéressante.

5 **Les professions** Listen as Csilla shows you other kinds of professions and fill in the blanks with the words you hear.

Et vous, est-ce que ces (1) _____ vous intéressent: homme d'affaires ou femme d'affaires?

agent de police? (2) _____? chef de cuisine? (3) _____ ou infirmier? chauffeur de

taxi? Et que pensez-vous de ces (4) _____: vétérinaire? dentiste? (5) _____?

Après la vidéo

6 **L' important, c'est...** What is more important to you, having a job you enjoy or a good salary? Explain your point of view in French.

_____

_____

_____

_____

_____

_____

_____

_____

_____

_____

_____

_____

_____

_____

Unité 14

L'ESPACE VERT

Flash culture

Avant de regarder

1 **Vocabulaire supplémentaire** Look over these words and expressions before you watch the video.

amateurs de ski	*skiers*	vignoble	*vineyard*
idéal	*ideal*	fabuleuses	*fabulous*
sports d'hiver	*winter sports*	cosmopolite	*cosmopolitan*
influence culturelle	*cultural influence*	le Vieux Carré	*French Quarter*
typiques	*typical*	paradis	*paradise*
construit	*built*	parlement	*parliament*
îlot	*small island*		

2 **Le monde francophone** In this video, you will see footage of various French-speaking areas around the world. In preparation, label the numbered places on the map.

1. _____

2. _____

3. _____

4. _____

5. _____

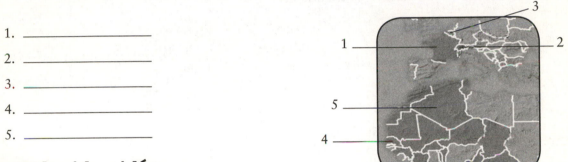

En regardant la vidéo

3 **La France** What places are pictured below?

1. _____ 2. _____ 3. _____ 4. _____

5. _____ 6. _____ 7. _____

a. un vignoble près de Bordeaux

b. le Mont-Saint-Michel

c. la Côte d'Azur

d. le château de Chenonceau

e. Notre-Dame de Paris

f. l'Alsace

g. les Alpes

Video Manual: *Flash culture*

4 **Complétez** Complete the captions according to what Benjamin says in the video.

1. Aujourd'hui, nous sommes près de la _____.

2. Le Mont-Saint-Michel est construit sur un _____ dans le _____ de la France.

3. Dans la _____ de la Loire, il y a le célèbre _____ de Chenonceau et

   ses _____.

4. Les _____ de Tahiti sont _____!

5. Ça, c'est _____, en Algérie, en _____ du nord.

6. Dakar est un _____ important pour le commerce.

7. C'est la ville du parlement _____, de la Grand- _____ et, bien sûr,

   des _____.

Après la vidéo

5 **Descriptions** What places are described below?

Bruxelles	Dakar	Papeete
Cannes	Montréal	le Québec
la cathédrale de Notre-Dame	Nice	Tahiti

1. Cette île se trouve dans l'océan Pacifique. _____

2. Cette province se trouve au Canada. _____

3. C'est une cathédrale à Paris. _____

4. Ce sont des villes de la Côte d'Azur. _____ et _____

5. C'est une ville cosmopolite au Québec. _____

6. C'est la capitale de la Polynésie française. _____

7. C'est la capitale du Sénégal. _____

8. C'est une ville en Belgique. _____

6 **Comparaisons** Choose two different places depicted in the video and write a brief paragraph comparing them. In what ways are they similar? How do they differ? Write at least six sentences.

_____

_____

_____

_____

_____

_____

Unité 15

LES ARTS

Flash culture

Avant de regarder

1 **Les loisirs** In this video, you're going to learn about reading and movies in France. In preparation for watching the video, make lists of film genres and types of reading materials.

cinéma

| lecture |

_____

_____

_____

_____

_____

2 **Mes préférences** Circle all of the statements that describe you.

1. J'aime lire les romans / pièces de théâtre / poèmes / contes pour enfants.

2. Je n'aime pas lire les romans / pièces de théâtre / poèmes / contes pour enfants.

3. J'aime regarder les comédies / westerns / films policiers / films d'amour / films d'horreur / films de science-fiction.

4. Je n'aime pas regarder les comédies / westerns / films policiers / films d'amour / films d'horreur / films de science-fiction.

En regardant la vidéo

3 **Complétez!** Watch as Csilla leads you through a movie theater and complete the paragraph with the words you hear her say.

anglais	film
cinéma	originale
comédie	prix
étudiants	tickets

Qu'est-ce qu'il y a au (1) _____ aujourd'hui? Voyons… Tiens, il y a *La Cloche a sonné* avec Fabrice Luchini. C'est une (2) _____ dramatique. Il y a aussi *The Island*. C'est un (3) _____ américain. Il est en version (4) _____, ça veut dire qu'il est en (5) _____. On achète des (6) _____ ici, au guichet. Ils ont des (7) _____ réduits pour les (8) _____, alors, n'oubliez pas votre carte d'étudiant.

Video Manual: *Flash culture*

4 **Dans quel ordre?** In what order does Csilla mention these film genres?

_____ a. les films de science-fiction

_____ b. les films d'amour

_____ c. les comédies

_____ d. les films policiers

_____ e. les westerns

_____ f. les films d'horreur

Après la vidéo

5 **Répondez** Based on the films and reading materials you saw in this segment, answer these questions in French in complete sentences.

1. Quel(s) genre(s) de film aimez-vous? _____

_____

2. Quelle(s) sorte(s) de livres ou de magazines vous intéressent? _____

_____

3. Avez-vous vu ou lu un des films ou livres mentionnés? Le(s)quel(s)? _____

_____

6 **Comparaisons** Many books are eventually made into movies. Compare a book that you have read with its film version. How do they differ? Which do you like best? Why?

_____

_____

_____

_____

_____

_____

_____

_____

_____

_____

_____

_____

_____

Video Manual: Flash culture